社会治理丛书　丛书主编：但彦铮

现代警察公共关系的理论与实战研究

郑晓均　林小龙　主编

吴　娟　肖　军　副主编

知识产权出版社
全国百佳图书出版单位

图书在版编目（CIP）数据

现代警察公共关系的理论与实战研究/郑晓均，林小龙主编. —北京：知识产权出版社，2017.1

（社会治理丛书）

ISBN 978 − 7 − 5130 − 4692 − 3

Ⅰ.①现… Ⅱ.①郑… ②林… Ⅲ.①警察—公共关系学 Ⅳ.①D035.3

中国版本图书馆 CIP 数据核字（2017）第 004108 号

责任编辑：崔开丽　　　　　　　　责任校对：潘凤越

文字编辑：吴亚平　　　　　　　　责任出版：刘译文

现代警察公共关系的理论与实战研究

郑晓均　林小龙　主　编

吴　娟　肖　军　副主编

出版发行：	知识产权出版社 有限责任公司	网　址：	http://www.ipph.cn
社　　址：	北京市海淀区西外太平庄 55 号	邮　编：	100081
责编电话：	010 − 82000860 转 8377	责编邮箱：	cui_kaili@ sina.com
发行电话：	010 − 82000860 转 8101/8102	发行传真：	010 − 82000893/82005070/82000270
印　　刷：	北京嘉恒彩色印刷有限公司	经　销：	各大网上书店、新华书店及相关专业书店
开　　本：	720mm×1000mm　1/16	印　张：	19.25
版　　次：	2017 年 1 月第 1 版	印　次：	2017 年 1 月第 1 次印刷
字　　数：	320 千字	定　价：	58.00 元

ISBN 978 -7 -5130 -4692 -3

前　言

在中国共产党第十八届中央委员会第四次全体会议上，审议通过了《中共中央关于全面推进依法治国若干重大问题的决定》。决议中认为，深入推进依法行政，加快建设法治政府是我们建设法治中国的目标。坚持严格、规范、公正、文明执法、强化对行政权力的制约和监督是达成这一目标的重要保障。

警察的基本职能是维护国家安全，打击违法犯罪活动，维护社会稳定，保障公民享有的各项权利能够实现。随着社会的变革，警察体制改革也正在深入推进。在这种背景下，就必须以改革的思想、创新的理念来指导新的警务实践。针对人民内部矛盾增多、刑事犯罪高发等一系列问题，适时地调整警务模式，满足公众多元化服务需求，为社会提供更多、更好的公共安全产品就成为改革的目标。警察作为执法者，是否严格、规范、公正、文明执法，无疑是我们需要正视的问题。该问题辐射至警察公共关系，同样是警察公共关系中的关键一环。坚持以人为本的原则、互利互惠的原则、公开诚信原则、法制化的原则，是构建社会主义和谐社会的基本要求，也应该是处理警察公共关系的基本原则。

研究警察公共关系的意义，从国家层面上讲，在于维护社会秩序的稳定与国家的安宁；促进法治社会的建设。从警察工作的层面上说，不仅是为了重塑人民警察的崭新形象，更是为了各种警务活动的有效推行。

本书从警察公共关系的理论与实战入手，立足于警察公共关系的实践，以实际工作为研究范例，结合新闻学、公共管理学、行销学、传播学、舆论学等学科的理论展开研究，不仅提升了当前警察公共关系研究的理论高度，夯实了警察公共关系的理论基础，也拓展了警察公共关系的实战宽度，使得理论与实战相辅相成，相得益彰。

本书从警察公共关系的研究范畴、方法和意义；相关理论发展沿革；工作目标与基本原则，基本制度；警察公共关系与警察政策；受众群体；媒介；导向；过程；策略和技巧等方面，全方位、立体化地剖析了警察公共关系中的相关理论问题，构建了较完善的理论体系，对警察公共关系进行了全面的理论展示。对警察公共关系基本制度；警察公共关系模型；在警察公共关系基础上如何制定警察政策等问题进行了重点研究。

在本书的研究和编著过程中，参考了有关著述与相关学术研究成果，在此向有关作者表示诚挚的谢意。本书的出版得到了西南政法大学领导和知识产权出版社领导的高度重视与支持，在此一并表示感谢。

本书的编写及出版对于推动我国警察科学的理论研究与相关专业学科的建设，有着重要的作用。但是，由于研究能力和认识水平有限，再加上时间仓促，书中难免有疏漏和不足之处，敬请读者与相关专家学者指正，以便再版时修改完善。我们衷心地希望和欢迎更多的专家学者和实战部门的人员，参与到这个论题的学术研究和实践探讨中来，为我国警察公共关系的发展提供更多的智力支持和帮助。

编　者

2016 年 1 月 20 日

目　录

第一章　警察公共关系概述 ……………………………………… （1）

第一节　公共关系 …………………………………………………… （1）

第二节　警察公共关系 ……………………………………………… （12）

第三节　警察公共关系的功能 ……………………………………… （18）

第二章　警察公共关系学的研究范畴、方法和意义 …………… （25）

第一节　警察公共关系学的研究对象及内容 ……………………… （25）

第二节　警察公共关系学的研究方法 ……………………………… （32）

第三节　警察公共关系学的研究意义 ……………………………… （36）

第三章　警察公共关系的工作目标与基本原则 ………………… （40）

第一节　警察公共关系的三大工作目标 …………………………… （40）

第二节　警察公共关系的基本原则 ………………………………… （49）

第四章　警察公共关系的相关理论 ……………………………… （69）

第一节　新闻学与警察公共关系 …………………………………… （69）

第二节　公共管理学与警察公共关系 ……………………………… （73）

第三节　行销学与警察公共关系 …………………………………… （76）

第四节　传播学与警察公共关系 …………………………………… （79）

第五节　舆论学与警察公共关系 …………………………………… （84）

第五章　警察公共关系发展沿革 ………………………………… （88）

第一节　国（境）外警察公共关系的历史和发展 ………………… （88）

第二节　国（境）外警察公共关系的经验及启示 ………………… （95）

第三节　我国警察公共关系的历史和发展 ………………………… （106）

第四节　我国警察公共关系的现状和面临的问题 ………………… （112）

第五节　我国警察公共关系的危机对策 …………………………（126）

第六章　警察公共关系的受众群体 …………………………（135）

　　第一节　警察公共关系受众群体概述 ……………………（135）

　　第二节　警察公共关系中应对受众群体的困境与对策 ………（146）

第七章　警察公共关系媒介 …………………………………（151）

　　第一节　警察公共关系媒介概述 …………………………（151）

　　第二节　警察公共关系媒介的类型和功能 ………………（152）

　　第三节　警察公共关系与媒体 ……………………………（159）

　　第四节　新型媒介下警察公共关系的困境和建设 ………（164）

第八章　警察公共关系的导向 ………………………………（172）

　　第一节　警察公共关系导向概述 …………………………（172）

　　第二节　警察组织导向的警察公共关系 …………………（176）

　　第三节　受众导向的警察公共关系 ………………………（180）

　　第四节　综合导向的警察公共关系 ………………………（186）

第九章　警察公共关系的过程 ………………………………（191）

　　第一节　警察公共关系过程的概念和特点 ………………（191）

　　第二节　警察公共关系的过程 ……………………………（195）

　　第三节　警察公共关系的过程模型 ………………………（209）

　　第四节　我国警察公共关系过程模型的现状和建设 ……（213）

第十章　警察公共关系的策略和技巧 ………………………（222）

　　第一节　警察公共关系的策略 ……………………………（222）

　　第二节　警察公共关系的技巧 ……………………………（240）

第十一章　我国警察公共关系基本制度 ……………………（246）

　　第一节　新闻发言人制度 …………………………………（246）

　　第二节　舆论引导制度 ……………………………………（250）

　　第三节　全员公关制度 ……………………………………（254）

　　第四节　危机公关制度 ……………………………………（257）

　　第五节　警察组织内公关制度 ……………………………（261）

　　第六节　警媒关系制度 ……………………………………（264）

　　第七节　相关权利义务救济保障制度 ……………………（267）

第十二章　警察公共关系与警察政策 ……………………………………（269）

　第一节　警察政策制定的基本模式 ……………………………………（269）

　第二节　警察公共关系中影响警察政策的因素 ………………………（277）

　第三节　警察公共关系与警察政策的制定 ……………………………（284）

参考文献 ………………………………………………………………（294）

后　记 …………………………………………………………………（296）

第一章　警察公共关系概述

第一节　公共关系

一、公共关系溯源

公共关系并不是在近代社会才产生的，在古代社会就已出现了公共关系的雏形，它伴随着人类经历了上千年的历史。现代意义上的公共关系继承和发展了古代社会公共关系的一些思想，并以更加科学、更加规范的方式对其进行系统的研究。

（一）古时期的公共关系

在古时候，公共关系就已经产生，但具有单向性特征。从原始社会、封建社会时期人们的社会活动可以看到在那时就已经产生了公共关系的雏形。在原始社会时期，以血缘为纽带，先后经历了母系氏族公社和父系氏族公社，人们群体而居，共同打猎、共同捕鱼、共同种植，平均分配食物，与人为善，人与人之间的关系和谐，某些现代意义上的公共关系意识开始萌芽。随着生产力的不断提高，私有制产生，社会分工细化，人们之间的联系也越来越紧密，但是由于利益的驱使，在商品交换过程中产生的分歧也越来越多，这就要求采取一定的原则或措施来调解人与人之间的矛盾，协调相互之间的关系。在春秋战国时期，对如何处理人际关系，诸子百家提出了一系列的观点，以墨子为首的墨家提出了"兼爱（人与人平等相爱）、非攻（反对侵略战争），与人为善"，其思想强调人与人之间、国家与国家之间"互不侵犯"，要求"和谐"。以孔子、孟子为首的儒家坚持"亲亲""尊尊"的立法原则，维护"礼"，提倡"德治"，重视"仁治"，其思想要求以礼维护社会秩序，统治者对被统治者要有道德、仁义，反对暴力统治。另外，孔子的"己所不欲，勿施于人""人而无信，不知其可也"以及"人无信不立"等观点，这些思想对现代社会如何解决人际关系、公共关系有着非常重要的启迪。

同一时期的国外同样如此，从相关著作和实践活动中也可以看到现代意义上公共关系的雏形。例如：被后人誉为最早问世的公共关系学的理论书籍——《修辞学》，在书中详细阐述了修辞的艺术，即如何运用语言来影响听众的思想和行为。在古罗马时期，独裁统治者葛约斯·尤利乌斯·恺撒创造了原始公共关系成功的典型事例，他注重与民众沟通，认为要获得民众的支持就必须以自己思想观念去劝说他们、影响他们。

可见，古时期的中西方对人文关系都有所认识，提出的思想和原则、方式为现代社会如何处理公共关系提供了指南。但是中西方在处理人文关系的方式上又有所区别，中国以"诚信、和谐、道德、仁义"为原则，这有利于从实质上实现人与人之间的"和谐"，而西方强调"如何影响他人"，这可能对人的行为失去正确的指导，人与人之间因此而失去诚信，对于统治者而言，可以利用这种方式实行愚民政策。古时期的公共关系与现代公共关系相比较，当然不可相提并论，古时期的公共关系主要受到经济发展水平、民主政治、科技手段等各方面的影响，呈现出传播手段单一、传播范围小、传播速度慢、单向传播等特点。但是，对古时期中外的公共关系的研究，却有助于对公共关系产生、发展规律有更加深刻的认识，其中一些先进思想对现代的公共关系的研究有着重要的借鉴意义。

（二）现代公共关系

1. 现代公共关系产生的条件

现代公共关系是时代的产物，同时也是社会发展的产物。它的产生必须具备三个条件，即政治条件、经济条件和传播技术条件，缺少任何一个条件都不会产生现代意义上的公共关系。①

（1）社会民主化为现代公共关系提供了政治条件。在人类数千年的发展史上，中西方绝大多数时间处于奴隶社会和封建社会时期，君主或皇帝是最高的统治者，他们是独裁者、专制者，享有无上的权力，维护着奴隶主、地主阶级、宗教的利益，对人民实行高压政策，随意杀害被统治阶级，最为残酷的是对人们实行车裂、斩趾，甚至用活埋的方式来陪葬或祭祀，在这种残酷的统治下，没有人权，人民完全依附于统治阶级，两者之间难以建立一种平等的公共关系。工业革命之后，新型的资产阶级出现，他们深受文艺复兴的影响，最终推翻了封建专制体制，建立了民主政体，他们提倡"人民主权""权力分立""法律面前人人平等"等先进思想。这与封建专制社会相比，具有划时代的意义，人民的地位有了提高，他们要求通过全民选举的方式产生领导人，这就对那些想成为领导人的人提出了挑战，要想成为领导人就必须获得大多数民众的支持。因此，民主政治就促使那些想成为领导人的人想办法保持与民众之间的良好关系，在社会中树立自己的美好形象，防止对民众产生负面影响。

（2）商品经济的发展为现代公共关系的产生提供了经济条件。古代社会虽然存在着商品经济，但是其所占比重较小，仍然以自给自足的自然经济为主体，人与人之间、人与经济组织之间的联系并不那么强烈，经济组织没必要在大范围进行宣传。工业革命的到来，导致社会分工越来越细，一个产品的生产可能经过多道程序，经过多个生产者的手，这需要不同生产者联系起来，共同赚取利益。此时，同一种产品存在着多家生产商或销售商，再加上消费者的消费水平又不断提高，面对这种竞争局面，生产者需要降低生产成本，提高生产效率，树立组织形象，与公众建立良好的公共关系。

（3）大众传媒的产生为现代公共关系提供了技术条件，与古代社会的公共关系相比，这也是重要的进步。在古代社会，交通工具十分落后，主要靠马、船等交通工具，因此，它呈现出传播速度慢、传播范围

① 李健荣，邱伟光：《现代公共关系》，人民出版社，2007年1月。

小等特点。到了第二次工业革命，进入信息化时代，广泛应用电力，创制出了内燃机和新交通工具，发明了新的通信手段，电话、电视、互联网等高科技随之应运而生，信息的传播越来越快、传播的范围也越来越广，这把世界上不同的国家、不同的人都联系了起来，为现代公共关系的产生和发展提供了技术条件。

2. 西方公共关系的发展

（1）艾维·李的思想。

现代公共关系首先在美国问世，以美国《纽约时报》记者艾维·李在纽约创立世界上第一家"宣传顾问事务所"为现代公共关系诞生的标志。艾维·李强调公共关系的核心思想就是"讲真话"。将真实的情况向公众披露，把与公众利益相关的信息公之于众，获得公众的支持和理解，如果所披露的信息对本企业或本组织不利时，那么就应当调整自己的行为，而不是封锁消息或者欺骗公众，这会更加损害本企业的形象。

（2）艾德华·伯纳斯的思想。

继艾维·李之后的另一位公共关系学研究先驱——艾德华·伯纳斯，他注重对公共关系的理论研究，出版了《公众舆论的形成》《公共关系学》以及《有效的公共关系》等书。他提出了"投公众所好""根据公众态度开展工作"的思想，即以公众为中心，根据公众的爱好或态度来调整本组织的工作，以此来迎合公众的需求。在《有效的公共关系》一书中他还提出了"双向对称"模式，强调组织既要向公众传播自己的信息，同时也要传播公众的信息。艾德华·伯纳斯对公共关系的系统化研究，使之成为了一门独立的新兴学科。

在艾维·李和艾德华·伯纳斯之后，现代意义上的公共关系开始向世界各地传播，以不同的形式传播和发展公共关系，在企业中设置了公共关系部，在学校设置公共关系学院、开设公共关系专业，在区域范围内成立了公共关系协会等。到目前为止，公共关系仍在世界范围内蓬勃发展，它已形成一门更加科学、更加系统、更加规范的学科。

3. 中国公共关系的发展

现代公共关系在中国起步较晚，直到改革开放以后，公共关系才被传入中国大陆，但是，经过众多学者和实践者30多年的努力，以及国家的大力支持，现代公共关系在中国的土地上蓬勃发展。现代公共关系在中国发展可以分为以下两个阶段。

（1）传入阶段。

党的十一届三中全会后，党的工作重心转移到经济上，并确定了改革开放政策，在深圳、珠海、汕头设立经济特区，吸引外商来华投资，随后在经济特区开办的一些"三资"企业中成立了公共关系部，专门负责企业的公关工作。

（2）迅速发展阶段。

随着西方先进的管理模式源源不断地传入中国，现代公共关系在中国迅速发展起来，从公共关系实践发展到公共关系理论研究。1985 年，深圳大学传播系最先设立公共关系专业，在接下来的几年，北京大学、清华大学、中国人民大学、中山大学等学校相继开设公共关系专业。同时，一系列有关公共关系的教材、专著、译著相继问世，比如：中国社会科学院出版的《塑造形象的艺术——公共关系学概论》、居延安的《公共关系学导论》和《关系管理学》、纪华强的《公共关系的基本原理与实务》[①]、张践的《公共关系：从理论到实务》[②]、于朝晖译著的《公共关系本质》[③] 等。这些巨作进一步推进了公共关系的发展。到了20 世纪 90 年代，公共关系事业受到中央政府的关注，认可公共关系事业取得的成果，并在《中华人民共和国职业分类大典》中将从事公共关系人员列为公关员，这标志着公共关系得到国家的正式认可，并成为一门职业在各个行业发展起来。

二、公共关系辨析

公共关系学是一门正在蓬勃发展的新兴学科，从 20 世纪 80 年代传入中国大陆，中国的学者和公共关系的实践者开始认识到公共关系的客观存在以及它在社会中发挥着重要作用，同时也开始对其进行科学化、

---

① 纪华强，杨金德：《公共关系的基本原理与实务》，厦门大学出版社，1992 年 9 月。
② 张践：《公共关系：从理论到实务》，人民出版社，2003 年 5 月。
③ 道·纽森，朱迪·范斯，里克·杜克，迪恩·库克勃格著，于朝晖译：《公共关系本质》，复旦大学出版社，2011 年 9 月。

系统化、规范化的理论研究。但凡要对公共关系有系统的研究，都必须对公共关系的定义作出准确、科学的解释，即什么是公共关系，公共关系是谁和谁的关系，以及主体与客体是怎样联系起来的。从国内外的先进知识成果来看，对公共关系的解释成百上千，但较为常见的有以下几种解释。

（一）国外学者对公共关系的定义

1981 年出版的《大英百科全书》，又称《不列颠百科全书》，将公共关系定义为："公共关系旨在传播有关个人、公司、政府机构或其他组织的信息，并改善公众对于其态度的种种政策或活动。"这一定义主要从传播信息的角度定义，一方面片面强调组织的单方利益，而忽略了公众的需求；另一方面它属于单向的信息传播活动，造成组织无法收集到公众的信息。

英国公共关系专家弗兰克·杰夫金斯（Frank Jefkins）将公共关系定义为："公共关系就是一个组织为了达到与他的公众之间相互了解的确定目标，而有计划地采用一切向内和向外的传播沟通方式的总和。"

1967 年出版的《韦伯斯特二十世纪新辞典》对公共关系的定义如下："公共关系就是通过宣传与一般公众建立有利的公共舆论的职能。"

美国著名公共关系研究权威斯科特·卡特利普、阿伦·森特和格伦·布鲁斯在《有效公共关系学》中，把公共关系界定为"公共关系是一种管理职能，它用以认定、建立和维持某个组织与各类公众之间的互利关系，而各类公众则是决定其成败的关键"。

美国公共关系研究与教育基金会前主席雷克斯·F. 哈罗博士，收集了从 20 世纪初期到 1976 年所有的有关公共关系的定义，确定了每个定义的主要因素，并把其核心内容进行了分类，以试图说明公共关系的基本内涵。他在研究了 472 个定义之后，提出了一个既包括概念性又包括可操作性要素在内的定义："公共关系是一种特殊的管理职能，它帮助一个组织与其公众之间建立和保持相互沟通、了解、接受与合作的渠道；参与问题和纠纷的处理，将公众的意见传达给管理部门并作出反应；明确与加强为公众利益服务的管理责任；它还作为监视预警系统，帮助管理部门预先作好应变准备，与社会动向保持一致并有效地加以利用。它用调查研究和正确并合乎道德的沟通技术作为其重要手段。简单的说法如协调关系、提高素质、塑造形象等。"

美国公共关系学会（PRSA）的"官方公共关系陈述"为："公共关系通过在团体和机构中提供相互理解，帮助我们这个复杂、多元的社会去更有效地作出决定和发挥作用。它的服务使得私营的和公共的政策臻于和谐。"

（二）国内学者对公共关系的定义

王乐夫、廖为建等人在《公共关系学》一书中界定为："公共关系是一种内求团结、外求和谐发展的经营管理艺术，即一个社会组织在自身完善的基础上，运用各种信息沟通传播的手段，协调和改善自身的人事环境和舆论气氛，使本组织机构的各项政策、活动和产品符合相关公众的需求，争取公众对自己的理解、信任、好感与合作，在双方互利中共同发展。"

居延安的《公共关系学导论》把公共关系界定为："公共关系是一个社会组织用传播手段使自己与公众相互了解和相互适应的一种活动或职能。"[①]

台湾地区学者祝振华在其著作中指出："五伦以外的人类关系，为之公共关系。"

明安香的《塑造形象的艺术——公共关系学概论》中认为："所谓公共关系，就是一个企业或组织，为了增进内部及社会公众的信任与支持，为自身事业发展创造最佳的社会环境，在分析和处理自身面临的内部、外部各项关系时，采取的一系列政策与行动。"

余明阳的《公共关系学》中把公共关系界定为："公共关系是社会组织为了塑造组织形象，通过传播、沟通手段来影响公众的科学和艺术。"

李道平在《公共关系学》中把公共关系定义为："公共关系是社会组织为了实现良好合作与和谐发展，通过关系协调、沟通管理、形象塑造等方式，同利益相关的公众结成的一种社会关系。它包括政府与社会

---

① 居延安：《公共关系学》（第四版），复旦大学出版社，2008 年 6 月。

各界的关系、企业与消费者及有关客户的关系、领导与员工的关系等。"

袁传荣、宋林飞的《公共关系学新论——组织形象管理》中认为："一个社会组织运用科学的传播媒介和沟通手段，同公众建立起相互了解、信任和支持的依存关系，这种关系和为这种关系而展开的活动即公共关系。"

（三）现代公共关系的界定

从以上这些学者对公共关系的界定可以看出，他们的侧重点是大不相同的，可以归纳为如下几个方面：公共关系是一种社会关系；公共关系是经营管理艺术；公共关系是活动。他们从不同角度界定了公共关系，在一定程度上反映了公共关系的一些内容（主体、客体、传播），实质上这些定义主要从静态角度和动态角度两个方面出发进行界定。但是，这些定义存在一定的局限性，并未揭示公共关系的本质，也没有说明组织与公众为什么要建立联系。

（1）首先要弄清什么是公共关系的本质，只有在弄清了本质的情况下，才能弄清组织与公众之间为什么要建立起联系。公共关系的本质就是利益，这种利益也可以说成是某种好处或者是目的。正是因为组织与公众有不同的利益需求，彼此之间才会建立起相应的联系。无论公司、企业也好，政府组织也好，或其他组织也好，建立彼此之间的关系都是一样，都是为了自身的利益。在现实社会中，如果一个组织与公众之间不存在利益，会建立起这种联系吗？例如，在生产商、销售商与消费者之间，生产商、销售商的目的是获取更高经济利益，而消费者是为了获得产品或者获得产品的使用价值，故而，生产商、销售商与消费者才会建立起这种关系。根据利益的存在形态，可以分为有形利益和无形利益，有形利益主要包括金钱、财物等，无形利益主要包括名誉、形象、地位等，利益还可以分为经济利益和非经济利益。因此，在给公共关系下定义时，应当反映公共关系的本质，虽然有的概念中有了一定的反映，但具有片面性，因为组织与公众的不同，他们的利益需求也会不同。

（2）组织与公众在绝大多数情况下地位是平等的，除了政府组织与社会公众之外，他们不存在绝对的从属关系或依附关系。尤其在科技高度发达，人们生活水平不断提高的今天，社会公众有权选择自己喜欢的交易对象，生产商、销售商也有权决定买卖，这完全是平等的。在双向沟通中，组织一方面向社会公众传播和解释自己的信息，另一方面也会根据从社会公众那里反馈回来的信息来调整自己的工作。在公共关系的目的上将组织和公众的利益置于同等的地位，不存在任何一方的利益高于另一方的利益，并在双向传播和沟通的基础上形成和谐的关系，使双方的最大利益得到满足。因此，把公共关系定义为管理职能显然是不科学的，管理指管理者对被管理者的行为，在地位上，两者是不平等的，具有隶属或从属关系。

（3）公共关系是一种客观状态。所谓"关系"即联系，就是指事物与事物之间和事物内部各要素之间的相互影响、相互作用的状态。那么，公共关系就是组织与社会公众之间相互影响、相互作用的状态。如果对其拆解，本词由两部分组成，第一部分是"公共"，第二部分是"关系"。"公共"作为定语，是一个限定词，修饰着"关系"；而"关系"作为名词，并且还是一个抽象名词，成为理解的重点或落脚点。根据《现代汉语词典》对"关系"进行解释，其存在多层含义，既有动态的解释，也有静态理解。另外，公共关系是组织与社会公众行为的结果，有什么样的行为就有什么样的公共关系，行为方式发生了变化，公共关系也会发生相应的变化，这种公共关系既可以单独由组织的行为引起变化，也可以单独由社会公众引起变化，还可以由组织和社会公众的行为共同引起变化。因此，公共关系是看不见、摸不着的，但是客观存在，并且与行为是一一对应的，即有什么样的行为就会产生什么样的公共关系。

综上所述，将公共关系界定为："一个组织为了获取自身的利益、目的以及平衡自身与社会公众的利益，运用科学的传播媒介和沟通将本组织与社会公众连接起来，故此共同形成的一种客观状态。"

三、公共关系的功能

公共关系的功能是指公共关系应当具有的作用，它是由其社会组织与社会公众的利益所决定的。一个良好的公共关系，社会组织能从社会公众那里获得更多的利益，社会公众从社会组织那里获得或多或少的利益。因此，要想建立这样的公共关系，就迫使社会组织去实施一些有助于组织发展的行为。

（一）协调功能

社会组织是一个复杂的有机整体，它在产生、发展的过程中受到不同因素的影响，最重要的是组织内部因素和社会公众的影响，组织内部因素包括组织的上级、组织的内部成员、组织中的各部门，因此，要保证社会组织能够有效地运作，那么就要发挥好协调功能，实现内求团结、外求发展的目标，为组织营造一个和谐的环境。

1. 对组织内部进行协调

组织内部的协调包括两方面：一方面，组织内部上下级之间的协调；另一方面，各个部门之间的协调。组织内部的上级、下级以及各个部门的目标大致是相同的，协调好组织的内部关系对组织的发展非常有利。协调好组织内部领导者与员工以及员工之间的关系，可以充分发挥员工工作的积极性，他们也会自愿地追随领导者，服从领导者的命令，组织内部士气高昂，工作效率将会大幅度地提高。协调组织与上级或下级之间的关系，能够得到上级的大力支持，下级也会坚定不移地听从、执行上级的命令。

2. 对组织与外部公众进行协调

一个组织与社会公众的利益是不同的，有时难免会发生冲突，这就需要对组织与社会公众进行沟通，把与组织目标相关的公众作为协调的重点对象，运用信息反馈调节法、自律法、情感交流法等多种方法对那些已经发生的利益冲突进行及时、合理的处理，平衡双方的利益；对那些将要发生的利益冲突或可能发生的利益冲突进行提前协调，从而减少组织与外部公众发生纠纷的可能性，最终维护好一个组织的良好形象。

（二）监测功能

监测，即监视、预测。其主要目的就是预测，为组织的下一步工作作出更加科学、更加合理的安排。因此，一个组织能否取得成功在很大程度上取决于对组织内外环境进行有效的监测。公共关系的监测包括对组织内部的监测和对组织外部的监测。对组织内部的监测就是对组织本身的监测，也可以说是对主体的监测。对组织外部的监测就是对公共关系的客体监测即对社会公众行为和态度的监测。对组织外部的监测，组织要根据社会公众态度的变化，对自己的工作作出相应的调整，使组织的目标和公众的需求相一致，预防公众的需求与组织的目标相脱节。这就要求对组织外部的监测与对组织内部的监测同时进行，防止收集的信息不对称。组织的成员要广泛地收集信息，然后将收集来的信息传递给组织的领导者，领导者再根据这些信息作出分析，最后针对信息作出相应的回应，这种监测是一种复杂的过程，具有连续性，需要反复的传递，这使得组织内部的成员能够收集到更多、更有效的信息，为领导者提供合理的依据。因此，社会组织应当注重内部信息的收集和外部信息的收集，注意对组织内部的监测和组织外部的监测，不能忽略任何一方，否则，社会组织的目标难以实现。

（三）处理功能

由于环境因素的影响以及自身的能力有限，社会组织不可能对每一种情况作出准确的预测。因此，既要保证自己的利益和社会形象不受损，又要保证社会组织与社会公众之间的利益以及良好关系，社会组织在进行监测的同时，也要学会对突发情况的处理，在事件发生之后如何去弥补损失，尽可能把损失降到最低。

危机的产生是多方面的，产生的原因不同，处理方式也就不同。如果这种危机是自身的原因造成的，该组织就应端正自己的态度，积极地向社会公众赔礼道歉，赔偿其经济损失等。例如，一个生产商或销售商生产或销售了不合格的产品，对社会公众的利益造成了损害，此时，生产商或销售商可以通过新闻媒体向大众赔礼道歉，保障社会公众的知情权。与此同时，回收不合格的产品，对因产品缺陷造成的损失给予赔偿。如果这种危机不是自身原因造成的，向社会公众澄清事实，也可以通过大众传媒说明情况，还可以先向社会公众进行补偿，再向那些损害组织利益的人要求赔偿。虽然从表面上看这样做可能对组织造成经济上的损失，但实际上此举可以为组织获取非经济上的利益，树立良好形象。

（四）形象塑造功能

良好的组织形象是社会组织及其组织内部成员共同追求的目标之一。一个良好的公共关系表明了社会公众对组织的认可，对其工作的肯定，社会公众愿意继续与社会组织交往，同时也激励着社会组织。但是，良好的组织形象不仅仅是社会公众对组织的一种美誉，同时也意味着组织更强的责任和更高的使命，这要求从各个方面提高组织的形象，如企业的产品质量、价格、服务态度等方面。并且良好形象的树立不是一蹴而就的，需要社会组织及其组织内部成员长期的共同努力才能实现。而一个非良好的公共关系表明社会组织与社会公众之间出现了矛盾，社会公众不认可社会组织及其成员的工作，它没能给社会公众留下好的印象，这种关系预示着组织要调整自己的行为方式，如提高产品的质量、提高服务水平等。所以，这种关系的好坏决定了社会组织的工作方式。社会组织只有塑造了良好的形象，才能与公众建立较好的公共关系。

第二节　警察公共关系

一、警察公共关系的含义

对警察公共关系内涵进行界定是研究警察公共关系的前提和基础，只有准确地理解了警察公共关系，才能为警察组织和警察个体实践提供指导。何为警察公共关系，对此也有不同的见解。徐海晋在《警察公共关系理论与实务》中，将警察公共关系界定为，"公安机关积极、持久、有计划地运用各种信息和传播沟通手段，加强与公众（包括自然人和法人）之间的相互了解和沟通合作，不断促进公安工作更好地服务于社会，从而为公安机关树立良好形象创造条件的警务运作模式"。孙娟在《警察公共关系理论与形象战略》中提到，"警察公共关系是以提高自身影响力为基点的促进警察组织和其公众良性互动，争取最大社会效益的一种管理职能和活动过程。这种过程可以概括为：提高警察组织自身的影响力，为社会提供最佳服务，树立良好的组织形象，争取更大的公众支持，获得最佳的组织效益和社会效益"。马翠琳在其硕士毕业论文中将警察公共关系界定为"警察组织为实现发动全社会力量参与社会综合治理、强化社会治安控制的目的，通过运用传播沟通的方法协调与公众的关系，影响公众舆论对警察组织的看法，塑造警察队伍良好形象，优化警察行政和执法环境的活动"。还有的学者将警察公共关系界定为"警察机关在警察行政过程中运用传播沟通的方法，促进警察机关与公众之间相互了解、理解、信任与合作的一种管理活动"。可见，他们都从不同方面阐释了警察公共关系的内涵，揭示了警察公共关系的构成要素，即警察组织和警察个体是警察公共关系的主体，社会公众是警察公共关系的客体，传播是警察公共关系的媒介，是连接主体与客体的桥梁。警察公共关系本身是一个内涵丰富、多层次的概念，随着警察组织和警察个体的实践而不断丰富，具体包含三个方面的内容。

首先，从动态的角度来看，警察公共关系是一种管理活动，是警察组织和警察个体为了加强与社会公众之间的关系，赢得公众的理解、支持、配合，为警察组织创造良好的社会环境而采取的政策、方法、行动等。动态的警察公共关系具有很大的社会适应性，它根据社会环境作出调整，实现组织目标。

其次，从静态的角度来看，警察公共关系作为一种社会现象，是警察组织与各类社会公众之间的一种关系状态。这种关系状态与公共关系一样，具有静态层面的内涵，是警察公共关系主体和警察公共关系客体行为的结果。警察组织和警察个体的行为与警察公共关系是一一对应的，有什么样的行为就有什么样的关系，随着警察公共关系中主体、客体以及行为的变化，警察组织与社会公众之间的关系也会发生相应的变化，有时候这种变化很小，但是它是客观存在的，不能因其变化微小而否定其存在。

最后，从价值的角度来看，良好的警察公共关系是民主法治的要求。警察组织和警察个体在执法过程中，不仅要考虑警察组织目的如何实现，更要考虑社会大众的根本利益，必须保证目标实现的同时，社会公众的利益不被损害，因此，只有严格依照法律规定的程序执法，才能保障执法的合法与合理，执法权威才能得以提高，良好的警察公共关系才能得以建立。

通过以上对警察公共关系的分析，可以将其界定为"警察组织和警察个体为了实现预期制定的目标，通过传播、沟通、协调等方式加强与社会公众之间的联系，提高执法水平与效率，实现与社会的良性互动，赢得公众的理解与支持，为组织创造良好社会环境而实施的管理活动和形成的客观状态"。警察公共关系是公共关系的分支，它延续和拓展了公共关系的范围，丰富了公共关系的内容。

二、警察公共关系的特征

警察公共关系既然是公共关系的一个分支，在一些方面有着相同的特征，它们都是社会发展的产物，公共关系的相关理论为警察公共关系提供了理论支撑，为其指明了发展方向，同时警察公共关系的产生、发展又丰富了公共关系，为公共关系提供了实践经验。两者之间既有联系，也有着本质的区别。警察公共关系与公共关系之间的联系有以下几个方面：首先，在结构上是相同的，有主体，有客体，还有媒介，通过媒介将主体与客体联系起来；其次，警察公共关系与公共关系都具有目的性，正是因为这个目的的存在，才促使主体积极地向客体作出一定的行为；再次，在公共关系中运用的手段、方式、方法、策略可以运用到警察公共关系中，而在警察公共关系的一些方式、方法、策略同样可以运用到公共关系中。警察公共关系与公共关系之间的本质区别主要从以下几个方面体现出来。

（一）主体与客体的特定性

警察公共关系反映的是警察组织以及警察个体与社会公众之间的关系，警察组织和警察个体是警察公共关系的主体，社会公众是警察公共关系的客体，同时客体具有广泛性，这主要由警察组织的社会管理职权所决定，职权范围相当广泛，涉及社会生活的方方面面，因此，对象具有广泛性。而在公共关系中，主体是企业或其他社会组织，对象仍然是社会公众，但这里的公众因有共同利益、共同目的、共同问题等联结起来，并且是与该组织发生联系或相互作用的个人、群体或组织的总和，与警察公共关系客体相比而言，范围较窄。

（二）警察组织的服务职能

警察公共关系是警察组织以及警察组织成员与社会公众之间相互作用、相互影响的一种状态。这种状态是否和谐决定了警察组织的工作性质、工作目的以及工作对象等的变化。

随着《世界人权宣言》的诞生，"人权"成为当今讨论的重要议题，被很多国家以宪法的形式确立下来并作为其他规范性文件的基本原则，尤其在刑法、刑事诉讼法或刑事程序法领域体现得最为明显，这对警察组织和警察个体的工作提出的挑战也是前所未有的，它既限定警察组织和警察个体权力行使，同时又强调警察组织为社会公众服务的职能，也因此成为各国警察组织职能转变的方向。

（三）主体与客体地位的不平等性

主体与客体都是警察公共关系与公共关系的构成要件，在警察公共关系中，警察组织和警察个体代表着国家公权力，严格依照国家的法律、法规行使社会管理职权，承担维护社会安全和稳定的职责，对危害社会安全以及破坏社会稳定的行为可以采取暴力手段进行制止，尤其在刑事法律关系中，主体与客体地位的不平等性最为明显。但是主体与客体之间的不平等性并非绝对，如警察组织以民事主体出现时，其地位与社会公众平等。在公共关系中，主体是社会组织，它为了经济利益或其他利益，对客体实施相关行为，客体对社会组织也具有一定的依赖性，为了获得某种利益（包括经济上的利益与非经济上的利益），对主体作出一定行为，二者相互依赖，不仅体现了主体与客体的关系，同时也体现了两者之间的平等性。

三、警察公共关系的构成

警察公共关系的构成是指警察公共关系由哪些要素组成。对警察公共关系构成要素进行研究具有极大的理论意义和实践意义：首先，它是警察公共关系研究的理论基础；其次，对警察公共关系的构成要素进行研究，对促使警察组织和警察个体积极调整工作，维护好警察组织和警察个人与社会公众之间的和谐关系有着现实意义。根据公共关系的构成要件，可以得出警察公共关系也是由三个构成要素组成，即警察公共关系的主体、警察公共关系的客体、警察公共关系的媒介。警察公共关系的主体在警察公共关系中居于主动地位，警察公共关系的客体在警察公共关系处于被动地位，警察公共关系的媒介是连接警察公共关系主体与警察公共关系客体的方式、手段。

（一）警察公共关系的主体

警察公共关系的主体指的就是警察组织以及警察组织成员或警察个体。从世界各国来看，警种具有多样性，主要包括刑事警察、交通警察、消防警察、治安警察、户籍警察、社区警察等。

警察公共关系的主体在警察公共关系中居于主动地位，凭借自身的管理职权，为社会提供服务，维护好与社会公众之间的良好关系，树立警察组织和警察个人的良好形象，促使社会公众对警察组织和警察个人工作的积极支持、理解、配合，最终实现"双赢"。因此，警察组织和警察个人要根据不同的环境、不同的对象、不同的地点等因素，对自己的工作重新作出规划和调整。

（二）警察公共关系的客体

警察公共关系的客体是指与警察组织和警察个体相互联系、相互作用的个人、群体或组织的总和，同时也是警察公共关系的对象。在警察公共关系中，社会公众是警察组织和警察个体的行为对象，处于被动地位。但是它与警察组织之间又是不可决裂的，不存在没有警察组织和警察个体的警察公共关系，也不存在没有社会公众的警察公共关系，警察组织的政策、目标、计划的制定均是围绕组织本身和社会公众制定的。没有社会公众的存在，警察组织和警察个体也就失去了依附对象。

警察公共关系的客体非常丰富。美国公共关系专家格罗尼和亨特将社会公众分为四种类型：非公众、潜在公众、知晓公众、行动公众，它反映了公众是一个连续发展的过程。但是，在警察公共关系中并非如此，所有公众都是警察公共关系的客体，没有一个社会公众不是生活在权利和义务范围之内的，警察组织和警察个体的权力足以涉及社会公众的方方面面。人民警察在对户籍进行管理时，所有的社会公众都是他们的行为对象，包括警察组织的内部成员，从这一方面来看，客体具有广泛性，而不存在非公众的情况。从另一方面来说，格罗尼和亨特的分类也有一定的道理，公众是一个连续发展的过程，客体的转换性特征，主要体现在以下两个方面。

（1）警察组织内部成员的转换。警察组织是以人为核心的组织，权力的实施、义务的履行都离不开人的行为，警察组织内部成员在执行国家赋予的公权力时，是公权力的象征，代表的是警察组织向社会公众作出某种行为，此时，他不属于社会公众的范畴，不能成为警察公共关系的客体。当警察组织内部成员在非执行公权力或非工作时间时，就转换成社会公众，成为警察组织的行为对象。

（2）不确定的社会公众在作出某种行为之后，成为警察公共关系的客体。例如，在刑事案件中，犯罪分子在实施犯罪行为之前，该犯罪分子与刑事警察并不存在实质性的联系，行为实施之后，成为刑事警察逮捕的对象；在交通事故和出入境等事件中，同样如此，非公众或潜在公众转换为特定的公众，与警察组织产生实质性的联系。

（三）警察公共关系的媒介

警察公共关系的媒介是警察公共关系构成要素之一，是连接警察公共关系主体与警察公共关系客体的桥梁，警察公共关系媒介的实质就是传播，警察组织通过媒介将警察组织制订的政策、计划、目的等内容传达给社会公众。美国学者哈罗德·拉斯韦尔提出"5W 理论"，又称"拉斯韦尔要素"，五个 W：（1）谁——警察公共关系的主体；（2）说什么——警察公共关系主体的行为内容；（3）通过什么渠道——警察公共关系的媒介，通过什么方式传播；（4）对谁说——警察公共关系的客体；（5）有何效果——警察公共关系的客体对警察公共关系主体的行为内容的反应。

警察公共关系的媒介要求建立双向的沟通机制，不仅仅是警察公共关系主体把组织内部的政策与信息单向传给警察公共关系的客体，同时也要把警察公共关系客体的反应传达给警察公共关系主体，让其及时地对自己的工作作出调整。只有这样，才能达成双向的沟通，警察组织才能有目的、有计划地实施行为内容。

警察公共关系的媒介具有多样性、传播速度快等特征，警察组织和警察个体可以利用电视、广播、新闻媒体、新闻发布会、互联网、报纸等多种传播媒介向公众传达信息，与此同时，要正确地引导这些媒介客观、公正地报道，将自己的行为程序、行为结果及时地向公众公开，避免对警察组织不利的舆论，让社会公众进行监督，以保证警察组织公正执法。

第三节　警察公共关系的功能

党的十八大报告首次提出了建设学习型、服务型、创新型马克思主义执政党的目标和任务，这为政府的职能转变提供了指导，作为政府职能部门之一的警察组织也必须在新形势下转变职能，切实做到执法为民，全心全意为人民服务，并以创造良好的警察公共关系、建立和谐的社会环境为目标，警察组织必须采取各种措施来加强与社会公众的联系。为此，警察公共关系在实践中显得更加重要，同时要求警察组织和警察个体对警察公共关系的功能有正确的认识，并将其运用到日常的工作当中。警察公共关系的功能是指警察公共关系的作用，或者是警察公共关系的价值。它主要包括以下几项功能。

一、塑造功能

（一）塑造的内涵

所谓警察公共关系的塑造功能，是指警察组织在公共关系活动过程中，通过制订、实施组织形象战略，有针对性地规划、设计、塑造和管理警察组织的各种形象要素，刻意塑造最佳的整体形象，以获得公众的认可。警察公共关系塑造的主要对象是警察组织的形象。警察组织的形象是指社会公众对警察组织和警察个体的内在气质和外在形象的整体评价。社会公众是警察组织形象的评判者，这排除了警察组织内部成员对警察组织的评判，否则，评判的结果有可能是不客观、不公正的。一般而言，警察组织的形象主要由内在气质和外在形象两部分组成。内在气质包括：警察个人的价值观、服务的态度、执法的水平等；外在形象包括：警容警貌、警察的个人素质、社会公众的满意度等。

（二）塑造的方法

如何维护好警察公共关系、树立良好的社会形象是警察组织行使管理职能的重点所在，这就要求警察组织提高自己的知名度和荣誉度，知名度反映的是警察组织及警察个体被社会公众所认知的程度，荣誉度反映的是社会公众对警察组织和警察个体的认可程度或者是信任度，警察组织在塑造自己形象的时候要把知名度和荣誉度结合起来。

如何提高知名度和荣誉度？（1）依法行使职权，警察组织的所有行政活动都必须在法律授权的范围内行使，不得超越法律的授权范围，即使在法律、法规没有授权的情况下，也不得对社会公众作出不利的行为；（2）合理行使职权，对社会公众作出的行为要符合理性，考虑一些相关因素，公平公正地对待社会公众；（3）执法程序要正当，合法的程序才能保证结果的公正性，警察组织的执法过程应当公开透明，让群众参与其中，发挥社会公众的监督作用，从而提高警察组织执法的正当性；（4）权责统一，警察组织在违法或者不当行使职权时，要依法承担相应的法律责任，对社会公众造成损害的，要对其进行赔偿；（5）加强警察组织的管理水平，完善警察个体的形象，树立正确的价值观，提高对社会公众的服务质量。把这些方面作为警察组织以及警察个体的考核标准，最终提高组织的知名度和荣誉度，塑造良好的社会形象。

二、协调功能

（一）协调的内涵

警察公共关系的协调功能是指警察组织在组织的内部环境和外部环境，通过一切手段、方式协调与社会各主体之间的关系，实现彼此了解、互相信任，达到警察组织在内部、外部环境与各主体和谐发展。在大的社会背景之下，任何人、任何组织都不可能离开社会而独立存在，警察组织及其警察个体是社会发展的产物，更加离不开社会而独立存在，或多或少都要与组织内部和组织外部发生一定关系。而良好的内部环境和外部环境为警察组织的生存与发展提供了条件。因此，要建立良好的社会环境，警察组织必须协调各方面的利益关系。

（二）协调的分类

（1）根据时间先后，协调可以分为事前的协调和事后的协调。事前的协调是指事件发生之前，警察组织和社会公众之间协商、调解。这种协调可以减少两者之间的矛盾，消除不利因素，更能防止不良事态的发展，尤其在群体性事件发生之前的处理上，它的作用显得更加重要。事后的协调指的是事件发生之后，警察组织和社会公众之间如何协商、调解。这种协调同样重要，可以消除社会公众的不满，有助于构建和谐的社会环境。

（2）根据对象不同，协调又分为警察组织内部领导者与下属的协调、警察组织内部各部门的协调以及警察组织与社会公众的协调，其解决的主要问题也有所不同。领导者与下属的协调，主要是为了效率问题，在警察组织内部，领导者与下属之间的关系，一个处于领导地位，一个处于被领导地位，领导者在整个过程中处于中心地位，对整个组织发号施令，被领导者往往消极被动接受，难免产生消极情绪、抵触心理，容易使整个警察组织的办事效率降低，通过协调，可使上下一心，提高工作效率。警察组织内部各部门的协调，主要是解决警察组织各部门资源不足问题，由于各部门权限和职责不同，在对事件进行管理和处理时，需要多部门共同协作，但是，有时难以达成一致意见，这就需要各部门之间相互协商，加强沟通，消除各部门之间的隔阂，充分合理地发挥警察组织各部门的应有作用，使各部门的资源充分合理利用。社会公众是警察组织的外部环境，协调警察组织与社会公众各自的利益，能为警察组织的发展提供了良好的外部环境。

（三）协调的方法

常见的协调方式有以下几种：（1）自律法，就是要求警察组织内部各个警察个体要廉洁自律，自我审视自身存在的问题，一旦发现问题要积极主动地改正。（2）情感交流法，警察组织和警察个体要注重与组织内部、组织外部的情感交流，拉近彼此之间的距离，创造良好的情感关系，有利于警察工作的开展。（3）反馈调节法，警察组织中的个体要把警察组织的方针、政策以及活动情况公诸于众，同时把内外公众的意见以及执行效果及时地反馈给警察组织的决策层，决策层根据反馈的信息对决策行为作出调整。（4）信息共享法，这种方式适用于警察组织内部，要求在内部建立资源共享的机制以促进警察个体行为上的协调一致，最终形成凝聚力。

三、指引功能

　　警察公共关系的指引功能是指警察公共关系指导警察组织以及警察个体的工作。警察公共关系是警察组织与社会公众行为的结果，但是，警察公共关系反过来也会指导着警察组织以及警察个体如何能更好地制定目标、如何提高管理水平、如何履行服务职能等。针对不同的警察组织和警察个体，警察公共关系的指导功能也是不同的。对有正确价值观又有责任心的警察个体，警察公共关系发挥着积极的指导功能，而对那些无正确价值观、无责任心的警察个体却发挥着负面作用，从而导致整个警察组织与社会公众的关系破裂，使组织处于不利地位。

　　不同警察公共关系的指导功能也是大不相同的，根据警察公共关系是否正常，将其分为良好的警察公共关系与非良好的警察公共关系。良好的警察公共关系是指警察组织与社会公众之间相互理解、相互支持，没有实质性的矛盾的状态，这种状态是警察组织和社会公众共同的追求，既能获得群众的支持与谅解，又能建立和谐的社会，它的存在也是对警察组织和警察个体工作的肯定，激励着警察组织中每个成员，指导着他们向建立更好的警察公共关系方向努力。而非良好的警察公共关系指的是警察组织与社会公众之间存在着实质性的矛盾，相互冲突、相互敌视的状态，这种状态的存在是对警察组织和内部成员工作的否定，它会要求警察组织和警察个体调整工作方式、加强管理等。

四、监测功能

(一) 警察公共关系监测的内涵

警察公共关系的监测是指警察组织通过对内部环境以及外部环境信息的收集、分析、处理，从而得出结果，并根据结果对社会公众的行为作出监视和预测。在信息化时代，对社会环境进行监控是非常必要和迫切的，社会上任何变动都有可能破环警察组织的形象，使得工作难以开展。

(二) 警察公共关系监测的内容

警察公共关系监测的内容主要分为对内监测和对外监测。对内监测是对警察组织内部的监测，掌握警察个体的精神状态、价值观念、执法方式、工作态度等各方面信息，对警察组织的运行以及目标实现的可能性进行监测；对外监测又分为对一般社会公众的监测和对传播媒介的监测，对一般社会公众的监测使警察组织能够源源不断地掌握社会公众活动的最新信息，让领导者根据社会公众的行为态度制订新的政策、目标，使警察组织的目标、行为与社会公众的利益需求结合起来，这样既能保证警察组织目标的实现，又能保证社会公众利益的实现。另外，也需要对社会传播媒介进行监视和预测，在现今信息化、科技化时代，信息传播方式多种多样、传播速度又快，能让不同的社会公众对警察组织的态度产生共鸣的情形下，要防止传播媒介的不实报道、错误报道，消除影响警察组织声誉的因素。总之，警察公共关系的监测功能就是要防止警察组织目标与社会公众利益之间产生矛盾。

(三) 警察公共关系环境监测的实施

警察公共关系环境监测的实施是一项巨大而又复杂的系统过程，对环境实施了有效的监测并不意味着监测的结束，环境始终复杂多变，那么对环境的监测也将始终处于周而复始的动态之中。环境监测的实施分为三个步骤：信息的收集、信息的处理、信息的反馈。

1. 信息的收集

信息是实施环境监测的前提和基础，没有信息，警察组织无从知晓环境的变化，也将无从采取措施应对环境变化。信息来源于警察组织内部各方面的信息和外部环境的信息，内部信息包括人、财、物等；外部信息主要包括政府、居民、新闻媒介等公众的态度、意见、想法等。

信息的收集方法：（1）建立互联网信息收集平台，让广大社会公众通过这个平台对相关问题发表自己的意见，表达自己的诉求，提出自己的见解，这种方法的优点在于可以广泛地收集到社会不同公众的信息，缺点在于信息量过大，意见、看法容易出现重复，这需要警察组织对相关的、有用的信息进行筛选；（2）通过会议的方式收集信息，警察组织需要收集全国人民代表大会、全国公安工作会议、公安内部工作会议、公安专项工作会议，本区域的人大、政府会议以及学术会议等包含与警察组织相关的信息，警察组织还可以以座谈会的形式召集各社会群体收集信息；（3）走访调查，这适用于基层警察组织，它可以通过面对面的方式倾听被调查者的心声，有效地获取有用的信息。

2. 信息的处理

警察组织收集而来的信息是非常庞大、复杂的，并不是任何信息都是有用的，这需要警察组织对收集而来的信息进行分析、处理，筛选出对警察组织有用的信息。

对于信息的处理，主要使用 SWOT 分析法：S 表示优势（Strength）、W 表示劣势（Weakness）、O 表示机会（Opportunity）、T 表示威胁（Threat）。警察组织作为社会存在的一部分，同样有着自己的优势与劣势、机会和威胁，这就需要警察组织对这些信息加以归纳整理，正确认识警察组织自身存在的劣势和面临的威胁，从而充分运用自身的优势，抓住机会，作出科学的、合理的决策。[①]

3. 信息的反馈

环境的变化直接或间接地影响警察组织的运作和目标的实现，这需要警察组织收集信息，掌握环境的变化状况，并对这些信息进行加工、处理，信息的反馈就是要求以对策、执行方式、方法、态度等形式对环境变化作出反应。这种反应包括积极的适应和消极的适应。

---

① 冯德文：《警察学概论》，中国人民公安大学出版社，2008 年 9 月。

积极适应，也称为主动适应。警察组织对环境的变化采取积极的态度，主动适应环境或采取对策应对、影响环境。这种积极适应不仅防止了警察组织的目标与社会公众利益出现矛盾，而且为组织的发展提供了安定、和谐的社会环境。

消极适应，也称为被动适应。所谓的消极适应，是指对环境的变化采取消极的态度，不采取对策影响环境，任由环境如何变化。这种适应方式是警察组织对国家公权力的放弃，同时也是不负社会责任的表现，必然使得警察组织处于被动地位，最终影响警察组织的形象和声誉。

第二章　警察公共关系学的
研究范畴、方法和意义

第一节　警察公共关系学的研究对象及内容

一、警察公共关系学的对象

警察公共关系学是一门以警察公共关系作为主要研究对象的学科。警察公共关系作为一种基础的社会关系，其具有公共关系的基本特征。所谓公共关系是指社会组织运用传播手段使自己与公众相互了解、相互适应的一种管理职能和采取的行动规范。① 从这个基本的定义中可以看出构成公共关系学科的基本要素。

第一，公共关系是社会组织和公众之间的关系，关系的主体是社会组织，客体为公众和其他社团组织。

第二，主体、客体之间通过传播活动这个桥梁进行联系，而且这个媒介同时对主客体之间的行为有规范作用，以保证其有效进行。

第三，主客体之间通过信息交流建立联系，因而两者之间是一种信息交流的关系。

第四，公共关系的目的是使主客体之间相互了解、相互适应，督促社会组织内外的优化，塑造良好的的社会形象，双方共赢。

---

① 公安部政治部：《警察公共关系教程》，中国公安大学出版社，2013 年 3 月。

（一）主体——公安机关

在公共关系中，社会组织与公众之间是一种互动的、双向的关系，虽然在许多情况下警察会被动地应对公众的各种问题和要求，然而在研究警察公共关系时为了更好地提升自身水平、服务群众，我们有必要将公安机关规定为主动的主体地位。

1. 主体的特点

公安机关作为一种社会组织，是为了有效达到某些特定目的，按照一定组织制度建立起来的共同活动的集体，它具备了社会组织的基本特点。首先，社会组织具有整体性。其次，具有目的性。再次，在不同目的的驱使下集合中的人们建立了不同性质、不同方式的组织，因而其还具有多样性。最后，为达到组织建立的目的，组织本体在社会发展中不断调整其内外部，使组织更具适应性。

作为公共关系中的一种特殊形式，警察公共关系在具备上述特点的同时还有其自身独特的特点。

其一，我国公安机关的建立依据是我国宪法和相关法律规定。

其二，我国人民警察法还对公安机关的任务作出了规定，公安机关的建立是为了维护国家安全，维护社会秩序，保护公民的人身自由、人身安全和合法财产，保护公共财产，预防、制止和惩罚犯罪。其从事的社会活动目的不同于其他一般组织。

其三，不同于一般组织主要以自愿的方式从事社会活动，公安机关从事社会活动的方式具有法律的强制力，体现为行政执法和刑事司法的方式。

通过不同角度对社会组织进行划分，社会组织又分为不同性质的组织。

按照组织成员之间的关系来划分，可以将组织划分为关系明确、等级分明、有组织纪律的正式组织和关系松散的非正式组织。

按照组织的性质和职能来划分，可以分为政治组织、经济组织、文化组织。

按照组织是否获取经济利益来划分，可以划分为营利性组织、服务性组织、互利性组织、公益性组织。

通过不同角度的划分，我们可以发现公安机关属于正式组织、政治组织、公益性组织。

2. 主体的地位

在任何社会活动中主体不可或缺，警察公共关系中的社会活动也亦如此。在这一互动性、双向性的公共关系中，双方之间互为主客体，一方主动采取行动，则这一方为主体，对方为客体。在警察公共关系建设活动中，由于我们研究的是公安机关主动行动构建良好警察公共关系，所以我们把公安机关划定为主体地位。

把公安机关定位于主体地位，目的在于明确在警察公共关系建设中公安机关要担当主要构建者和承担者，以公安机关内外部为主进行活动。在建设警察公共关系的活动中，公安机关及其人民警察要主动积极作为，有计划、有目的、有规范地推动这一公共关系的建设，树立全心全意为民服务的警务理念，真正承担起主体责任。[①]

（二）客体——公众

整体而言，在警察公共关系中，社会公众是客体。而社会公众又可以按照不同的划分标准有不同的分类，对公众的研究，对于了解警察公共关系中的客体有十分重要的意义。

1. 公众的基本内涵

在不同的学科中"公众"有不同的含义。而在公共关系学中，公众是指在社会组织中有现实或潜在利益关系的人、群众和社会团体。[②] 而具体到警察公共关系中就是指与公安机关有现实或潜在利益关系的群众个人、社会组织或社会群体的总称。

2. 公众的特点

（1）公众具有整体性和广泛性。从整体性角度来说，在警察公共关系中，作为与主体相对应的一方，公众不会是单一的群体。同时，公安机关的工作运行于公众这个整体的大环境之中。

从广泛性角度来说，在社会生活中，任何社会成员为了实现自身利

---

① 孙娟，马志斌：《警察公共关系案例精解》，中国人民公安大学出版社，2009 年 11 月。

② 居延安：《公共关系学》（第四版），复旦大学出版社，2008 年 6 月。

益，都会与不同的社会组织发生联系。作为主体的公安机关也会因为服务于公众而与公众发生联系。社会关系的整体性和广泛性造成了公众的整体性和广泛性。

（2）公众具有共同性。公众是具有内在利益联系的社会成员就某一问题达成了一致，具有共同需求而形成的集体。从警察公共关系的客体来看，是诸如工人、农民、政府官员、学生、商人等基于需求稳定的社会秩序、人身安全、财产安全等共同目的而形成的统一体。

（3）公众具有复杂性。首先，公众的表现形式可以是一些群体，也可以表现为社会组织，而"公众"只是对某一公共关系中集合体的统称。其次，公众的构成很复杂，某一群体中的成员可能差异很多，如观念、信仰、年龄、阶层、文化水平不同等。而在警察公共关系建设中，公安机关会面对不同的群体成员，文化水平的差异、思维方式的差异等要求主体必须因地制宜，采取适宜的方式进行交流与沟通，只有这样才能更加有效地建设好警察公共关系。

（4）公众具有可控性。公众对社会组织的态度并非是一成不变的，在不同的环境和主体的影响下公众对主体的态度会发生变化。[①] 那么，公安机关在建设警察公共关系过程中就要通过自身的改善不断优化社会环境，创造安全和谐的社会环境，逐步改善公众对公安机关的看法，建立良好的关系。

（5）公众具有客观性。公众作为一种客观存在，不会因为主体机关承认与否而改变，这就要求公安机关正确认识公众、面对公众，正确认识公众的客体地位和作用。

（三）媒介——信息传播活动

社会关系的形成需要信息的沟通，而信息的沟通需要传播活动来完成，传播是社会关系形成的重要纽带。警察公共关系中主客体之间交流沟通的媒介便是信息传播活动。

信息传播活动顾名思义包括两部分：传播和信息。传播是人类传递信息的过程，而信息则是传播的内容，信息传播活动的过程需要两者共

---

① 居延安：《公共关系学》（第四版），复旦大学出版社，2008年6月。

同参与，两者缺一不可。

（四）目标

目标是驱使社会组织建立的动力，公安机关在建设警察公共关系时最终目的便是通过主体的努力，为公安机关创造良好的发展环境，更好地履行职责，树立良好的形象。

近几十年来，在党的领导下，我国公安机关有效地打击违法犯罪活动，维护社会安稳，保障国家和公民的人身安全和财产安全，在公众的心目中树立了可以信赖、顽强拼搏、无私奉献的良好形象。然而仅仅满足这些是远远不够的，公安机关需要不断适应群众日益变化的需求和社会发展的要求，综合运用管理学和社会学等学科知识，在保持原有目标的基础上不断优化自身形象，不断更新和完善。

二、警察公共关系学的内容

任何学科的研究，除了对其基本概念进行定义之外，还要涉及该门学科的历史沿革、科学理论的发展以及实际运用等方面的内容。因此，对警察公共关系的研究也要从不同方面进行探讨。

（一）历史研究

警察公共关系的学科历史虽不悠久，但警察与公众的这种公共关系自古就有。通过对警察的探索逐步了解在历史变迁中公共关系的发生、发展和演变。

1. 原始宗教

中华民族对图腾的崇拜随着原始社会的发展逐步形成原始宗教，这种原始宗教凝结而成不同部落。而不同部落对部落的成员的行为作出规范，如和睦友好、诚实守信等。

2. 统治手段

原始的宗教伦理教义对教民的意识逐渐麻痹，部分阶层通过对原始宗教教义中的政治规范和道德规范的运用逐步建立起一个更为高级的阶层：统治阶级。① 这部分教义也逐渐成为统治阶层用来约束成员行为的依据和评价尺度。这些源自成员本身精神崇拜的规范对于社会成员来说更易接受，这对我国警务实践中公安机关的行为规范的制定具有借鉴意义。

3. 道德规范

自古就有的宗教教义以及后来的统治规范，让中华民族的成员潜移默化地形成了温良谦卑、讲道德守规矩的精神风貌。这种精神道德的力量在无形之中调整着人与人之间的关系，规范着人际交往。这对现代警察公共关系的实务活动具有一定的启发作用：要强调道德的力量，尤其是在法律规范的盲区，更需要充分发挥道德的弥补作用。

（二）理论研究

对警察公共关系的理论研究是十分必要的，通过研究可以促进理论自身的不断完善，同时通过对相关学科的理论研究，吸收相关学科的优良之处，完善警察公共关系学科的不足。这种理论的探索首先建立在哲学基础上，遵循自然发展规律，坚持马克思主义历史唯物主义和辩证唯物主义的指导。

对警察公共关系的理论研究包括两个方面：一是警察公共关系在社会中的作用、影响以及其相关学科的基本学科原理；二是在警察公共关系中需要注意的细节问题，如人际交往的技巧、语言艺术、礼仪形象以及心理现象等。

（三）应用研究

作为一门应用性强的学科，警察公共关系不仅需要丰富的理论研究，更需要实务应用的深入研究。

1. 公共关系中信息传播的研究

为了更好地维系公共关系，必须对信息传播进行研究，警察公共关系的主体公安机关是一种政治组织，具有相当广泛的影响力，所以传播活动必须正确有效地传达主体的信息。②

---

①② 肖金军：《警察公共关系学》，南京大学出版社，2004 年 5 月。

2. 公共关系中的形象研究

首先，对警察公共关系中主体的着装、语言、行为等进行研究。

其次，还需要对主体在接待报案、处理求助、化解纠纷等方面进行行为规范化研究。在执法活动中也需要对行为规范的法制化进行深刻研究。

最后，对主体内部上下级之间和平级之间的人际交往进行研究。

3. 警务公关文书的研究

作为警察公共关系实践应用的组成部分，通过加强主体的公关文书写作能力，也可以更好地改善主客体之间的关系。

三、警察公共关系学与相关学科的关系

（一）警察公共关系学与警察行政学

警察公共关系学与警察行政学之间的关系非常紧密，警察行政学是主要研究警察行政行为以及规律的科学，它从警察行政的主体、警察行政的客体、警察行政的原则、警察的管理体制、警察行政的执法、警察行政的职责等方面来实现对社会的有效管理，从而使警察行政主体在法律的授权范围内合法行政、合理行政，保证警察执法的结果符合人民群众的根本利益，加强执法机关与社会公众之间的关系。警察公共关系是警察行政的结果，有什么样的警察行政就会产生什么样的警察公共关系，合法行政、合理行政在一定程度上能产生良好的社会效果，符合人民群众利益的行为就能得到社会公众的支持和谅解。相反，那些利用职权谋取私利、欺压人民群众的行为，无疑是在破坏警察组织与人民群众之间的关系，其行为违背了中国共产党坚持的群众路线，也理所当然会受到社会公众的唾弃。另外，警察公共关系对警察行政产生相应的影响，良好的警察公共关系是对警察行政行为的肯定，会激励警察组织再接再厉，而非良好警察公共关系是对警察行政行为的否定，它会迫使警察组织去调整自己的行为方式。[①]

---

① 徐海晋：《警察公共关系理论与实务》，中国人民公安大学出版社，2007 年 3 月。

警察公共关系学与警察行政学也存在着重要的区别：其一，警察行政只是影响警察公共关系的一种重要行为方式。如何形成良好的警察公共关系？警察组织可以通过大众传媒向社会公众进行宣传，树立良好的形象，还可以通过与社会公众进行协调、沟通，从而形成良好的警察公共关系。其二，警察行政强调的是警察组织对社会实施的管理职能，警察公共关系更加注重警察组织对社会的服务职能，这也是两者之间的重大区别。

（二）警察公共关系学与警察学

警察学是一门基础性的学科，侧重于理论研究，它以警察的基本理论和警察的活动规律为主要研究对象。具体而言，警察的基本理论包括警察的产生、发展、本质、职能、职权、职责等内容；警察的活动规律包括队伍建设、警察监督、警察素质等；而警察公共关系学属于边缘性学科，更侧重于实践性的研究，吸收了管理学、传播学、社会学、心理学等多门学科的知识，它为警察组织和警察个体如何加强与社会公众之间的关系提供了一系列的方式、方法，这是两者的重大区别。正因两者有了这种区别，警察公共关系学与警察学才能对警察的研究形成一个完整的体系。

警察公共关系学与警察学之间也存在着一些联系，在研究警察学的同时，也免不了对警察组织与群众和社会的关系的研究，从这方面来看，警察公共关系是警察学研究的一部分，对警察公共关系的研究是对警察学中一部分内容作更深层次的研究。

第二节　警察公共关系学的研究方法

作为一门社会学科，警察公共关系学在建设中必须要顺应社会发展规律，发展本学科理论的同时借鉴其他相关学科，以适应不断变化的社会发展趋势。警察公共关系的研究方法除运用基本的科学方法，还要吸取其他学科研究的得与失，认真总结出一套科学、高效、多元的研究方法。

一、实证分析法

（一）调查研究法

调查研究是科学研究中一个常用的方法，是有目的、有计划、有系统地收集有关研究对象的现实状况或历史状况的材料，借以发现问题、探索教育技术规律的一种方法。它一般通过抽样的基本步骤，多以个体为分析单位，通过问卷、访谈等方法了解调查对象的有关资讯，加以分析来开展研究。与其他研究方法相比它具有适用性广、效率高、形式灵活、手段多样、自然真实、简便易行的特点。当然它也存在一些不足，比如难以断定现象之间的因果关系、调查结果的可靠性往往依赖于被调查者的合作态度与实事求是精神。

（二）访谈法

访谈法是研究者通过与调查对象的直接对话收集事实材料的一种调查方法，通过访谈可以获得较佳的第一手资料，通过面对面的谈话可以访问较为深入复杂的问题，高度控制访谈过程，可以更好地观察受访者的语言行为。[①] 然而这种方法成本高、时间长，样本代表性受影响，缺乏保密性等，而且需要在实施访谈前先了解被调查者相关背景，为深入交流打下基础，在实施访谈法时应注意选择访谈对象所拥有的事实材料的价值等相关内容，注意措辞、礼貌、中立性等，最后访谈后还要对内容进行及时整理和记录。

（三）案例分析法

案例分析法就是选择具有研究价值的各类案件进行分析，从中找出不同类型人的心理形成、发展和变化规律的方法。[②] 常见的案例分析方法有单个案例分析法和分类分析法。它有利于提高研究者发现、分析、解决问题的能力，通过对一次或者一类警察公关活动展开的原因、发展过程、内部机制、效益等进行分析总结，形成理论，对警察公共关系学的研究具有重要的意义。

---

①② 欧阳康，张明苍：《社会科学研究方法论》，高等教育出版社，2001 年 12 月。

(四) 问卷调查法

问卷调查法是研究者通过事先设计好的问题来获取有关信息和资料的一种方法。在制定问卷前要首先确定调查研究客体和调查对象，确定调查基本框架。① 问卷中问题的设计必须坚持一定原则，用词必须清楚，选择用词以避免应答者误差，考虑到应答者回答问题的能力以及答题意愿。问题排列上保持先事实、后态度、先难后易等技巧。问卷编制完成后，在小范围内进行测试，根据测试结果进行修订。

问卷调查的实施，选择调查对象，其数目应多于根据抽样要求的研究对象数，在案卷分发中可以选择邮政投递式、专门递送式、集中填答式、报刊问卷、网上问卷等形式。

二、文献资料法

文献资料法亦称"历史研究法"或"文献资料研究法"。利用各种渠道收集和分析现存的，以文字、数字、符号、画面等信息形式出现的文献资料，并对其进行合理的分析和探讨，以获得间接理论知识的一种方法。②

（1）"文献"概述。

文献的基本要素包括：载体（媒介）、知识（信息）、记录手段（文字、图形、声音、符号）。警察公共关系学文献就是记录警察公共关系实践、科研成果等内容的各种信息的载体，是警察公共关系学实践和警察公共关系学研究成果的表现形式之一。

（2）文献资料的收集。

收集文献资料的方法有多种，研究人员可以自行利用各种资料检索工具，也可以利用图书馆等专业人士的帮助来收集资料。

三、比较研究法

比较研究法可以理解为是根据一定的标准，对两个或两个以上有联

---

① ② 欧阳康，张明苍：《社会科学研究方法论》，高等教育出版社，2001 年 12 月。

系的事物进行考察，寻找其异同，探求普遍规律与特殊规律的方法。①

根据不同的标准，我们可以把比较研究法分成如下几类。

（1）按属性的数量，可分为单向比较和综合比较。

在警察公共关系学研究中，需要对警察公共关系的多种属性加以考察。将外部属性与内部属性一起比较才能把握事物的本质和规律。

（2）按时空的区别，可分为横向比较与纵向比较。

横向比较就是对空间上同时并存的事物的既定形态进行比较。如教育实验中的实验组与对照组的比较、同一时间各国教育制度的比较等都属于横比。纵向比较即时间上的比较，就是比较同一事物在不同时期的形态，从而认识事物的发展变化过程，揭示事物的发展规律。在警察公共关系学研究中，对一些比较复杂的问题，往往既要进行古今纵比，也要进行内外横比，这样才能比较全面地把握事物的本质及其发展规律。

（3）按比较的性质，可分成定性比较与定量比较。

定性比较与定量比较各有长处，在警察公共关系学研究中应追求两者的统一，而不能盲目追求量化，警察公共关系毕竟是一个不同于工人制造产品的活动，很多东西不能量化。但也不能一点数量观念都没有，而应做到心中有"数"，并让数字说话。

四、分析借鉴法

警察公共关系学作为一门社会科学，在研究过程必须坚持公共关系的基本理论分析，同时借鉴伦理学、心理学、社会学、传播学等学科的一般原理进行分析，② 吸收相关学科的有益成果，并加以综合和创新。

五、研究中应注意的问题

（一）注意定性比较与定量比较相结合

坚持定性比较与定量比较相结合的科学研究原则，通过定量比较，

---

①② 欧阳康，张明苍：《社会科学研究方法论》，高等教育出版社，2001年12月。

可以获得充足、可信、有效的数据资料，有效地减少以偏概全导致的错误结论。同样，通过定性比较，可以提出好的假设和研究课题，有效地发现数据资料之间的有机联系，提出新的理论。

（二）注意研究的信度和效度

信度即一个资料的可靠程度。一次调查、测量或实验，不管由一个人多次做，还是由不同的人来做，结果都大致相同，方为可信。效度是指一项测验所要测量的某种行为特征的真实度或正确性。

（三）注意研究者的职业道德

进行警察公共关系的研究，必须遵守研究者的职业道德。警察公共关系学研究面对的是"形形色色"的人，其中包括有"心理疾病"的违法犯罪嫌疑人，尊重研究对象尤其是上述人群的人格就成为研究人员应当遵守的职业道德。

第三节　警察公共关系学的研究意义

警察公共关系学的研究在社会交往中的应用范围很广，不仅仅是为侦查破案服务，为一般警务活动服务，更重要的是为协调人与人之间关系、化解各类矛盾纠纷、维护社会稳定、保障经济稳健发展、推进和谐社会建设服务。然而以前对警察公共关系学的研究与认识还停留在比较低级的阶段，只是关注警察公共关系学的一般性问题，如警民关系的现状、公安机关及其人民警察作为处理警民关系的主体，在处理警民关系中存在哪些主客观方面的问题，人民群众对公安机关还存在哪些误解，需要从哪些方面加强警察公共关系建设等。而没有把警察公共关系放在一个宏观的社会背景下去考察。

一、维护社会秩序与国家安宁

公安机关是统治阶层民主专政的工具，其基本职能是维护国家安全，打击违法犯罪活动，维护社会稳定，保障宪法和法律规定的公民享有的各项权利能够得以实现。公安机关具有刑事执法和行政执法的双重职能，代表国家公权，打击犯罪，管理社会治安。

公安警务人员从专业警务工作、经济和文化保卫到社会治安综合治理，都要未雨绸缪，要把不稳定因素解决在萌芽状态，切实做好服务经济建设工作，切实保卫好经济、政治、文化等领域的改革，保证社会秩序平安有序。① 同时，公安管理还应立足于：在思想上必须正确地估计、分析形势，把握其规律；在观念上树立忧患意识；在实际管理中，要着眼于提高整个队伍的战斗力，强化专政职能；在具体警务活动中，必须克服机械执法，注重"情、理、法"的运用。只有这样，人民警察才能从根本上确保国家政权的巩固，才能完成政治稳定、社会安定和社会经济稳健发展的光荣使命。

二、促进文明社会的建设

首先，和谐社会要求坚持以人为本原则。坚持以人为本的原则，是构建社会主义和谐社会的基本要求，也应该是处理警察公共关系的一个基本原则。随着人民群众的民主、民权意识不断增强，最大限度地发展已经成为全体公民的迫切要求。每个公民都具有生存、安定、自我发展与实现的需要，而这些正是推动社会发展与进步的动力。因此，我们要坚持以人为本，在警民关系建设中，理解群众的要求、尊重群众的首创精神、支持他们为创造良好的外部生活环境所作出的积极努力，并在警民关系建设中积极作为，在依靠、发动群众的过程中，促进群众生活水平的不断提高，为广大人民群众创造良好的生活环境条件，为他们的自我实现提供有效的助力。

其次，文明社会要求坚持互利互惠的原则。世界要发展，民族要进步，就要有一个平等对话沟通的基础。特别是当今我国实行社会主义市场经济，组织之间、人与人之间的交流与沟通都具有了越来越明显的经济利益因素。② 因此，处理各种关系必须坚持互利互惠的原则，通过有效的合作，实现交流双方的共同进步。处理警察公共关系也是这样，要

---

① 陈娴，曲谏：《警察公共关系理论与实务》，群众出版社，2006 年 5 月。
② 陈娴：《警察公共关系传播》，中国人民公安大学出版社，2010 年 2 月。

正确理解警民关系是一种伙伴关系的意义，逐步以伙伴关系的理念改变过去鱼水关系的理念。

再次，文明社会要求坚持公开诚信原则。公开，是对警务工作的基本要求。诚信，是社会中人与人之间、组织之间、社会团体之间交流与沟通的必然要求。对公安机关来讲，警务不公开，人民群众就有意见，就不会主动地关心与支持工作；与群众交往不讲诚信，群众就会不信任公安机关和人民警察，就会失去与人民群众交流与合作的前提条件。所以，公安机关在处理警民关系过程中，不断推进警务公开，对群众、对社会的承诺要言必信、行必果，从而赢得广大人民群众的信任与支持。

最后，文明社会要求坚持法制化的原则。任何社会关系的处理，都要求有法律的调整。因此，警察公共关系也必须在法律规定的范围内有效进行。[①] 目前有的国家已经建立比较完善的警察法制，但大多数国家，尤其是许多第三世界国家还没有非常明确的专门调整警民关系的法律规范。只有规范警民间的权利义务关系，规范警察与民众在参与社会治安管理中的地位与作用，规范群众参与社会治安管理的方式方法，才能推动警察公共关系建设走上法制化的轨道。

三、促进警务改革的发展

随着社会变革，警务体制改革正在深入推进，在这种形势下，打造人民警察崭新形象就要坚持思想革新，就要以改革的思想、创新的理念来指导新的实践，大胆地去探索与国际接轨后的公安改革。

针对人民内部矛盾增多、刑事犯罪高发等一系列问题适时地调整警务模式，以满足公众多元化服务需求等，这些将成为警察公关的主要目标。同时，加强理论学习与实践，不断提高人民警察的理论素质，是组织管理成功的一个重要方面，是公安队伍正规化、规范化建设的重要内容之一。各级公安机关必须通过有效的方式和途径增强人民警察的公关

---

① 叶氢，李庆华，曹礼海：《警察公共关系学》，中国人民公安大学出版社，2007 年 7 月。

意识，加强警察公共关系的理论研究和探索，确立符合国情的警察公共关系理念。而且企业的高效管理和改革成就对公安机关形成了无形的压力和示范作用，引起公安内部管理向企业化管理模式转变，而且呈现出利用市场和社会力量推行警务的社会化趋势。

第三章　警察公共关系的
工作目标与基本原则

第一节　警察公共关系的三大工作目标

公共关系是组织塑造其形象的手段和方法，一个组织在公众心目中的形象关系到组织的成长和发展。而警察组织作为社会组织的一部分，其公共关系的工作目标既具有普通组织的一般属性，又有其自身特殊的一面。警察组织的工作或多或少地体现着党和国家的意志，警察组织主体的权威性、客体的复杂性，不仅使警察公共关系成为政府公共关系在特定领域的具体体现，也使警察组织的工作目标更多地倾向于构建自身良好的组织形象和信誉。

一般而言，警察公共关系的工作目标主要有三个方面：第一，促进公众对警察组织的认知度是警察公共关系的首要目标。警察组织作为社会控制机构和政府权威的执行者，通常以强制性的方式完成其社会管理职能，而公众则对其内部运作情况和决策过程缺乏沟通和了解，因此难免对警察组织的行为方式产生误解，造成法律和政令的施行困难。第二，提高警察组织自身的美誉度。简单地说，就是公众对警察组织的认可程度，是一种道德价值判断，直接表现为公众对警察形象的称誉、褒贬程度。第三，最终目标是提高警察组织的和谐度，良好和谐的警民关系不仅能够促进公众与警方的合作，更有助于警察组织的自身发展，使其更好地履行社会管理和公众服务的职能。

一、提高警察组织认知度

认知最先起源于心理学的概念，是 20 世纪 50 年代中期在西方兴起的一种心理学思潮，是作为人类行为基础的行为机制，其核心是输入与输出之间发生的内部心理过程。1997 年，世界最大的公共关系公司博雅公司从认知心理学角度出发，对公共关系做了一个全新的解释，认为公共关系就是"认知管理"。之后，公共关系学领域又把认知作为处理组织公共关系的一个重要目标，即提高"认知度"。所谓认知度是指一个社会组织被公众认识、知晓的程度，包含被认识的广度和深度两个方面。简单地说，认知广度是指组织的名声在多大范围内被公众知晓，而认知深度是指组织有多少信息被公众了解认识。在知名的基础上，公众对组织的认识越多、了解越深，对组织的发展越有帮助。从公共关系角度看，警察组织的管理和服务对象是社会公众，涉及不同的群体、组织和个人，警察行政活动和其一言一行都会引起公众的不同反应。因此，想要提升组织的认知度首先要处理好警察组织工作目标与社会公众满意度之间的关系，促进社会沟通和公众参与。

警察组织是维系社会稳定、保障公众生命和财产安全不可或缺的一种社会治安力量，具有强制性和不可替代性。同时警察组织作为我国的执法机构更多地是依法执行国家的法律和政策决定，而公众作为警察组织的执法对象，通常是在决策制定和实施过后才知晓相关信息，因而容易造成公众的参与和建议被省略。虽然警察组织在行政执法过程中强调了社会参与和公众服务的内容，但整个过程仍然是一种变调的独奏，而不是真实地倾听公众的意见和呼声，警察公共关系中所要求的互动参与等环节被巧妙地掩饰了。

现代公共关系学中所说的政府公共关系已经从"自在的""自为的"变成"一种自觉的、主动展示和完善政府与公众关系的、明朗的公共关系"。尽管政府部门承认公众的知情权，承认"一个民主的政府必须向公民报告它的活动"，承认"有效的政府行政管理需要积极的公众参与和支持"，但是大多数政府包括警察组织在制定公共关系工作目标时往往忽视公众的参与和认知，只是单方面地强调政府的操纵与形象展示。

众所周知，公共关系的最优模式一直被认为是双向对称模式。促进双方的互相认知，并不断地进行信息沟通、交流，无疑是警察组织公共关系的首要目标。警察组织作为国家的执法部门，本身若做不到使其个性特征为社会公众所认知，公众参与、警民合作也便无从谈起，进而会造成警察组织执法困难的局面。从警察组织公共关系的信息输入输出机制来看，目前还存在诸多问题，比如公安信访制度、举报热线等专访接待制度只能暂时起到"稳定阀"的作用，一事一解决，不能从根本上解决人民群众的困惑和实际需求，社会公众对警察组织的认知和态度也随之变得不好。

警察组织公共关系旨在填补与公众之间的巨大鸿沟，促进双方的互相认知，其主要包括两个环节：警察组织的政策及执法标准及时传递给公众，公众形成组织认知和社会态度，进而配合支持警察工作。

警察组织在双方的互相认知过程中所扮演的角色主要表现为信息传递和形象刺激，即警察以其自身独特的精神面貌及执法管理方式为信息来刺激社会公众，从而引起社会公众对警察组织的认知心理活动。其信息传递与形象刺激途径主要表现为以下三个方面：一是日常执法和管理活动，即警察组织在执行职务过程中，通过与社会公众广泛接触和交往，使公众直接感受和领略警察组织的执法管理行为和精神面貌。二是社会治安和管理效果，即通过警察组织执法管理活动的客观社会效果以及社会服务态度和质量，使社会公众对警察组织的工作价值作出选择评判。三是对外形象宣传，即把警察组织的工作、生活情况转变成各种信息符号，通过大众媒介向社会公众传播。警察组织正是以这三种社会沟通方式为客观中介而进入社会公众的认知视野，成为其认知客体的。

近年来，随着"以人为本"的原则逐渐贯彻到政府工作的方方面面，执法为民、服务大众的思想也越来越贴近警察组织工作的实际需求。与公众构建良好的警察公共关系，成为警察组织获取公众的支持与信任，更好地开展警务工作的重要途径，由此而筹划的"警营开放日""亮剑仪式"等促进警民双方认知的互动方式，作为一种新型沟通平台被警察组织广泛采用。以深圳市南山区公安分局"亮剑"活动为例。此前该分局对外宣传机制过于单一、被动，只是小范围的宣传运作，没有将公共关系的理念运用到提高公众对警察组织的认知度中，公众不了解警察这一职业的工作性质、内容以及为此付出的代价和辛劳，从而使警务工作遇到了强大的阻力和发展瓶颈。自成立警察公共关系工作室后，借助大规模的宣传活动向社会各界展示南山铁警之师的形象，通过各支队汇报演练和车辆巡游向市民展示了一支装备精良、战斗力强的公安队伍，在社会上引起了强烈反响。同时也打开了警方工作的"神秘大门"，进一步拉近了警民之间的距离，提高了广大市民的认可度、满意度和支持度，增加了辖区群众的安全感。

公众对警察组织的社会认知和印象产生是警民双向认知的第二个环节，是公众对警察组织的整体感官和把握，一般是从对警察组织的特征认知开始的。即警察组织在执法过程中发出的各种警察文化与行为信息，直接或间接地作用于社会公众的感官后，在其大脑中形成关于警察组织的感性认识和初步印象。而这种社会认知的初级形式，还不可能使社会公众完整深入地认识和把握警察组织的本质特征，往往只局限于某些外显的警容风貌和警察行为方式等一些直观笼统的印象。只有警察组织与社会公众以团结合作的方式共同建立一种"求同存异""追求共识"的公共性文化，在二者相互交往过程中形成一个市民社会、政府警方互动的公共场域，加强警察组织的职能意识和人民群众的主人公意识。在互动和沟通的基础上，进一步对公众的初步认知材料进行综合性思维加工，即加以综合判断和评价才能形成较为完整的警察印象。这种综合性判断和感知作为社会认知的高级形式，一般包括对警察组织的事实判断和价值判断两个方面。所谓警察事实判断，是指社会公众根据自身固有的知识经验和思维方式，对所感知的有关警察组织特征的素材加以选择、整理和传播。警察价值判断则是指社会公众在警察事实判断的基础上，依据一定的尺度和标准（如社会道德规范、国家法律等）对警察组织所实施的职务行为方式合法与否，所表现出来的精神风貌文明与否等，给予一定的推论、解释和评判，从而形成完整深刻的警察印象。

公共关系学领域衡量认知度的标准和方法主要从广度和深度两个方面进行，因而警察公共关系中提高组织认知度的方法也主要倾向于提高警察在特定区域范围内的认知程度，以及公众对警察组织认知的全面性。认知广度分为五个级别，即国际级、全国级、大区域级、省（市、区）级、市（州、县）级，因而提高认知广度的级别，冲破辖区内固定的形象模式成为警察组织提高影响力的方式。认知深度是指社会公众对警察组织各方面的了解程度，大体可从以下10个方面信息来考量。

（1）组织名称：警察组织全称或简称，一般为固定形式。

（2）组织所处的地理位置：处于社区中心的派出所或者案件多发区域的流动警亭与公众接触交流频繁，较易形成高的认知度。

（3）行业：由于警察组织属于政府机关，其一言一行均代表国家形象。

（4）规模档次：即警察组织的地区级别。一般而言，国家级或者省一级的警察组织拥有较高的认知度。

（5）发展历史：包括警察组织成立或者设立的时间、发展情况。成立时间久的警察组织自然有较高的认知度。

（6）组织业绩：包括警察组织活动所取得的经济、社会效益。组织通过警务执法活动，取得良好的社会效果，因而也会取得公众的拥护和支持。

（7）产品及服务：对警察组织而言，主要是指通过执法与服务创造的社会公共安全产品的有关情况。

（8）个性概念：包括个性化的管理经验，如某市公安机关改革创新的经验、具有自身特色的公安工作情况、富有创意的警民关系建设方法等。正确的执法理念以及和谐的警民关系，对于警察组织认知度的提高有着积极的作用。

（9）组织领导：指警察组织中主要领导的姓名、年龄、经历、自身业绩、领导作风等个人情况。

（10）组织特有的文化：包括警察组织的理念、制度、风气、警营文化生活情况等。适时适量地将警察组织文化对外宣传，树立良好的警察形象，也有利于提升公众对警察组织的认知度。

警察组织做好上述10个方面，并与认知广度相结合，有计划有目的地推广自身的文化和组织特色，做好执法为民的社会管理工作，便可逐步赢得社会公众的理解和认知。

二、提高警察组织美誉度

美誉度是指一个组织获得公众信任、好感、接纳和欢迎的程度，是社会公众对组织职责实现的好坏、活动开展是否卓有成效的认可程度和评价的指向性指标，侧重于"质"的评价。美誉度不同于知名度，知名度是指一个组织被公众知晓、了解的程度，是评价组织名气大小的客观尺度，侧重于"量"的评价，知名度的高低与社会道德评价无关，好人好事可以知名，而坏人坏事也可以广为人知。而美誉度则主要是指一个组织在社会公众心目中的认可程度，或褒或贬，程度如何，从严格意义上来说，是一种道德价值的判断。警察组织的政治品质、业务技能、纪律作风和道德水准等外在表现，作用于公众的感官或感性认知，同时经由人的感性认识而不断重复、叠加和累积，逐步形成公众对警察组织的价值判断，进而给予评价和褒贬。

美誉度的衡量标准，因不同的社会组织道德价值体现的侧重点不同而有所区别。由于警察组织属于政府行政机关，故各警察业务部门根据其自身特点，配合案例分析大致有以下几种衡量标准。

第一，政绩评估，包括警察组织政策的制定情况、经费使用的社会效益、精神文明建设状况、社会治安状况、可持续发展状况等。"政绩"是当前中国政治生活的关键词之一，在"绿色 GDP""群众公开测评"等新的政绩评估办法纷纷出台、各地政府部门改革探索的情况下，建立科学的警察组织政绩考评体系，追求社会治安稳定和绩效的持续性改进。同时有计划地组建一个专门从事警察组织政绩评估的社会机构，建立一套完整的政绩评价制度规范，保证评估内容和标准的公开公正，从而实现公众的知情权和监督权。

第二，服务评估，包括警察组织对公众的服务方式和态度、解决人民群众困难的能力和效率。改革开放以前，我国警察承担的主要工作是维护社会治安和打击犯罪，其突出的特征是暴力武装性。随着改革开放和社会的发展，警察的角色逐渐向服务者和保护者转变，警察的职能定位于执法者与服务者的统一。从服务者的角度看，随着我国警务改革的逐步实施，警察已从过去主要采取行政强制性手段直接管理社会转变为依据法律，依靠人民群众治理社会，特别是在一些涉及人民群众内部矛盾的警务行为中弱化行政管理手段，变管理与服从的传统行政法律关系为回应社会需要的、以服务理念为指导的新型行政法律关系。

第三，执法情况评估，包括执法与社会管理模式，打击违法犯罪的力度，以及加强社会治安的方法和效果等。现代警察在英国诞生时就被描绘成这样的形象：富有效率，同时又是客观公正的法律权威者的化身。伴随着世界警务模式的发展趋势，公众赋予警察组织的形象从简单的权威性执法者，逐步转变为具有亲和力的执法服务者。警察作为一种代表国家和政府执法的特殊职业，其角色形象必须是威严、公正的，而我国警察组织的宗旨是全心全意为人民服务，因此又要求其执法服务形象是热情的、具有亲和力的。一个有着较高美誉度的警察组织，应当把强制力作为潜在资源，熟练地应用工作威信、技能手段、语言技巧和个人魅力等各种方式消除矛盾、解决冲突，而不是简单地执行法律。

第四，民主建设情况评估，包括警察组织与社会沟通的渠道和畅通程度、工作的透明度、决策的民主程度、社会公众的监督力度等。现代社会生活民主化使公众在社会生活中的地位大大提高，公众被认可、公民权益被尊重的意识增强，参与社会管理实践增多，公众的信任与支持已成为警察组织发展的重要条件。坚持"以人为本"的执法理念，满足公众的社会需求，认真做好信息反馈工作，保持警民双向沟通渠道的畅通。以"阳光作业"为手段，推行警务公开制度，加强警务工作的透明度，凡是可以公开的办事制度、执行程序、社会效果等一律向社会公开，接受公众监督。

第五，廉政建设评估，包括警察组织领导以及警察个体的廉政建设情况、收入情况、廉政建设的规范与执行情况等。廉政，顾名思义，就是要求国家机关及公职人员廉洁为政，勤政为民。警察组织作为国家行政机关，建立健全廉政机制和反腐制度，规范和引导警员行为准则对于提高组织美誉度至关重要。从行政管理学角度来看，预防腐败的关键在于权力的制约和监督两个方面，以法制权、以民制权，将权力的行使置于法律和公民的监控之下，平衡警察组织各部门权力，坚持依法执政的理念。同时构建良好的廉政道德气氛，重视领导官员的从政品行，以俸养廉。

对一个社会来说，警察组织享有高知名度是无可争议的，但是公众对警察组织给予较高的美誉度却并非易事。任何一个政府组织都希望在公众心目中树立美好的形象，得到高的美誉度，这就需要警察组织以社会公众为导向，从公众角度把握自身的形象定位，构建和谐的警察公共关系。

三、提高警察组织和谐度

和谐度是指一个社会组织在发展运行过程中，获得目标公众的认可程度以及与目标公众、情感亲和、行为合作的程度，是组织从目标公众出发，开展公共关系工作获得回报的指标。从公共关系角度来看，和谐度是评价社会组织在社会公众心目中和社会生活中的位置与作用，通常表现为社会公众对该组织的支持与合作。

和谐是时代发展的主题，营造和谐的警营氛围，构建和谐的警民关系是警察公共关系建设所要达到的最高境界。警察组织开展公共关系建设，要始终坚持把和谐的思想体现到队伍管理和为人民服务的各个方面，以和谐促发展，以和谐求进步。而要想建设好警察组织与外部环境的和谐关系，首先必须处理好警察组织内部的和谐关系。"有了满意的员工，才会有满意的顾客。"从某种程度上来说，警察与公众之间的关系也是一种员工与顾客之间的关系，只有提高警察个体对工作的满意度，才会有公众的满意和支持。"人本"理念作为一种管理文化，同时作用于组织内部与外部的被管理者，其核心思想是尊重和激发人的热情，着眼点在于满足人的合理需求，从而进一步调动人的积极性。从组织内部的和谐关系建设来看，通过满足警察组织成员对硬件和软件的需求来加强内部公共关系，主要表现为创造良好的工作环境和建立组织内部良性的激励机制，保证警察组织的每一个成员都能在自己的岗位上兢兢业业、满腔热情地工作，相应地，警察组织也会赢得公众的信任与支持。

警民和谐作为警察公共关系的理想目标，往往被片面地理解成一种极为完美的状态，即完全消除了警民矛盾，排除了警民冲突。然而由于警察组织作为政府权威的执行者，不可能完全消融于公众之中，作为群际关系的警民双方更无趋同的可能。因此，中国传统文化强调"君子和而不同"，意在说明不同事物之间的和谐统一，警民和谐可以理解为立足不同价值诉求的警察组织和公众之间相互尊重、平等互惠、共同发展的关系。当然，强调警民的差异和各自价值，并不意味着双方只存在矛盾和冲突，事实上，警察发展的历史不仅确证了警民关系协调统一的可能，而且不断证明了警民相互依存、互惠双赢的事实：从最初的紧张对立，到游离状态的伙伴关系，再到友善互助的状态。一方面，警察组织应公众之需而生，不仅依赖公众提供必要的物质支持，而且警务执法活动也离不开公众的理解和配合。另一方面，公众的支持和配合不仅事关警察组织工作目标的实现，而且决定社会秩序的稳定，影响所有社会成员的利益。所以，在此基础上，即使"警民一家亲"也只能说明和谐程度高；即使当下警民关系屡受诟病，也只意味着和谐程度低，而并非水火不容。唯有承认这一事实，并以此为基础扎实推进警民关系建设，通过警民之间良性互动，实现警民诉求的一致性，才能创造出良好的治安环境。

提高警察组织工作的和谐度，首先要把握好警察公共关系的划分标准。依据警察组织与社会公众的和谐程度，由低到高依次划分为态度认同、情感亲和、言语宣传、行为合作四个档次。以公众为导向，根据人民群众的客观评价努力改善警民关系，从最初的态度认可到一定阶段的积极合作，整个过程都需要警察组织充分发挥自己的主观能动性和创造性，发展新型的警察公共关系理念，严格执法、热情服务。具体来说要做好以下几个方面。

首先，加强警民合作。和谐的警民关系追求的是一种善治，即把警察组织的部分权力向社会回归，赋予相关社会组织维护社会公共安全的职责和功能，倡导公民个人参与社会治安防范的积极性和主动性。公众在对警察组织工作认同的基础上，自觉地与警方联合，实现社会治理主体的多元化。在这种多元治理主体的参与下，警察组织不仅是单纯的以政策法律为导向的执法者，也是为公众参与社会治安创造条件的服务者。具体来说，警察组织应当首先建立一套警民平等合作的工作机制，扩大警察组织决策与执法中的公众参与度；同时改变公众参与社会管理工作的随意性和被动性，推动公众参与的法制化和制度化建设。

其次，实施人性化执法。在现今社会矛盾突出、突发事件频发的情况下，强调警察组织的人性化执法，在执法过程中区别不同人群、不同原因，采取不同的方法和惩罚措施，缓和社会矛盾，实现警察组织的工作目标。现代法治要求执法的终极目的是更好地为人民服务，而人性化执法是警察组织在执行法律过程中的一种行为艺术，它要求警察个体在行使职权时，以人为本、平等对待、"笑脸"执法。在遵循法律的前提下，尊重当事人的人格、保护其合法权益、体恤其要求和感受，使"刚"性法律和"柔"性服务相得益彰，共同促进社会的和谐稳定，从而提升警察组织的和谐度。

最后，加强宣传。公共关系专项活动是指具有突出特点的需要特别策划的公关活动，在警察组织公共关系中，警察公共关系专项活动尚处于起步阶段，其活动方式也随着大众传媒的发展而不断创新。其主要包括主题活动、公关广告等活动形式，例如禁毒教育展览活动、"走进110"开放参观活动，或者利用广告、出版物等大众传媒方式宣传警察形象，其中最有影响力的是每年在央视举办的"人民卫士"联欢晚会，给全国人民了解警察个体、支持警务工作搭建了沟通桥梁。只有使社会公众切实感受到警务工作开展的社会效果，深刻体会到警察职业的风险性，才能实现警民关系的和谐发展，使社会公众积极主动地与警方合作，共同构建和谐稳定的社会秩序。

第二节　警察公共关系的基本原则

警察公共关系作为一种社会交往活动，是警察组织与社会公众相处所采取的政策、行动和手段，是警察组织有目的地改善双方公共关系所采取的一系列管理活动。在互动过程中，作为主体的警察组织需要遵循特定的指导思想和准则，即警察公共关系的基本原则，它是由警察组织职能和公共关系的性质决定的。警察组织根据这些基本原理开展警务活动，方能使公共关系沿着正确的方向发展，实现警察组织的预期工作目标。

一、诚实信用原则

(一) 诚实信用原则的含义

古今中外，诚实信用一直被认为是立人、立政之本而备受推崇。"诚，信也"指真实不欺，多强调内心的真实；"信"从人从言，是"诚"的具体表现，多强调外在的行为。古代儒家社会将诚实信用作为行万事的关键，是人际交往的前提，同时也是立国之本："诚信者，天下之大结也"。在西方社会，从古罗马时期的"教义无戏言"到当今私法领域的"帝王条款"，无不体现着诚实信用的重要价值。诚实信用原则的基本要求是在人际交往或者市场经济中应当讲究信用，严守诺言，在不损害他人利益的前提下追求自身的利益。

在警察组织公共关系建设中遵循诚实信用的原则，不仅是对中国优秀传统文化的继承，也是市场经济的客观要求。市场经济要求政府转变职能，政府各职能部门也应该按照市场经济运行规律，建立诚信于民的形象。警察组织既是国家的职能部门，同时也是市场经济的参与者，应该以诚实信用原则为导向促进社会诚信体系的建设，积极推进市场经济的繁荣发展。一个组织的发展离不开其他组织和公众的信任与支持，警察组织作为守护人民安全的卫士，与公众的接触最为广泛和频繁，所以在警察组织公共关系建设中，以诚待人、服务群众，方能顺应民意，赢得公众对警务工作的信任与支持。

(二) 警察公共关系坚持诚实信用原则的基本要求

诚信作为社会生活中最基本的道德规范是毋庸置疑的，而要在警察组织公共关系中坚持诚实信用原则，不仅要从道德层面上规范警察个体的行为方式，也要从法律层面形成警察整体公平正义的执法理念。具体来说，主要包括以下几个方面。

1. 公正执法，实事求是

警察作为国家机器的重要组成部分，是国家意志的执行者，履行着维护法律权威的执法职能。严格、公正、文明的执法方式是对警察机关最普遍、最基本的要求。《中华人民共和国人民警察法》（以下简称《人民警察法》）规定："人民警察必须以宪法和法律为活动准则，忠于职守，清正廉洁，纪律严明，服从命令，严格执法。"法律的公平和正义同时要求作为执法者的警察组织以事实为依据，以法律为准绳来办理案件，不歪曲事实，不徇私枉法。在涉及具体的办案程序中，公安机关要如实立案，客观实在地报告犯罪情况；司法机关应依法审查，客观严谨地对案件作出公正评判。作为执法者的警察组织，不讲诚信，法律就形同虚设；不公正执法，就是对现行法律的践踏。

警察组织内部公共关系人员作为执法者和对外公关的重要联络者，自身尤其要通晓并遵守相应的法律法规：一方面，警察组织要抓好每一名警察的法制教育，使其在运用法律保护国家政府利益的同时，不损害社会公众的合法权益；另一方面，警察组织要在公共关系部门内设置专门的法律机构或者聘请法律顾问，协助本组织解决对外交往过程中的法律纠纷，做好公共关系过程中的法律咨询工作，从而保证警察组织在公共关系活动中真正做到执法公正，依法行政。

2. 有承必诺，取信于民

美国著名的"公关之父"艾维·李曾将诚信原则作为公共关系中最根本的原则，更有专家认为公共关系就是信与爱的活动。诚实是一种品质，对于个人来说，诚实是个人在与环境互动的过程中，逐渐形成的一种对人交往的态度。诚信同时也是一种修养，是遵守诺言，懂得赢取他人信赖的一种更高水准的人情练达。尤其随着社会的进步与发展，人们越来越认识到，没有诚实，难言信任；没有信誉和良好的组织公关形象，难图理解与支持，更谈不上发展合作。和谐的警察组织公共关系，主要是指警民关系伙伴化，即要求警察与公众像朋友一样交往。孔子曾提到："与朋友交，言而有信。"现代人际交往过程尚需要彼此相互理解、相互信任，警察组织的对外公共关系更需要做到言而有信、有承必诺，"言忠信、行笃诚"，力行不失小信，方能取信于民，警民团结。

由于警察组织承担特殊的社会管理职能，其与社会公众交往过程中，若戴着管理者和权力拥有者的面具，往往难以达到和谐的局面，警察机关本身也很难从公众手里获取真实的信息。诚信是良好沟通的关键，同时也是警察组织公共关系的基本原则，"精诚所至，金石为开"，只有取得了公众的信任，才能密切警民联系，更好地为公众服务。

3. 真实宣传，善于谋划

警察组织面对现代警务改革和发展给警察公共关系建设带来的新情况、新问题，需要充分利用大众传媒来宣传警察文化，树立警察组织良好的社会形象，以此来促进双方的沟通，赢得公众的理解、支持与合作。警察组织在开展对外宣传活动中，要秉承客观真实的原则，在充分掌握事实的基础上，向公众真实全面地传递组织信息，同时将公众的反映如实反馈给组织决策者。没有真诚，则难言信任；没有信誉和良好的警察组织形象，则难言警民合作，践行警察公共关系就是要以真实来"塑造"警察形象，而不能以虚假来"制造"形象，用浮华夸大的方式骗取公众信任。

坚持诚信原则的同时，还应该注意真实宣传并不等于做任何事都毫无保留、直来直去。警察组织对外公共关系中受众对象的多层次、多方面，以及特定公众身份的差异性、复杂性，要求警察组织在对外交往过程中要巧妙掌握"真实度"，善于谋划公共关系的运作。如果公关活动中过于坦率地自我暴露，将警察组织的大小事务，甚至将不宜被普通民众所知的事项都毫无保留地呈现在公众面前，不仅令人难以接受，也不利于某些保密性警务工作的顺利进行。因此，在真实宣传警察组织的同时，还要根据公众特点，采取适当、灵活的方式谋划公关活动，方能实现警察公共关系的工作目标。

二、互利互惠原则

（一）互利互惠原则的含义

互利互惠原则，是指组织公共关系活动中要兼顾组织与公众双方的利益，在平等的前提下互相尊重、共谋发展。一个组织在发展的过程中必须得到社会公众的理解和支持，既要实现本组织的既定目标，又要让公众享受由之而来的利益，如此方能达到一种"双赢"的局面。互惠互利原则正是组织公关活动中追求"双赢"的基本原则，在尊重双方的共同利益和独自利益的前提下，谋求本组织利益与社会公众利益的平衡协调并促成和谐运作的组织环境，从而达到一种共同发展、荣辱与共的公关效果。

互惠互利原则的重点是"利他"主义，就是要把公众利益作为首要因素来考虑，在公众受惠的前提下实现本组织的利益。对于警察组织来说，公众为警察提供了必要的工作条件和生活条件，警察则为公众提供维护社会安全服务。基于社会分工和职责所在，警察组织首先应尽可能多地提供便民利民措施，满足群众现实生活的需要以及对安全的需求。而后按照一般人的心理感触和道德观念，公众大多会产生一种回报心理，也即公众获利后，会对警察组织产生信任和好感，自觉遵守法律法规，配合警察工作，并能如实反映与警察工作有关的情况和线索，甚至提供人力和物力。

（二）警察组织公共关系坚持互利互惠原则的基本要求

随着社会环境的变化，过去依靠基层行政组织来发动群众的方法已经不适应现代化的公关理念，警察组织要在社会主义市场经济条件下争取群众的支持，必须从呼吁型向激励型转变，即通过警察组织高质量的服务来满足社会需求使公众受益。具体来说要实现互惠互利原则所带来的警民和谐的局面，警察组织需要做好以下几点。

1. 以人为本，服务公众

人群的集合，是公众存在的表现形式。代表公众这一群体利益，不只是群体中一个或一部分人的利益，而是反映社会公众的共同利益。只有具备了这种相对普遍意义上的利益关系，才能产生公众这种群体的集合。从以人为本的角度上来理解也是如此：以人为本，最根本的是尊重人的需要，而尊重人的需要，是要尊重社会上绝大多数人的需要，而非某个人或某一类人的需要。具体来看，公众的利益又是多方面的，不仅有安全、秩序、惩治犯罪的需要，还有被接纳、尊重和理解等需求；不仅包括物质也包括精神方面的需求。新时期警察公共关系建设中坚持以人为本的精神，更多体现了国家权力机关尊重和保障人权的意识：切实维护公众的合法权益，依法保障公民的权利自由，在执法中给予相对人合理、人性化的司法环境，即使采取强制措施也是依法行使而非肆意妄为。因此警察组织在行政执法过程中，应尽可能多地为人民群众提供利民、便民措施，以人民利益需求为根本出发点，满足公众现实生活中的需要以及对安全、信任的需求，采用人性化的管理、人性化的服务拉近警民关系，增强人民群众对警察组织的认同感和亲切感，从而满足相互尊重和理解的需要。

随着政府职能由"管理"型向"服务"型的转变，对警察机关来说，"服务公众"绝不是警务工作分外的负担，而是一种法定职责，是新时期警察为民的公仆形象的深刻体现。警察机关与公众交往和沟通的过程中，应牢固树立服务意识，摒弃封建特权思想，克服封建官僚主义作风，坚持严格执法、热情服务的行业精神。同时，在警察机关深入调研、反复论证的基础上，可以尝试将企业服务管理理念植入公安工作，以服务筑根基，量化工作职责、细化工作标准、简化工作流程，以群众的需求为导向，设身处地从人民群众的角度考虑问题，真正做到利民、便民、亲民，全力提升群众满意度。

2. 平等沟通，双向交流

平等沟通的公关理念是"二战"以后公关理论界提出的，由此顺应了近代民主思想的发展。在封建社会，一切信息传播均建立在绝对的权威之上，上命下从，尤其在掌握一定权力的政府部门中，特权意识尤为严重。公安机关作为武装性质的司法行政机关，一度也曾将自己置于公众之上，对外以单向传播为主，一味宣传说教，对公众的意见和呼声置若罔闻。

要树立平等沟通的公关理念，最重要的是尽快抛弃以自我为中心的传统观念，坚持警察公共关系双向传播的工作原则。众所周知，良好有效的沟通是相互了解、建立和维系关系的基础，一方面要充分尊重公众的权利，深入走访调查公众情况，了解公众需求意愿；另一方面要做好公安机关自我宣传工作，让公众了解公安机关职责、任务、办事程序等情况。在平等沟通对话的同时，若要做到双向交流，则应广开渠道，提供足够的机会和良好的环境，让公众的声音得以充分传播。利用媒体和走访调查方式收集信息，疏通信息反馈渠道，从而检验警察工作的成败得失，优化执法工作。公众通过投诉、信访、举报、舆论等信息反馈形式，不仅激发和提高了自身参与警务工作的热情，也能从外部对警察执法工作实施监督。

3. 警民携手，合作共赢

从法理学角度来看，警察组织和公众之间的关系是一种法律和社会契约的关系，而从社会需求角度来看，双方是一种需要与需要满足的相互依赖的伙伴关系。公众出于维持自身生存的需要，特别是安全的需要，依赖于警察组织执法工作来实现，在此过程中，警察组织也要求公众对于警察工作给予足够的理解与支持，进而使警民关系得以维持和发展。

迄今为止，世界上经历了四次警务改革，前三次警务改革，实现了警察队伍的专业化和现代化，警察装备和人员数量都大幅度提高。与此同时，社会犯罪现象也快速增长，由此引发了以社区警务为主要内容的第四次警务改革，即"新警察模式改革"，其主要思想在于：使社区公众为社会治安主体，社区警察密切联系社区公众，运用各种可以调动的社会力量，警民携手共建社区安全和谐环境。这与我国实施的社会治安综合治理工作不谋而合，通过组建治安联防志愿者队伍，以一定的组织形式将分散的群众力量凝聚起来，从无穷的民力中挖掘资源弥补警力不足的缺陷，调动社会力量参与社会治安综合治理，构建和谐警民关系，从而实现警务效益和社会效益的双丰收。

三、立足长远原则

（一）立足长远原则的含义

立足长远原则，是说做事要从远处着眼，扎扎实实打好基础而非急功近利、一蹴而就，要经过长期的努力才能达成目的。俗话说：人无百日好，花无百日红。从客观上讲，意在指一切事物的发展均不是一成不变的，人与人交往过程中，可能由于摩擦和矛盾而彼此疏远，甚至交恶。警察组织与公众的关系是在单个人际关系上发展起来的，但其范围又远远超出简单的人际关系范畴，其是一个社会组织与社会公众的关系。警察组织良好公共关系的建立，对组织本身来说是一个不断努力并且时刻改进的过程；对公众来说则是一个累积印象，逐渐相交的过程。因此警察公共关系建设是一项复杂的系统工程,追求的是长远战略目标,应时刻避免警察公共关系建设上的"近视眼"行为,切不可急功近利。

(二)警察公共关系坚持立足长远原则的基本要求

凡事要立足长远,坚持不懈,警察公共关系也应如此,即从长远着眼,追求社会效益。警察组织为了适应社会的发展变化以及公众的评价标准,必须进行长期的、持久的公共关系工作。警察公共关系建设并非解决一时矛盾纠纷的权宜之计,也不是推销政府产品和服务的营销手段,而是要计之深远,长抓不懈。具体来说,应做到以下几点。

1. 长效持久,累积成效

警察公共关系建设是一项长期行为,必须着眼于长远利益。良好的公共关系是通过探索各种方法和途径逐步建立起来的,要求警察组织管理者不断调整、维护和发展,以此来适应社会发展的需要。

警察公共关系的建立和完善,以警察组织自身为基础,以政策制度为保障,以提高组织认知度、美誉度与和谐度为工作目标,从内到外都是一项持久的系统工程建设。这项工程建设只能先端其本,不断积累,逐步改善,因为无论是改善警察公共关系,还是塑造警察组织形象,其效果都不是一朝一夕、一时一事能显现出来的,也不是通过几次主题活动就能达到目的的。因此,只有高度重视警察公共关系效果的积累,持之以恒,保证公共关系工作的持续性和连续性,良好的组织形象才能得以树立,诸多警务主题活动的目标才能得以实现,警察公共关系日常工作的成效才能得以显现。

2. 明确宗旨,拓宽渠道

警察公共关系建设是一项长期工作,对警务工作的影响是潜移默化的。随着时代的发展,社会对警察组织的执法和服务质量要求越来越高,面对纷繁复杂的警民关系,警察组织工作人员唯有坚持为人民服务的宗旨理念,认真思考和研究工作中遇到的新问题、新情况,时刻改进工作方法,完善服务态度,提高办事效率,方能担当起建设良好警察公共关系的重任。

警察组织开展公共关系活动的客体是社会公众,而形形色色的社会公众之所以会成为警察公共关系的客体,客体公众与警察组织也有着密

切联系。为此，作为警察组织的管理阶层必须制定切合公众实际需求的
公共关系策略，有效地组织管理，把警察公共关系延伸至社会各阶层，
为青少年设立了解警务工作的渠道，让下一代理解警务工作的重要性，
从而支持警察组织的执法工作；积极编撰使公众得以深入了解警务工作
的报刊；以及与新闻媒体工作者保持经常性接触，以此建立双方长久稳
定的合作伙伴关系。这种多渠道沟通配合制度化、规范化的科学研究方
法，从根本上保证警察公共关系建设的连续有效性；在警察组织内部树
立长期作战的意识，组织专门人员，健全组织机构，制定相应的规章制
度，从而建立长效持久的运作机制。

四、公开透明原则

（一）公开透明原则的含义

公开透明原则是指社会组织要树立让公众对组织机构的状况及其运
行程序，特别是涉及公众切身利益问题的决策过程有知晓、了解、参
与、评价的权利的意识。随着改革开放的深入和信息时代的到来，公众
的法治意识、人权意识和自我保护意识不断增强，对其他社会组织特别
是政府机关行政的公正性和透明度的要求越来越高。作为最权威的信息
拥有者，同时也是最有实力和手段的信息收集者，政府机关应当及时将
其掌握的公共信息尽可能地向社会公众公开发布，改变过去"象牙塔"
式的封闭管理方式，代之以"玻璃屋"式的公开管理方式，确保公众
"耳目灵通"，方可使其"遵其言而行之"。

公开透明原则作为政府公共关系的基本原则，对于警察组织而言，
则更倾向于在处置警情和办理案件过程中，将其司法依据、司法程序和
法律适用等提供给公众，使其及时了解案件处理进程；出于对公众知情
权的考虑和安全的需求，警察组织有必要将各种可以公开的公共安全信
息公之于众，以期得到社会公众对警务工作的理解和支持。坚持公开透
明的办事原则，不仅有助于警察组织更好地面向社会、面向公众，真正
实现警方与公众之间的沟通与交流，同时也有助于社会公众对警务工作
的监督。

（二）警察公共关系坚持公开透明原则的基本要求

在现代社会中，警察组织作为社会治安领域最权威的信息拥有者和收集者，有必要将其掌握的各种公共安全信息尽可能多地向社会公众公开发布，以得到公众的理解与支持。这样不仅可以使警察组织更好地实现与公众的交流与互助，同时也有助于公众对警务工作的监督和指导。要实现警务工作的公开透明，需要警察组织做好以下几点工作。

1. 警务透明，公开有度

警务活动关乎公众自身利益，除涉及国家安全的技术侦查手段外，警务活动中的户政管理、治安管理、交通管理、出入境管理等关乎公众日常生活的工作内容政策性较强，审批手续严格，程序相对复杂，难以被公众了解和认知，因此容易使公众对警察组织形成"办事难"的印象，甚至对警察组织产生抵触情绪。这种状况的形成虽然有来自警务信息公开立法和技术层面的问题，但更多的还是来源于政府和警察组织的强权意识和观念问题。因此，实行警务活动透明化管理不仅便于广大人民群众了解、熟悉警务工作，减少群众因办事程序不明而导致的推诿扯皮现象，而且可以使警察组织置于公众的监督之下，从而杜绝暗箱操作和腐败行为。举例来说，实行警务透明化管理，应做好以下几方面工作：首先，改变过去"象牙塔"式的封闭管理，代之以"阳光作业"的方式，如警察组织在办理审批手续时，应将具体办事程序，所需材料等一一详细标明，或制作宣传公告板，或印刷成小册子，或设置电话语音和电子触屏等查询方式，公之于众。其次，警察组织在对于公众切身利益密切相关的重大问题决策过程中，应充分争取公民的参与，如城市公安机关办理户籍农转非的问题，实践中有的基层派出所在申请、筛选、审批过程中，邀请辖区的居民代表共同参与，并及时张榜公告，极大地尊重了公众的权利。

任何事情都有一定的度，警察组织尽管一再强调警务活动的透明化和公开性，但并不意味着要将一切警务活动信息都公之于众。警察组织有直接为公众提供服务的职能，当然也有预防和打击犯罪的职能。在为公众的日常生活提供服务时，应尽可能坚持公开原则，方便群众办事；而在预防和打击犯罪的过程中，除了满足公众对生活环境的安全信息，了解犯罪趋势和动态，以及一些特殊案件的犯罪特点、嫌犯特征外，有关侦查措施和线索、证人情况等信息应该严格保密。以国家安全利益和广大人民利益为重是公开透明原则的基础，当警务信息公开反而影响侦查破案甚至危及社会正常生活秩序之时，每一个警务工作者都应该严格保守秘密，这也是警务工作者的基本纪律要求。因此，在警务公开的同时，要严格划分好"公开"与"保密"的界限，以赢得群众对警务工作的理解和支持。

2. 加强沟通，促进交流

从人际交往的角度来看，没有沟通便没有理解与合作。沟通是双向的，交流更是平等的，警察组织应摒弃以自我为中心的旧的传播观念，坚持警察公共关系的双向传播工作，采取积极主动的方式与外界沟通联系，争取各种组织、团体和社会公众的支持和协助。首先，应充分尊重公众的权利，倾听公众的呼声，警察组织只有掌握了公众的意愿、要求和评价，才能及时调整公共关系工作的重点和运行机制。其次，构建与公众沟通的渠道，疏通组织信息收集、信息反馈的渠道，保证公众表达的意见和建议能准确传达到警察组织的决策层。

警察组织以各种公关活动为载体，不断创新形式，开展丰富多彩的警察组织公关活动，是推进警察公共关系建设最直接、最有效的途径。警察组织可以结合各地实际情况采取多种形式的公共关系活动，如建立警营开放日和接待日制度，是警察组织接近公众、了解民众的一个重要方法。所谓"开放日"就是公安机关可以对外的窗口和部门，每个月选择一至两天对社会公众实行开放，有组织地让公众参观并了解警察组织的办事机构及工作流程。2001 年，广东警方首次举办了以"让市民了解警察，让民警服务市民"为主题的"警察开放日"活动，市民第一次有机会零距离接触警用装备，与警察面对面交流。所谓"接待日"是指除了信访等日常接待机构负责公众来访外，各级公安机关的负责人应轮流接待来访宾客，亲自为民排忧解难。同时，仿照"市长专线"制度，警察组织内部也可以考虑设立"局长专线"制度，这样既能增强警务活动的透明度，又保证了公众诉求的有效传达。

警民双向交流固然是加强公众对警察组织信任与支持的有效途径，

但有时当双方面对面座谈时，公众难免会碍于警察组织的权威而隐藏自己的真实想法，造成沟通的误区。所以，警察组织在公共关系活动中采取双向交流的同时，也应注意采取多种合理的方式收集公众的反馈意见，如有专门机构或组织采取上门走访、问卷调查、民意测验等形式，向社会各界人士征求他们对警务工作和队伍建设的意见和建议。最常见的形式是针对一段时间内警察组织专项工作或者社会热点问题的评警活动，评议的内容包括警务人员履行警察职责的情况、执法工作的情况、队伍的整体素质和纪律作风等状况。将评议结果进行整理和登记后，按照公众的要求改进工作，积极落实整改措施，并将整改结果及工作情况及时反馈给受访者和有关部门，从而取信于民。

五、全员公关原则

（一）全员公关原则的含义

全员公关，简称全员 P.R.，是指一个组织对外活动的开展，不仅要依靠组织内部专职公关部门人员的努力工作，而且也依赖于组织中各部门全体员工的配合协作。组织中每一个人的言行都直接体现了组织整体的形象和风貌，组织形象就是通过组织中所有人员的集体行为表现出来的，是组织内个人形象的总和。全员公关的原则并不是简单的宣传活动和刻板的管理方式所能体现的，必须强烈渗透到每位成员的思想意识中，因此全员公关要求全体成员都应牢固树立公关意识，关注并参与公关活动，为组织的公共关系工作尽职尽责。

全员公关原则本是现代企业管理中的一个重要思想，现引入到警察公共关系活动中，是指全体警员都应树立公关意识，自觉做好本职工作并时刻维护好警察形象。虽然警察组织设有对外联络处专门负责公共关系活动，但是每一位警察都会和群众接触，都可以通过自身的行为影响或者改善警民之间的关系。在警察组织内部应重视对警察的思想教育，形成浓厚的公共关系氛围，牢固树立警察公共关系人人有责的观念，使每个警察都自觉担任起维护组织形象的责任，奉公执法，服务人民。

（二）警察公共关系坚持全员公关原则的基本要求

"千里之堤，溃于蚁穴"，警察组织中个别人、个别现象会影响整个警察组织的对外形象，警察组织形象的整体设计要求组织中的任何一个人都要以组织利益为根本，维护好警察组织的形象。警务人员也只有将组织的公关理念转化为个人思想觉悟，从自身做起，把形象意识渗透到日常工作和生活当中，把增进警民关系同改善警察公共关系活动紧密联系在一起，全心全意为人民服务，方能为公众树立良好的警察组织形象。警察组织管理毕竟不同于企业管理，要做好全员公关的工作必须做好以下两点。

1. 注重形象，从我做起

在警察公共关系活动中，警察个体代表着组织整体，个人形象代表着组织形象。因此，警察组织中的每一个人，从领导者到普通警察在行使行政职能的同时都代表着警察组织，并以警察组织的名义出现在公众面前，其一言一行、一举一动都与警察组织的形象有关，大到警察组织文化、管理机制，小到办公室陈设、书写公函风格以及待人接物、制服穿戴、礼仪与习惯等。形象是一个人内在素质的外在体现，个人的文化水平、思想教养、工作能力等无不体现在其日常生活的一举一动中。很难想象一个警容不整、举止粗俗、满嘴脏话的警察会是一个执法公正、为民服务的好警察。所以，每个警察都应该时刻注意自己的形象，在同公众交往的过程中务必保持警容严整、友好和善、刚正不阿。唯此，良好的警察形象才能取得公众对警察组织的信任和支持。

从目前警察公共关系形势看，警察组织内部仍有个别偏差性行为破坏整体组织形象：如相对机械的管理模式和工作方式导致警察的执法水平与社会公众期望尚有偏差，部分警察对法律知识掌握不够，在执法过程中遭到公众投诉，对组织造成负面影响。又如，少数警察自身素质不高，反映到职业道德、职业责任、职业纪律等方面，出现了许多引起公众不满意的不正之风。再加上社会公众法律认知有限，以及媒体的不实炒作，导致社会公众对警察的偏见日益加深，以致于对正常的执法活动产生误解。要从根本上改变这种由于警察极少数的偏差性行为导致的负面形象，必须使警察个体深刻认识到，树立自身的良好形象，不是依靠组织的权威和手中的权力，而是依靠忠于党、忠于祖国、忠于人民、忠于法律的坚定信念和秉公执法、廉洁自律、一心为民的实际行动来体现的。只有从软件着手，从个体做起，从制度上规范每个岗位不同工作人员的公关职责，并对他们进行相应岗位的公关教育和训练，把全员公关的理念渗透到警察组织的各个部门和各个执法环节当中，方能逐步树立起全员公关的意识，从而提高组织形象。

2. 里应外合，整体协调

树立警察组织形象，单纯依靠公关人员的努力是不够的，必须依靠全体警察的共同努力。上到警察组织的最高领导层，下到基层警察组织的每一位警察都应自觉把警务工作与公关工作相结合，以自身的实际行动支持、配合组织的公共关系活动。首先，在警察组织内部，作为警察组织的最高领导层要对本组织的公关工作给予高度的重视和支持。"公共关系始于最高管理层"，一个组织的公共关系要获得真正的动力和取得预期效果，必须得到最高层领导的支持。警察组织的高层领导若能亲自指挥组织的公关工作，经常督促、检查公关部门的活动和办事情况，在制定组织方针政策以及具体的案件处理过程中，把组织目标与公共关系工作紧密地联系在一起，那么，全员公关原则便不再仅仅是一句空话。再者，每一个基层警察的工作和日常生活都要与公关工作联系起来，以实际行动密切配合本组织的公关目标，团结协作，自觉代表警察组织向公众传播、宣传警察组织形象。这就要求在警察组织内部形成良好的公关氛围的同时，每位警察应将形象意识、集体意识和公众意识渗透到日常持续的警务工作当中，齐心协力为民服务。

警察组织是一个整体，警察个体形象如何直接关系到警察组织的形象建设。树立整体意识，一是应该认识到整体是由部分组成，各部分运作良好与否都直接关系着整体的机能；二是整体利益大于部分利益，凡事应从整体大局着眼，部分与整体步调一致，令行禁止。并且每位警察的公共关系活动都要与组织整体相配合，各部分形成合力共同推进警察组织的公共关系活动。既然警察公共关系建设是一项系统建设，那么在改善单个要素的同时，更要改善整个公关系统的结构，这就要求其内部的人、财、物达到合理配置和最佳组合，公共关系部门和其他人员密切配合，协同一致，才能达到整体的协调性。

六、科学性、艺术性原则

（一）科学性、艺术性原则的含义

警察公共关系作为一门科学，它既有着自身内在的规律，也有其特有的艺术性。以其自身的规律性作为警察公共关系研究的出发点，结合实际警务工作，科学性地管理警察组织的公关运作。同时，通过开发公关活动的艺术创新性，引起公众的关注，激发公众参与的热情，保持公众持续的热度，不断强化警察组织的良好形象。

艺术性并不意味着盲目求新求异，警察组织对外关系的艺术性必须建立在科学性的基础之上，建立在正确的法律法规指导下，建立在警察组织自身的特点上，建立在警务工作的实际上。此外，艺术性要建立在良好的审美情绪上，惊悚、悬疑、恐怖往往是警匪片的卖点，但绝不是警察公共关系的艺术性所在。艺术性的美在于陶冶人的情操，丰富人的精神生活，帮助人们树立正确的人生观、价值观，在于优化社会心理环境，建设和谐安宁的社会生活。警察组织对外公共关系活动应时刻注重科学性和艺术性，注意沟通的方式和方法，以取得公众的理解、信任和支持。公共关系是一门艺术，艺术性是警察公共关系活动的灵魂，给人以启迪，使公众从心底发出共鸣，而这种通过艺术感染而建立起的警民关系才是深刻和持久的。

（二）警察公共关系坚持科学性、艺术性原则的基本要求

随着我国经济的迅猛发展、科学技术的高速进步和社会生活节奏的不断加快，警察公共关系的管理方式不再是过去单一、死板的模式化管理，而是伴随着社会的发展变迁追求科学性、艺术性的管理方式。与时俱进，方能实现公关活动的预期效果。警察组织追求科学性、艺术性的管理原则，具体来说，应做到以下两点。

1. 科学研究，长抓不懈

社会关系日趋复杂，单凭经验或者临时应对很难驾驭警察组织与公众的关系。现代公共关系实践强调使用科学有效的方法，使得公关策略的制定、公关问题的解决、公关手段的应用都应建立在科学调查研究的

基础之上，从实际出发，坚持可行性原则，避免资源的浪费。现阶段警察组织工作还是较多地受到传统工作方法的影响，在处理与公众的关系时，往往缺乏对现实情况的科学分析，即使采取了一定的研究性方法，也大多只是从定性角度分析，定量分析较少，如此不免出现经验主义与凭直觉判断的偏差。定性分析可以从一般的调查和过去的调查经验角度出发，为定量分析提供前提条件，而定量分析又可以从精细的数理分析的角度为定性分析提供佐证。在此科学调查研究的基础之上，逐步完善警察组织信息资料库，为警察组织公共关系建设提供有益的信息资源。

在警察公共关系建设中坚持科学的工作方法，首先，要改变以往单凭经验搞公关的作风，在面对重大决策时先做调查报告，在调查的基础之上进行科学的研究，做到有根有据、有理有节，提高公关决策的科学有效性。其次，要尽可能采用现阶段国际上较为先进的研究方法和手段，特别是对待公共关系工作计划，以及对大规模公关活动进行效果评估时，将定性分析与定量调查相互结合。最后，要在公共关系活动开展期间，注意收集公众反馈信息，及时调整工作方向，保证公关活动取得最佳收益。

2. 运用媒体，艺术宣传

随着科技的发展进步，媒体传播已成为现代社会中影响最广泛、作用最大的传播方式，从现实情况来看，媒体在传播信息方面有着受众范围广、传播速度快、可信性较强以及社会影响大等诸多特点。警察组织为实现其艺术性对外管理方式，必然要利用媒体来增进警民关系、树立良好的组织形象，同时对公众采取正确的舆论引导。因此，如何有效利用各种传播媒介，营造有利于警察组织的舆论环境，是公共关系活动成功的关键所在。

警察公共关系的传播并不仅仅是指对外的新闻宣传工作，从传播通道上来讲，它还包括了传统的报纸、电视、广播以及互联网等新型传播介质，其传播方式也包含了人际交流、社会舆论等大众信息沟通渠道。面对传播方式和途径的多样性，警察组织要科学地掌握和运用传播的各项原则，运用艺术性的管理手段来对外宣传组织形象。但在现实生活中，却常常出现警察组织对外新闻资源供需的双向不足：一方面，个别官员在观念和方法上不适应政务公开的要求，往往"以不公开为惯例，以公开为特例"，不愿说、不敢说，使大量政务信息迟滞闲置，甚至在突发事件中"失语"。另一方面，一些媒体则偏爱关注腐败事件的负面报道，将个案泛化，或者对一些尚在侦查阶段、还未最终审判的案件，出现舆论定案、媒体大众审判的现象，而对政府的议程设置，诸如勤政作风、便民措施、亲民形象、政绩成果的报道缺乏积极主动性，形成了信息非对称性的"新闻越位"。

解决上述"非对称性"的关键点在于警务公开，实事求是。警察组织在进行自身宣传的同时必须尊重传播规律，讲求警察组织宣传的真实性、时效性，不隐瞒事实、不故弄玄虚，从受众的心理需求出发，尽量减少宣传意味，创造传受双方相互信任和理解的氛围，在顺应公众需求的同时潜移默化地影响他们。在真实宣传警察组织的同时，还要根据公众特点，采取适当、灵活的方式谋划公关活动，进一步完善新闻发言人制度，使传播资源科学配置，真正实现舆论效益的最大化。

七、时效性原则

（一）时效性原则的含义

一个社会组织想要生存和发展，必须很好地为社会和公众提供服务，并得到社会的支持和信赖。组织的生存和发展离不开其为社会提供产品和服务，现代公共组织的核心问题就是提高绩效，追求低成本高效益，利用市场经济文化管理组织。警察组织作为政府的一个重要部门，在市场经济条件下，也要围绕成本与效益而运作，力求以最小的行政成本换取最大的工作效益，提高警察组织的行政管理水平。

根据系统论的观点，公民的需求是公安机关最主要的环境投入，而警察组织以其服务产品来争取公民的支持。一般而言，这种需求或产出构成了公安机关的传统职能，包括讲求成本与效益，保护人民生命财产安全，维护社会治安，打击和预防犯罪等。效率和效能是评价警察组织绩效的主要标准。效率是指有关设备、技术、速度等投入和输出的比率关系，可以用数字、客观化的方式来表达；而效能则与行为结果、服务的态度品质、行为伦理表现等主观感受有关。对警察组织的目标性质来说，效率所定的硬性指标（如破案率）无法敏锐地反映警察组织整体的效能表现（如群众对于警察组织职能和服务评价）。再多的效率指标也无法准确替代效能的成果，因为即使高的破案率也不能说明良好的治安维护工作，而警察组织这些本质上的努力工作无法以数据形式表现在最终的统计报告中。警察组织在对外公共关系中坚持时效性原则，是坚持治安效益与社会效益的统一。所谓治安效益，是指社会治安状况持续稳定良好，主要体现在公众的安全感上；所谓社会效益，是指警务活动所产生的社会影响，主要体现在公众的满意度上。这两种效益相辅相成，统一作用于警察组织的效能表现上，既要讲究时效，更要追求实际效能。警察组织在实际的警务活动中，要从尊重和保障人权出发，追求治安效益和社会效益的和谐统一，以此来推动警察公共关系顺利实行，以较小的警力投入换取较大的社会效益。

（二）警察公共关系追求时效性原则的基本要求

时效性原则要求组织要兼顾时间和效能两个方面，而警察组织在日常的警务活动中还应当兼顾治安效益和社会效益的统一。警察组织若要像优秀企业一样追求低成本高效益的运作方式，必须运用市场经济中企业化管理理论和模式，围绕成本与效益而运作，提高警察组织行政管理水平。具体来说，要做好以下两点。

1. 贯彻绩效，实时评估

绩效在经济产出领域被称为生产力和业绩，是一个重要的经济学概念，是指一个组织合理有效地使用其资源以满足自身发展的需要，是成本与效益的函数。现被引入到公共理念中，是指行为主体的工作和活动所取得的成就和积极效果，包括经济性、服务质量、服务对象的满意程度等。而通常所指的绩效评估是指运用科学的标准、程序和方法，对行为主体的成就和工作效果作出尽可能准确的评价。这项评价标准真正运用到政府部门的管理工作当中，始于20世纪50年代的美国绩效预算管理制度，这是公共管理组织对企业管理方法的成功借鉴和移植，是公共管理知识在各领域普及和创新的结果，同时也是社会发展的必然。

警察组织绩效评估，是指运用特定的标准和科学的方法对警察公共关系计划、实施及效果进行衡量、检验、评价和估计，以判断其优劣。在设定警务工作绩效评估的目标时应遵循的总原则是：是否有利于警务工作效能的最大化，是否有助于警务人员办事效率的提高，是否有利于警察组织自身形象的改善和群众满意度的提高。而参与评估的指标包括群众的投诉率、群众的安全感、群众的满意度和警民关系的和谐度。这种警察组织的绩效理念以追求警察组织时效性为主要目标，以公众为中心，谋求现代公共关系技术在警务活动中的广泛运用。它以警察组织的服务质量和社会公众需求的满足为第一评价标准，蕴含了警察组织所承担的公共责任和人民群众至上的管理理念，既要提高公众的积极参与，又要保证警察组织对社会的高度责任心；既要提高工作效率，又要保证工作质量；既要提高治安效益，又要保证社会效益。

警察组织公共关系评估是对整个组织公共关系全过程的评估，也是对警察组织公共关系活动每一阶段、每一项目的考核评价，根据公共关系工作的进展和要求，实时评估。如此，方能使警察组织的公共关系活动适应组织的目标管理程序，达到"目标—效益"的双赢状态。

2. 效益至上，保质保量

每一个社会组织的生存和发展都离不开周围的社会环境，组织和环境构成了一个相互联系、相互作用的系统。组织与环境相互影响、利益相关，适应环境并获得环境的支持是组织成长的重要前提。因此，在开展对外公共活动时，警察组织必须坚持社会效益至上的理念，以社会效益的最大化为原则规范组织的行为，从而得到社会的支持和回报。

警察组织在实际的警务活动中，要做到以社会效益至上，心系群众、热情服务。以高度的责任感积极投身于社会公益活动中，在其职责或权限范围内支持公共事业，参与公益活动，展现其承担社会责任、为人民服务的主人翁意识，既有利于树立良好的组织形象，又可以营造和谐的警民关系氛围。同时，警务工作要主动适应社会经济的发展要求，实施警察组织与重点企业、重点工程建设项目治安联系制度，民警联系个体工商户制度，开展民警扶贫济困、助学助残、零距离联系群众等亲民活动，提高社会整体的治安、服务满意度。

坚持时效性原则重在"效"字，即要求警察组织做到"效能""效率""效果"三效合一制度，全面加强服务质量管理。将国际质量认证体系为核心的全面质量管理引入警察组织公共关系管理领域，以社会和公众的满意为指标，采用现代质量管理手段带动系统化、全局化的管理体制和机制创新，全面提高警务日常工作、管理体制和运行机制的质量水平，持续增强警察组织的整体执法服务综合能力，保质保量。同时通过体制、机制的质量促进警务工作的质量，通过队伍建设、警务保障的质量促进执法服务质量，确保最终实现有效的警务管理工作，即以较小的投入换取较大的社会效益，以谋求最大的社会效益为目标。

第四章　警察公共关系的相关理论

第一节　新闻学与警察公共关系

新闻学是研究新闻事业和新闻工作规律的一门学科。它主要是研究新闻与社会之间的关系，各种新闻媒介的特性、功能及其运用，新闻事业的历史、现状及其发展规律，新闻事业的管理等与新闻有关的事情。警察的公共关系是警察组织利用传媒手段，实现与公众的沟通和交流，树立警察的良好形象，优化执法环境，使警察组织开展活动更顺利。警察公共关系是与公众的信息交流沟通，新闻作为一种信息传达于两者之间，对警察和公众的关系具有重大影响，除此之外，警察组织作为一种公共组织，其信息相对保密，如何做到高效便民的沟通，这就需要公共组织正确对待有关组织的新闻，适度公开，只有这样，才能建立起警察组织与公众的信赖基础，才能从根本上改善与公众的关系，才能更加和谐地开展组织活动，所以，新闻学的有效运用有利于警察公共关系的开展，有利于改善警察组织与公众之间的关系。

一、新闻宣传的真实性认识

新闻真实就是处于传播状态的新闻不仅具有客观的事实根源，而且是与客观现象相符合的一种实际状态。新闻真实性的意义就是提供与社会客观现象相符合的现象使得人们更好地去了解、去认识。新闻的第一性就是真实性。

（一）新闻真实性的要求

"真实是新闻的生命"，这不仅包括新闻本身对其内容的要求，也是人们对于新闻的期待和要求。新闻的真实性要求是以客观存在为基础和参照标准，新闻报道对事实的反映必须符合事实的实际状况。主要包括以下几个方面。

（1）新闻报道的事实必须确有其事。这是新闻报道最基本的要求，事实本身是新闻报道的首要环节，事实真实可靠才能保证新闻传播的意义，否则不能达到新闻传播的目标。

（2）对新闻的报道必须如实可靠。传播者反映的过程，其实也是一个吸收和理解的过程，传播者对事实的反映是通过传播者对新闻的认识进而输出的结果来为大众所知。报道需要新闻传播者对新闻的正确看待和把握，在对新闻的认识和理解中要保证新闻的客观真实，不能随意带有自己的感情色彩，要避免任何情况下的夸大和臆想，更不能根据自己的想象随便添砖加瓦。此外对于输出过程的要求更多地是对新闻传播者语言表述上的要求，使其在表达上更能准确地再现事实。只有在对事实接受和对新闻输出两方面做到客观准确才能保障对新闻的报道真实可靠。

（3）对报道的客观事件的整合。这是新闻传播过程中对真实性的更高层次的要求，更多的也是对新闻传播者的要求。对客观事件报道的整合讲的是在报道事件的同时揭露相关事件中的联系，从而启发人们在事件中所暴露的问题，引起人们的思考，引起全社会人士的关注，进而引起相关部门的改进，从而减少相关事件的发生。这是在对单纯事件详细的、细致的报道基础上所延伸出的另一层含义，对于解决我们社会中存在的问题具有很重要的意义。这样整合的新闻相对于单纯对事件的报道更加具有引导性，对于改善我们的生活，促进社会的进步发展都具有重要的作用。

新闻必须真实才能有意义，但是在实际生活中，违背新闻真实性的报道还是时常发生，由于现代科技传播媒体的发达，这些虚假误导消息的散播给我们的生活带来了很多困惑，也给社会带来了极大的隐患。

（二）真实性对于警察公共关系的意义

真实的新闻传播对于建立好警察与公众的关系具有重要意义，主要从以下几个方面来看。一是在信息爆棚的社会，警察组织对于真实性的把握和传播犹如一剂强心剂，能使人们在杂乱的信息中获得最有效的答案，对于缓解和消除警察组织与公众之间的误会有关键的作用，警察组织以其真实的宣传和报道获得公众的信任，是得到公众支持最有力的保障。二是对于警察组织自身来讲，真实情况的交代是最有力的辩解，所谓事实胜于雄辩，这就是真实所带来的优势，胜过在交流中的任何技巧和策略。真实意愿的交流也是警察组织获得公众信任最重要的途径、最有效的方法。三是满足公众的需要，事件的真实和警察组织诚恳的态度是公众最基本的要求，在长期的交流过程中公众看重的是事件本身真实的情况，再美好的虚假的消息都填不满公众的好奇心，只有真实、可靠的消息才能满足公众对于事件本身认知的需要，坦诚还能拉近彼此之间的距离。

因此，在警察与公众关系的处理过程中，必须坦诚地表达事件的真实情况和自己的意愿，一旦做出虚假美好的宣传，会大大折损其在公众眼中的形象，失去公众的信任，对以后工作的开展百害无益。当然在实际的公共关系处理过程中难以避免警察组织也对事件的真实性认识不够的情况，导致在与公众的交流过程中传播不够客观的消息，这就需要警察组织在处理公共关系的时候，严格要求自己，向公众披露的事件必须全面真实、事实来源清楚，一旦发现披露过程中的失误要及时纠正和交代，获取公众的谅解，保障公众的知悉权利，实现与公众的平等交流沟通，增加公众对警察的信任度。当然在沟通披露警察信息的过程中，还要充分考虑警察工作的特殊性，对于涉及国家秘密和较为敏感的工作问题的时候要适当保留。

二、新闻宣传的新鲜性认识

新闻的新鲜性，是指新闻所反映的事件要是最新的，同时新闻的传播速度也要是最快的，只有这样新闻才算得上是新闻。

（一）新闻新鲜性的价值

新闻是人们在社会交往、日常生活中必不可少的一部分，人们根据新闻来了解当今时事，对社会的变化、世界的转化作出自己的判断和改变。这就要求新闻传播者在工作中挖掘出事件的本质，及时地报道事件的新变化和新发展，尤其在一些有重大影响的事件上，及时跟进的信息才能满足公众持续关注的目光。

当然新闻的新鲜性并不能取代新闻的真实性，如果说新闻的真实性是新闻的第一生命，那么新闻的新鲜性就是新闻的第二生命，两种并不是非你即我的关系，新闻的传播必须在事件发生后的一定时效内宣传才能显得有意义，但这并不能以牺牲新闻的真实性为前提。新闻的新鲜性也包括了新闻的时效性原则，只有在一定时效内得以传播才能达到新闻的目的，才能及时满足公众的需求，同时才能对社会产生积极的影响。

（二）新鲜性对于警察公共关系的意义

对于警察公共关系来说，新闻的新鲜性和真实性是一样重要的。警察组织的新闻传播必须强调一个"新"字，这要求我们的警察组织要及时地披露信息，取得最快的交流，用第一手资料与公众沟通。不能因为在紧急情况下，为了及时给公众回复，而牺牲新闻的真实性，这样是得不偿失的。这就要求警察组织与时俱进，加强与传媒组织的合作，转化交流方式，充分利用现代先进的技术和传媒手段，实现公共关系的最佳化。

三、新闻宣传的功能认识

新闻宣传的功能认识就是新闻传播对人们和社会的作用的认识。新闻宣传不仅对人们产生一种指导作用，是人们精神生活上的一种指南，也对社会的变化进行了有效概括和传播，增进了公众的了解。

（一）新闻宣传对社会的作用

新闻的宣传通过对人们信息宣传，改变人们的看法，引发思考，改变人们的行为，从而对整个社会产生影响。主要是从这几个方面来看：第一，新闻的传播为社会提供最新的信息，以最快的方式满足人们的需

要，对人们能很快地适应社会，作出改变具有重要的意义。第二，引导
社会发展的方向，强化社会管理。新闻传播能够以其自身的优势，对社
会的管理和社会发展方向产生积极的影响。

（二）新闻宣传对公众的作用

新闻宣传最直接的对象就是公众，对公众的作用也是最大的，新闻
的传播能改善公众的知识结构，提高公众的素质，改善公众的生活质量。
一方面新闻传播了知识，打开了公众的视野，丰富了公众的精神生活，这
是一个重要的影响公众的途径。另一方面也为公众的生活提供便利服务。

（三）新闻宣传的功能对于警察公共关系的意义

目前我国警察组织对新闻宣传功能的把握还不是很明确，各个部门
在对新闻宣传功能的认识上还有偏差，惯有的思维模式没有转变过来。
正确地认识新闻宣传的功能对警察公共关系的改善有重要作用。因此，
警察组织的新闻宣传工作中要加强警察信息的透明度，增强人民对警察
组织的信任感和认同感，充分利用新闻宣传的功能，加强人民对警察组
织的理解，形成良好和谐的公共关系。

第二节　公共管理学与警察公共关系

警察公共关系作为一种社会活动，是警察组织与社会公众相处而主
动采取的政策、行动和手段，是警察组织有目的地改善公共关系状态的
一种管理活动或职能。从这个角度来看可以把警察的公共关系学看成是
一种警察的管理活动，是一种对警察进行的各种管理，包括对警察公共
信息的管理、对警察危机的管理、对警察公众形象等方面的管理，来实
现警察良好的公共关系。

一、公共管理

公共管理是指在既定范围内运用权威维护秩序，在各种利益、制度
关系中运用权力去引导、控制和规范公民的各种活动，最大限度地增进
公共利益。政府及其行政机关管理是致力于整合、调配各种社会管理资

源，主导、掌控形式多样的管理过程。在管理学视野下，政府管理活动具有以下特征。一是政府及其行政机关不是唯一的管理主体，各类组织只要获得公众的认可，即可在政府行政指导下开展管理活动；管理行为来自政府但又不限于政府的公共管理机构。二是不再坚持国家职能的专属性和排他性，而强调国家与社会组织之间的相互依赖关系。三是强调管理对象的参与，以加强系统内部的组织性、自主性与自律性。四是强调政府及其行政机关的管理应当依时而变，注重方法与措施的创新，不断提高管理效益。

二、公共管理学下的政府管理发展趋势

一是由直接、微观式管理转变为间接、宏观式管理。直接、微观式管理是一种传统的社会管理模式。这种管理模式具有一定的优点，它使得权力比较集中，管理不仅严而且细。但是这种管理模式容易挤压公民的自由空间而且减损市场活力，同时也容易导致组织管理任务不堪重负。实行间接、宏观的管理克服了直接、微观式管理的弊端，放开了政府部门的权力，保障群众的参与权，调动各类社会资源参与管理，发展社会中介组织并指导其自治自律，这有利于激发市场创造力，促使更多公众参与社会管理。

二是由以单向型行政管理为主转变为以多元合作型的管理为主。传统的公共管理主体以政府主导，以具有强制性的行政、法律手段为主，加强社会管理，这种管理手段容易使国家管理脱离社会，无法全面把握公众的合理诉求，无法充分激发公众的创造力。而注重民生的政府管理，除了必要的行政、法律等强制性手段外，应更多地强调各类社会组织参与到社会管理当中来，形成强大的社会管理力量，才能发挥出政府管理的整合、协调职能；治理手段由此趋向多样化，管理过程的行政性程度降低，管理效益得到了提升。

三是由金字塔型的层级管理转变为扁平结构型的网络管理。传统的政府管理依托政府机关的层级序列，权力自上而下单向释放，导致管理结构层级化，政府人员出现倒挂现象，无法充分发挥政府职能。这种结构使政府部门横向交流沟通"困难"，而且管理主体尤其是上层组织的

决策等容易脱离实际。如果转变为层级较少的扁平型管理结构，可以促使更多的管理者了解社会、体察民生，站在广大群众的立场上，想群众之所想、急群众之所急，更有利于密切政府和人民群众的关系，打造服务型政府，促进社会和谐发展。

四是由以限制、否定型的管理为主转变为以指导、服务型的管理为主。政府行政管理的很多职能是通过行政许可的手段行使的，繁杂的限制、否定性的管理措施较为刚性，而今，经济社会的发展速度不断加快，各类新情况、新特点不断呈现，使得政府的政策、措施等具有一定的滞后性。为突破传统管理模式惯性，政府管理逐步将某些社会管理的任务转向一些社会机构，变传统限制、否定型的观念为指导、服务型的管理模式，遵循社会发展的规律，让社会发挥"自行调节"的功能。这种管理模式是为满足经济不断发展的需要而在传统管理模式基础上转变的结果，提高了政府管理的效率和质量。

三、公共管理学对公安新闻宣传和舆论引导工作的借鉴意义

公安新闻舆论引导工作作为政府行政管理的组成部分，有必要运用公共管理学对公安新闻舆论引导工作加以指导，以应对新形势下的公安新闻舆论引导工作呈现出的新特点、新情况。

一是警察公共关系要更加注重公共性原则。公共管理的实质是公共权力行使和运用的过程，作为权力之源的群众自然具有监督和控制的权利。警察公共关系应加大公众参与的力度，加大接受公众舆论监督的力度，充分发挥公众的创造力，增强警察公共关系工作的效能。二是警察公共关系工作要更加注重适应性原则。任何一种公共管理系统都需要与外部环境相适应，才能有效地解决公共问题，促进社会发展。因此，警察公共关系必须加强和各类新闻媒体的沟通、交流，整合警察公共关系的社会力量，以提高警察公共关系工作对外部环境的适应性。三是警察公共关系要更加注重效能性原则。充分发挥公众在决策过程中的作用，扩大公众参与警察公共关系的积极性和参与公安决策工作的能力。四是警察公共关系要更加注重回应性。公共管理的回应性要求公安机关必须对公共舆论保持高度关注，通过公共舆论及时了解公众需求，增进与公

众之间的良好互动，发现公安工作中存在的问题，及时做出改进和完善。五是警察公共关系要更加注重公平性。随着信息的开放和透明度的增强，公民参与公安机关工作，了解公安事务的意识和愿望日益增强，公安机关要坚持公平与效率并重，更加注重保障公众的参与权、监督权、知情权，营造良好的警察公共关系环境。

第三节　行销学与警察公共关系

一、对行销含义的认识

一般意义上，行销是指"计划与执行商品、服务与理念的具体化，及其定价、推广与分配，以创造交易来满足个体与组织的目标"。行销是一个主动的系统过程，通过定价、分配、计划、推广等来满足顾客的需要，在市场上获得竞争的优势，进而完成组织的目标。行销的含义主要包括这几个方面的内容，第一是行销的发生地，行销的运用地很广，我们生活中很多地方都可以运用到行销，可以说行销无处不在。第二是行销的主体，也就是是谁来利用行销达到目的，这些主体既包括营利性事业机构，非营利性事业机构，也包括个人。第三是行销的过程，行销的过程也可以称为是行销的要素，行销的过程是行销的主要内容，主要包括目标市场的确定、主要的行销策略拟定、竞争方案的策划等。第四是行销的目的，行销的目的主要是将产品和服务很好地提供给顾客，不断地满足客户的需要，进而提高企业自身的市场竞争力。

二、对行销要素的认识

第一，目标市场的确定。在产品的行销过程中，对于顾客群的设定是首要的任务，在了解自己产品的同时为产品的销路寻找合适的目标任务。在目标市场的确定过程中，需要我们把握自己产品，全方位地了解自己产品的优缺点，并且热爱自己的产品，除此之外，还需要对市场进行客观了解，对产品进行正确定位，选出合适的目标市场，确定明确的客户和潜在的客户。第二，策划好行销策略。外部市场的变化捉摸不定，在行销的过程中难免会出现很多问题，要做好宣传策略、销路等方面的打算，以此来面对行销过程中的各种突发情况。第三，确定好产品的竞争优势。对于行销来讲，要立足于市场就必须有其他同类产品不可比拟的地方，就需要有自己的竞争优势。这就需要在行销的过程中准确地把握产品的竞争优势，采取有竞争力的突破口。

三、对行销学中角色、期望与互动论的认识

行销学中的角色、期望与互动论是指社会不同的组织和个人扮演着不同的角色，例如消费者、产品生产者、中间商等。在社会中，每个组织或个人都是相互交叉接触的，每个社会组织或单位都对其他的组织或个人所扮演的角色有某种期望，当接触之后，这种期望的满足与否直接决定对其的评价，会对其的生存产生影响，所以这种角色的期望与接触的过程中就会产生互动的影响，相互之间的影响又决定了个体的存在。而行销本身就是在一个社会大环境下对顾客要求不断满足的过程中成长的，正确认识角色、期望、互动论对于如何处理好顾客对其的期望，在与顾客的互动过程中如何在市场上站稳脚具有重要的意义。

警察在处理公共关系的时候，警察组织和公众处于公共关系中两个互动的角色。警察组织在与公众交流之前有对公众的期待，在与公众的互动中，期待的满足与否直接决定了警察对公众的看法，进而形成警察对公众的看法和态度。同时，公众也在这样的互动过程中形成了对警察公共关系的态度。正确对待这种理论，就需要警察组织在实际的操作过程中明确公众对于警察的期待，从各个层面尽量满足公众的要求和需要，达到和谐交流。随着社会的不断发展，各类新问题不断涌现，警察要处理各类繁杂的社会问题，很多时候难免力不从心，处理问题有时候显得滞后，这就需要警察组织要适应社会的需要，转化警察公共关系的管理思维，提高警察公共管理的服务意识，提高管理过程的技术水平，只有这样，才能满足社会的需要，才能满足公众的期待。

四、对行销学中网络行销的认识

随着科技的迅速发展，以网络为媒介的行销方式成为社会中普遍存在的方式，网络行销利用网络的平台，通过互联网与顾客进行商品议价、推广、推销、服务等活动，比传统的模式更快、更有效地满足顾客的要求，大大提高了行销的效率。网络已经普及到我们生活的方方面面，可以说互联网已经改变了我们的生活方式，警察在处理公共关系的过程中，要重视网络的力量。如果警察组织能够积极运用网络的力量，在网络上与民众形成良好的无障碍沟通平台，满足公众的要求，取得公众的信任，对于树立良好的警察形象很有帮助。

五、对行销中服务的认识

没有任何的标准可以将产品和服务完全区分开来，产品本身和服务之间并不是非此即彼的关系，不存在本质的差别。我们可以认为服务也是一种产品，对于服务的行销也属于产品行销的一部分，但是因为实体产品与服务的差别，我们需要采取针对个体的行销策略。从行销的角度上看，顾客在购买产品和服务的时候都具有实体性和非实体性这两种属性，在购买过程中，实体的购买还占主要地位。对于服务的行销要注意几个方面，一是顾客关系的重视，服务是一种特殊的产品，服务的成功对于保持好与顾客之间的关系有很重要的意义。二是员工在管理过程中的重要位置，服务是员工作为主体为顾客提供的产品，员工的素质直接决定服务水平的高低。三是重视服务的承诺，买卖过程中，消费者对产品的服务承诺很敏感，一旦承诺了的服务没有施行到位，便会使得顾客对企业的信任度降低，从而影响企业的绩效。

六、行销学的认识对于警察公共关系的意义

现代的行销理论对于警察公共关系管理有很大的指导意义，具体从两个方面来看。一是在交流过程中改善传统的思维模式，注重服务的重要性。现代社会是个凡事讲究服务的社会，服务作为一种特殊的产品对

于整个行销过程至关重要。在警察公共关系的管理中要增强服务意识，警察作为一种特殊的公共组织，本身是以为社会、为公众服务为宗旨，它既具有执行国家法律法规的职能，也具有为广大公众服务的职能，在执行任务、解决问题的过程中，良好的服务意识和行为有助于改善警察公共关系。二是讲究行销策略，如何使与公众的交流变得容易和高效，少不了对行销相关策略的使用。行销策略使用在公共关系管理中是用科学的方法将自己的观点准确地表达出来，并且得到公众的认可，既能保障公众的知情权，也使得公共关系的处理变得融洽，能在公众的心目中树立起良好的警察形象。

第四节　传播学与警察公共关系

警察公共关系可以被理解成一种有效的沟通方式，是完成警察组织目标的一种重要方法。警察与公众之间的交流实际上也是一种传播管理，警察与公众之间是一种双向的信息传播模式。所以对传播学现代技术的学习和理论的掌握，对警察公共关系的处理具有重要意义。

一、对传播学概念的认识

传播就是人类通过符号和媒介传递信息以期达到交流目标的过程。在传播的过程中存在着四个基本的要素，这四个要素分别是传播者、受传者、信息和传播媒介。传播者又称为传者，是传播行为的发起者，在整个传播过程中居于主动位置，传播的主体是人类，但是可以有多种形式存在，可能是个人在传播，也可能是以群体或组织的形式进行传播。受传者是指信息的接受者，是传播活动的对象，受传者往往具有广泛性和多样性的特点，受传者的人群和传播者一样，既可以个人也可以组织的形式存在。受传者虽然在传播过程中处于被动的位置，但是受传者却是衡量传播效果的重要考量方向。信息作为传播的内容，在整个传播过程中居于核心的位置。信息作为当今社会最重要的资源之一，对一个国家的各个领域都具有不可估量的作用，如何在传播中利用好信息，对于达到传播的目的很关键。传播媒介是传播内容的载体，信息是靠着媒介的运送进行传递的。对于媒介的研究也是对传播渠道的研究，它本身也是传播学里一个重要的领域，先进的媒介能够使得信息在传递中又快又准，而选择不同的媒介也能产生不同的信息传递效果，所以媒介的研究对整个传播学来讲有一定的作用。

二、对传播学特点的认识

（一）传播具有双向交流的特点

从表面上看，传播者将信息单向传播给受传者，但我们不能忽略的是，在受传者获得信息之后，会对传播者作出相应的反馈，传播实际上是一个你来我往的互动行为。传播的过程中如果缺少受传者，传播就变得毫无意义，传播的效果除了取决于传播的手段、媒介等外，受传者也是很关键的因素，为达到传播的目的，我们必须重视受传者的作用。在警察处理公共关系的过程中要注重交流的双向性质，不能忽略公众作为受传者的作用，这就要求警察在决断的时候不能独断独行，要充分考虑公众的感受。

（二）传播必须依靠传媒媒介

传媒媒介是传播中必不可少的要素之一，是不可缺少的条件。传播的进行必须通过传播媒介才能完成，缺少这个条件，信息将不能进行交换。传播学上将媒介认为是传播信息符号的一种渠道，人们对于传播媒介的理解和定义不尽相同。传播中的媒介包括两层含义，一层含义是指中介物，作为信息的传递工具，包括报纸、电视、网络等；另一层含义是指传媒组织，传媒组织是从事信息的采集、加工制作和传播的一种社会组织，例如报社、电视台等。媒介的存在方式也多种多样，根据不同的标准，可以划分为很多种类，根据传播介质和形式上的差别，一般可以将其分为印刷媒介、电子媒介和网络媒介，各种媒介都有自己的特点，所以根据不同的信息和不同的传播目的选择最适合的传媒媒介很重要。

（三）传播活动的实质是信息的交流

信息就是传播的内容，整个传播过程就是信息的交换过程。信息本身对人类来讲就具有很强的使用价值，信息是人类全部活动的认识前提和客观依据。信息让人们了解世界、了解自己，信息对于人们对客观世界的认识和改造具有决定性的作用。可以说人们对客观世界的改造是依靠信息来完成的。在当今社会，信息已经成为社会的重要资源之一，信息作为一种特殊的商品，具有特殊的性质，信息可以作为一种劳动存在，在社会上有自己的价值存在，这种价值主要是精神智慧的产物，是复杂劳动的结晶。在市场的流通过程中，信息作为一种商品虽然不会有正常的损耗和毁灭，但是当它已为大众所熟知，不能为个别人使用的时候，它的使用价值虽然还存在，但是人人都可以使用，已经没有了交换价值，不能在市场上换取客观的利益了。在现今高度化的信息时代，人们每天都要面对眼花缭乱的信息，这需要我们自己去挑选、去判断，我们要选取对自己有价值的信息。在传播的过程中，要想提高传播的效率，对于信息的挑选和表达也是至关重要的。

三、传播的原理

（一）拉斯韦尔模式

传播是一个信息流通动态的过程，涉及多方面的因素，传播的过程也是一个互动的过程，如何把握传播的效果就必须对传播的整个过程有清晰的了解。美国的政治家罗德·拉斯韦尔在《传播在社会中的结构和功能》一书中提到，传播的行为可以用五个因素来描述，这五个因素分别是：Who（谁），Say what（说了什么），In which channel（通过什么渠道），To whom（对谁说），With what effect（产生什么效果）。这五个因素才能构成一个完整的传播结构。拉斯韦尔认为传播是传播者作为主体，通过一定的传播渠道，以受传者为对象，在传播者与受传者之间形成交流桥梁，从而对某个问题形成一致的认识。在拉斯韦尔的这个传播模式中我们要注意传播的主体和受众是一个双向互动的过程，在这个互动过程中，信息的交流、意见的反馈等都是一个双向互动的过程。我们一定要打破过去传播单向的认识，一定要认识到传播中的互动共享传播方式才能在信息的整个交流过程中形成最终的一致性认识。除此之外我们还要认识到传播过程的开放性。传播的过程并不封闭，这是由传播的本质决定的，这就导致在传播的各个环节都存在介入因素问题，而能够影响传播的因素又是多种多样的，这就需要我们在传播过程中充分地考虑外部因素，提前做好准备，保证传播过程的畅通无阻。

传播是警察组织在处理公共关系中必不可少的一个环节，甚至可以认为其贯穿在整个警察公共关系的处理过程中。警察在处理公共关系的过程中对传播的动态过程把握不足，在具体的警务工作中，往往采用单向交流的模式，缺乏与公众的交流和反馈，以致于对问题的解决难以达成一致的共识，引起公众的不满，也导致自己的工作难以开展下去。除此之外，警察对传播过程中出现的各种介入因素没有充分的认识和准备，所以在交流的过程中容易存在中断、交流不畅等问题。因此，深刻理解传播的模式和内容有利于警察工作的开展，也有利于改善警民关系，树立警察的良好形象。

（二）詹姆斯凯里仪式模式

我们已经认识到一种传播的观点是由一个信息源到另一个信息源的交流互动过程，而学者詹姆斯凯里认为，传播过程中包含了分享、参与、社团、伙伴、共同信仰等多种意思，他强调传播过程是欢庆、习俗、装饰，而不仅仅是有意图的工具，带有某种表演的性质。仪式传播并不直接涉及信息在空间维度上的延伸，而是在时间上的一种维系，并不是发布信息，而是在线共享的观念。就像圣诞树一样，圣诞树上的各种装饰就是媒体符号化的信息，虽然其表现的过程不再具有工具性和目的性，但是有关装饰和相关的仪式所产生的表演效果也会影响到人们之间的关系。其实仪式模式已经存在我们生活的方方面面，如广告的传播，或者是利用某些符号来激活传统的意识。

仪式模式让我们认识到某些特别的方式，甚至是一些表演方式都会改善我们的警民关系，警察组织在处理公共关系的时候要注意运用多种"表演"方式，引起人们的共鸣，从而达到有效地改善公共关系的目的。

（三）施拉姆的大众传播模式

传播的目的在于传播的信息被大众接受和认同，从而达到传播的效果。施拉姆的大众传播模式是将媒介组织放在核心的位置，因此大众传播理论是以媒介为支撑点的传播学理论。该理论认为媒介组织从外界信息源获取到的信息，经过一系列的编码释码后，将信息传递给不特定的多数大众，受传者内部本身也存在各种联系，形成人与人、人与群体之间的传播形式，与此同时，媒介组织也能从大众中获得一定的反馈。大众传播方式在某种程度上也是利用了受传者之间的关系进行的传播，突出了媒介组织的作用，利用媒介来进行信息的协调交流。

在大众传播理论中我们认识到，媒介组织对于传播的重要性，警察组织在开展日常繁琐工作的时候，将工作的重心放在打击犯罪等工作中，忽视了警察公共关系的处理，更加没有注意到现代社会媒介组织的重要性。而把握好媒介的作用，处理好公共关系会进一步提高警察开展工作的效率。

四、传播学对于警察公共关系的意义

在传播的理解里面，警察公共关系就是警察与公众之间关于信息的传播的一个互动过程，尤其是警察作为传播者，面对广大公众的受传者的过程。一是要学会树立好传播者的正面形象。所谓传播者的形象是传播者在其全部活动过程中所要展现的各种特征和品质，是传播者文明的总体状态，也是社会对传播者的印象和评价。一旦树立好良好的传播者形象，警察在公共关系的处理上会得到更多人的支持。二是要学会选择合适的传播媒介，这是对于传播过程的掌握和分析，当今社会的传播媒介经过发展，存在着多种选择，各种传播媒介都有其自身的优缺点，警察要学会根据传播信息的内容方式和传播目的，为传播选择合适的传播媒介。三是要学会对受众人群的分析。从个体的角度看，由于受传者在教育、文化、地域等方面的差异，造成了受传者的多样性，我们要明确受传者所具有的多样性、广泛性和复杂性，在对其传播信息的时候才能根据实际情况作出调整。四是要明确传播的目的，警察在传播信息的时候要明确传播的目的，如果仅仅是将信息传播出去而没有达到传播的目的也是毫无意义的。

第五节 舆论学与警察公共关系

关于舆论这个概念，至今没有一个确定和统一的说法。有的人认为：舆论是显示社会整体知觉和集体意识、具有权威性的多数人的共同意见。有的人认为：舆论是公众对其关心的人物、事件、现象、问题和观念的信念、态度和意见的总和，具有一定的一致性、强烈程度和持续性，并对有关事态的发展产生影响。而也有人认为：舆论是公众关于现实社会及社会中的各种现象、问题所表达的信念、态度、意见和情绪表现的总和，具有相对的一致性、强烈程度和持续性，对社会发展及有关事态的进展产生影响，其中混杂着理智和非理智的成分。总之，舆论是指人们在社会中形成的大多数的意见，以及这种意见对社会产生的影响。

一、对舆论要素的认识

通过对舆论概念的分析可以看出，舆论的形成少不了三个要素，第一是舆论的主体，即是舆论的传播者，在舆论中占主体地位，没有舆论的传播者，就不会产生舆论，更不会有舆论的影响效果；第二是舆论的客体，即舆论指向的问题，通常情况下是涉及大部分社会主体的敏感话题或者事件，能够将人们的目光吸引过来，从而成为舆论的对象；第三是舆论的存在方式，舆论的形成肯定以某种特殊的形式存在于社会之中，不仅如此，舆论以其存在对社会产生巨大的影响。

（一）对舆论主体的认识

舆论的主体与一般的大众、群众、群体等不能划等号，作为一种特殊的主体，它具有一些自己独特的性质。（1）舆论主体的形成具有不确定性。主体虽然也是许多社会成员的组合，但是并没有固定的成员的硬性要求，它的形成具有不确定性，上百人可以，上千人也能成为主体。（2）舆论的形成有自身的偶然性。舆论主体的产生与某一公共性的舆论问题相关，只有跟这个公共性舆论问题相关的人群才有可能成为舆论的主体。而且舆论主体因为舆论发展过程的不确定性，人数不能进行量化，在整个过程中也是处于动态的发展过程中。（3）舆论主体具有社会性。舆论本身作为一种客观的社会现象，存在于社会之中，对社会产生影响，其主体也处在社会之中，具有社会属性。（4）舆论主体还具有自主性。舆论主体具有自主意识，又具有完全的行为能力和表达能力，在舆论的理解判断和表达过程中，主体的自主意识对于舆论的发展走势有很大的影响，对于我们解决社会中反面的舆论问题研究也很有帮助。

（二）对舆论客体的认识

有人认为舆论的客体是某个特定的涉及公众切身利益的社会公共事件，有人则认为舆论的客体是现实社会以及各种社会现象、问题。舆论的客体一般具有这几个方面的特性。一是具有公共性，舆论关注的问题，一定是公共性的、大家都普遍关注的问题。一般的社会问题是与大多数人息息相关的问题，大部分为与社会公共利益相关的问题或是能够引起人们情绪的关键性事件。二是具有冲突性，能够成为舆论的焦点。其必定是一个新问题，或者问题本身必然具有很大的矛盾性，只有矛盾突出而又没有得到解决的问题，才能够引起人们的快速关注，激起人们的情绪波动，继而形成强大的舆论问题。三是具有争议性，对一个平淡无奇、司空见惯的问题，很难发展成为人们热衷谈论的焦点，只有那些存在争议，能够引起人们讨论和辩论的话题才可能成为舆论的焦点，才能引起群体的关注，进而才能引发舆论的大规模影响。

（三）对舆论存在方式的认识

舆论是以某种认识意见而广泛存在于社会之中的，但是舆论与一般意见的存在方式又有所不同。舆论的存在具有一致性，舆论的一致性并不是说所有参与舆论的主体作出完全一致的表达才能成为舆论，而是说舆论一定是主体中大多数人的意见。舆论表达出来的意见，一定不是个人的意见也不是少数人的意见，而是相当多的舆论主体所表达出来的一致意见，我们在认同舆论一致性的同时不能忽略的是不同背景、不同利益追求的人群所表达的意见，一定要注意到声音的多样性。二是舆论内容的多样性。我们不仅要关注到舆论的来源，也要注意到舆论的内容往往不是一个单一的内容，它一定是不同意见的融合，不光是包含了共同的意见，一定还有很多不同的要求。三是舆论的表面性，舆论的产生离不开人们对自己意见最直接的表达，人们愿意将自己的意见交流出来，就说明事情还有沟通的可能性。舆论的表面性是从心理学的角度来看的，具体意见的表达属于社会心理的最表层，是一种公开的言语表达，随时都会因为舆论的走向或他人的影响而产生改变，也正是因此，舆论的状态很活跃，为舆论的引导和控制提供了很大的施展空间。

（四）对舆论形成过程的认识

舆论的形成是一个慢慢产生的过程，可以分为六个阶段：问题的发生、舆论领袖的发现、意见的发生、事实与意见信息的传播、意见的互动和整合、舆论的形成。问题的发生是舆论产生的前提条件，一般舆论所关注的问题大多是社会上值得关注的公共问题。在现代社会不断发生变化的过程中，社会在进步，利益在不断进行着重新分配，势必会存在很多新的问题，有的问题虽然存在却没有引起社会公众大多数的关注，而有的问题因为被大多数关注而被推到风口浪尖，形成舆论。社会的小问题到形成舆论的大问题有一定的形成发展过程。领袖舆论的形成具有很强的影响力。舆论领袖，一般具有三个特征，一是消息灵通，二是有较强的分析能力，三是具有人格魅力，他们对于社会中的问题比较敏感，也善于发现问题，思考问题，对问题进行剖析之后进行传播，又因为在人群中的权威性和良好的信誉，所说的话能够得到有效的传播。意见其实就是舆论领袖的意见，舆论领袖经过分析之后的意见如果能够得到公众的认同就会形成一个统一的舆论意见。

二、舆论学对警察公共关系的意义

随着社会的迅速发展和科学技术的进步，特别是网络等一些交流平台的发展，使得我们当今社会的舆论媒介变得越来越先进，舆论的传播变得越来越便捷，舆论对于社会的影响变得越来越快、越广。警察应该学会如何在这个快节奏的工作中，处理好与传媒的关系，建立起警察良好的形象。了解舆论的产生和传播发展对警察如何在各个环节把握好对舆论的引导有重要意义。对舆论理论的学习对警察在处理公共关系的过程中具有很好的指导作用。

（一）要加强对舆论传播技术的掌握

舆论的传播离不开媒介的作用，现代科技的飞速发展，很多新型的舆论传播方式悄然兴起，也在不知不觉中改变着我们的生活。高科技、高技术的发展带来的是传播交流的便捷。舆论传播速度的提升势必会导致舆论影响的加大，警察在处理棘手舆论问题的时候，一定要保证对科学技术的掌握，只有与时俱进，才能对舆论造成的影响做及时的反应。技术才是处理问题的基本保证。

（二）要掌握舆论引导的方法

舆论的形成是个动态的变化过程，不同的舆论阶段对警察的公共管理会有不同的决策影响。有的状态下警察的公共管理会比较容易，有的状态下就会比较棘手。所以对于不同舆论状态我们要学会引导其走向一个比较缓和的状态，使其进入一种合理的渠道，增加我们对舆论的掌握力度，对警察作出决策才比较有利。常用的舆论引导方式主要是：传播的控制、对象的控制和问题的控制。传播的控制主要是对事实的控制，而对象的控制是对舆论主体的控制，对问题的控制则是对引起舆论产生的问题的控制。舆论的力量是一种派生的力量，如果能够解决引起舆论产生的问题，那么舆论就会随之消灭。

（三）要构建一个良好的舆论环境

一个良好的舆论环境有助于树立警察的良好形象。警察在处理公共关系的同时，一个良好的警察形象有助于警察积极地开展工作，能够顺利地得到公众的支持。当前，警察负面形象被传媒恶意炒作，舆论的压力对警察的影响越来越大。因此，警察想要树立一个良好的警察形象，得到人们的信任，在提高自身素质的同时，要构建一个良性的舆论环境，防止传媒与公众的恶意宣传。建立良好的舆论环境，对于解决警察公共关系中的问题有重大意义，有利于警察工作的开展。

第五章　警察公共关系发展沿革

第一节　国（境）外警察公共关系的历史和发展

当前社会正处于转型时期，社会矛盾丛生，社会治安形势严峻；加之，警察组织自身也存在着各种问题，包括业务水平不高，公关意识淡薄，执法不严，知法犯法等，导致警察公共关系问题日益凸显。但不论何种原因导致的警察公共关系问题总会备受社会关注，给警察组织带来巨大的舆论压力，影响警察履行职责，损害警察的形象。因此，如何处理好警察公共关系的相关问题，既是当前客观形势发展的需要，又是警察实现工作目标，更好地为公众服务的需要。为此，需要从源头上对警察公共关系问题进行探讨。

一、国（境）外警察公共关系的溯源

欧美国家是警察公共关系的主要发源地，其警务制度的建立、调整和改革使警察公共关系得以产生和发展。警察公共关系是伴随着现代化警察队伍、现代化警察制度、现代化警察理念的成熟而逐渐形成的。警察公共关系的产生，有其意识基础、制度基础和社会基础。

（一）意识基础

在现代化警察组织成立之前，关于警察公共关系的思想雏形——公共关系就已存在于古代各国。

古希腊思想家亚里士多德在《修辞学》一书中，详细阐述了修辞的艺术，即如何运用语言来影响听众的思想和行为的艺术。古希腊人认为，良好的修辞能力是参与政治过程的基本条件之一，因为政治家与公众之间的桥梁是靠修辞来架筑的。

古罗马的恺撒大帝为了扩大自己在罗马城的影响，在率领罗马军团远征高卢时，不断地派人把他和军队的情况写成报告，用快马送往罗马城。报告使用通俗生动的语言，富于感染性，在罗马广场被人们争相传诵，恺撒的声望由此得到了很大的提高。同时，恺撒还把高卢征战中缴获的大量财物用于举行公共娱乐活动，并发放粮食给下层平民，收买那些拥有选举权的罗马公民，这为他后来凯旋罗马城、击败政敌登上独裁地位创造了必要的条件。所以恺撒留下的《高卢战记》被誉为"第一流的公共关系著作"。

在英格兰，很多世纪以前，就开始运用公共关系，在那里国王让大法官作为"国王良心的监护人"。在法国，拿破仑非常重视学者和书籍的资讯作用，在行军打仗时都带有大批学者和书籍，他说"让学者和驴子（驴子用来驮书）走在军队中间"。

（二）制度基础

英国现代化警察组织的建立是警察公共关系的制度基础。1829 年，被称为英国警察之父的罗伯特·皮尔促使议会通过了创建新警察制度的议案——《英国大伦敦警察法》。自此，以伦敦大都市警察的创建为标志，英国建立起世界上最早的一支有别于军队的现代职业警察组织。随后，美国、加拿大等国纷纷建立现代都市警察。为了更好地把握警察组织的定位，罗伯特·皮尔提出了著名的九条警务原则。其中涉及了警察公共关系的理念，比如，警察组织履行职责的过程中需要依赖公众的支持，如果自愿遵守法律的公众乐于和警察合作，警察必须确保和维护其尊严；牢记警察履行职责是依靠公众对他们的形象、行为、举止的认可，以及他们获得和保持公众尊重的能力；警察应当始终与公众保持良好的关系，使"警察是公众，公众皆警察"的历史传统成为现实等。罗伯特·皮尔提出的这几项原则可以说是对警察公共关系的最早论述，揭示了警察公共关系在警务工作中的重要性，要求警察把寻求与民众的合作作为警务工作的立身之道，并明确指出公众对警察工作的满意是发动公众参与警务工作的基础。

1939 年，美国肯萨市警察局率先成立了警察组织的第一个公共关系业务单位，专门负责沟通警民关系。随后，奥马哈市与圣路易斯市等警察局也相继建立了类似的公共关系机构，通过各种形式的活动增进警察与社区及公众之间的交往，以提高警察形象。这些警民关系机构的职责，一是与社区的正式组织，如居民团体等，进行联络活动；二是在辖区内建立与公众经常联系的组织与制度；三是向公众公布警察的工作、目标、取得的成就和存在的问题。加拿大警察组织公共关系事务警官，经常与新闻机构、社区团体、私营单位、中小学校保持联系，深入社区、企业进行调查，听取有关组织和社会公众对警察工作的意见和要求，并向他们宣讲交通法规、遵守法律和防止犯罪的方法，向居民及企业主指出安全隐患，并提出改进的办法等。公共关系事务警官还负有训练警务人员防止犯罪和实施法律及与公众建立良好关系的责任。必要时还要训练、检查和监督学校组织的志愿安全巡逻员。

到 20 世纪 50 年代至 60 年代，欧美许多国家的警察组织都开始建立公共关系机构，推行公共关系活动。有些国家在职位分类中，还专门设立了公共关系事务警官的职位。西方国家也一贯重视新闻媒介在树立警察良好形象、密切警民关系中的作用。各国的警察部门都有自己的报纸、杂志等传播工具，运用各种工具向公众介绍警政信息资料，将警察的行为公之于众，促进警察与公众之间的相互了解；运用事实及法律说服公众，以修改公众不恰当的看法、观念和行为，最终使警察与公众之间的态度、行为和观念统一起来，使警察的工作真正得到公众的理解和支持。

西方各国警察在推行公共关系时，都注意到了警察的素质问题。例如，美国的警察组织要求警察申请人具有良好的道德品质和性情修养，竭力避免性情粗暴、崇拜武器和暴力及品行不良者进入警察组织。对于拟录用的人员，要进行训练并使其在实际岗位上锻炼，合格者才能正式成为警察。在日常工作中，注重对警务人员进行法纪、服务态度、品行举止的教育，对违法乱纪者进行严厉惩罚，以强化警务人员的纪律观念，使他们同心同德，互相配合，形成巨大的组织凝聚力，为对外公共关系活动创造良好的基础和前提。

二、国（境）外警察公共关系的发展

警务革命（Policing Reform 或 Policing Revolution），又称警务改革，是人类警察史上重大的、具有战略意义的划时代的改革。从罗伯特·皮尔建立伦敦大都市警察以来，警务改革如潮起潮落，其间具有代表性的有四次，警察理论界谓之"四次警务革命"。

（一）第一次警务革命中警察公共关系的发展

第一次警务革命（1829—1890）的标志是现代化警察队伍的建立。针对日益增长的犯罪，罗伯特·皮尔于 1829 年建立伦敦大都市警察。与此同时，把服务民众列为警察的主要工作。这催化了警察公共关系的成立。罗伯特·皮尔创建了现代职业制服警察，提出了组建新警察的 12 条原则，其核心为：

（1）警察应以军队为榜样，建成一支稳定的、行之有效的队伍；

（2）警察必须在政府的控制之下；

（3）犯罪减少证明警察的效率与效益；

（4）发布犯罪统计是警察的基本工作；

（5）以时间和地域科学分配警力；

（6）礼貌是警察质量的根本保障；

（7）以形象赢得尊重；

（8）招募、训练适当人选是有效执法之本；

（9）公众安全需要每个警察挂牌服务；

（10）首脑机关必须接近公众；

（11）先见习，后上岗；

（12）公开警察内部犯罪率。

这 12 条原则几乎都直接或间接与警察公共关系的产生、内涵及基本原则等相关：第（1）条"稳定、行之有效"，第（8）条"招募、训练适当人选是有效执法之本"和第（11）条"先见习，后上岗"是警察公共关系的制度性要求，唯有一支稳定的警察组织，方能保证警察组织内部开展各种公共关系活动的质量和程序；第（2）条"政府的控制之下"是警察公共关系的政治支持和保障，一方面，警察公共关系的队伍建设和活动开展需要政府的资金投入，另一方面，警察公共关系的队伍建设和活动开展亦需要政府的政策及资源对其进行管理和宣传；第（3）条"犯罪减少是证明指标"表明早期对警察公共关系的重视是基于减少犯罪的目的而产生的；第（4）条所规定的"发布犯罪统计是警察的基本工作"和第（12）条规定的"公开警察内部犯罪率"直接体现了警察公共关系传播的最早的意识雏形，这也直接影响了后期各国警察公共关系活动高度重视传播和媒介作用的发展趋向；第（6）条"礼貌是警察质量的根本保障"，第（7）条"以形象赢得尊重"和第（9）条"公众安全需要每个警察挂牌服务"皆是警察公共关系推广的具体方式方法，并且直至今日，这些方式方法的重要性依然显著，并为各国所采用；第（10）条"首脑机关必须接近公众"直接明晰了警察公共关系的内涵，其区别于警察个人的形象及其与公众的关系，而是指向整个警察队伍，其代表国家意志所具备的与公众之间的关系，不是普通的社会关系，是带有庄重的政治色彩和稳定的推行机制的严谨概念。

（二）第二次警务革命中警察公共关系的发展

第二次警务革命（1890—1930）是警察公共关系的一个过渡阶段，是指 20 世纪初期发生在美国的警察专业化运动，这个阶段的运动思想是警察只对法律负责，有向单一打击犯罪的角色转变之趋势，强化警察打击犯罪的属性而弱化其公共行政属性。

19 世纪末，美国警察缺乏培训，工作效率低下，腐化成风。国际警长协会主席理查德·西尔威斯特倡导发起警察专业化运动。其目的是通过专业化摆脱地方某种政治集团对警察的控制，促使警察成为一支高效率、高质量队伍。改革包括：引进军事化管理，树立尚武精神；开发专业化警力部门，增加犯罪、交通、档案、训练等专业分工部门；提高招募标准，加强培训，等等。警察组织内部分工更加细致，警察开始逐渐脱离公众。警察的公共职能不被重视，改革者们将视野集中于打击犯罪方面，警察的公共职能被忽视，警察公共关系也不受重视。

(三) 第三次警务革命中警察公共关系的发展

第三次警务革命（1930—1970）是 20 世纪 30 年代至 70 年代欧美各国的警察现代化运动，这是警察在走向现代化进程中最辉煌的一段历史，欧美警察实现了四个现代化：车巡代替步巡，通信现代化，计算机革命，个人装备现代化。

此时的警务改革主要内容包括：（1）从 20 世纪 30 年代开始的大规模的由汽车巡逻代替步行巡逻的运动；（2）警用通讯器材的现代化运动，包括个人对讲机的普及以及警察局内部、各警察局之间通信网络的形成；（3）从 20 世纪 60 年代开始采用各类警察计算机信息系统，如指纹鉴别系统、刑事犯罪情报系统、人像合成系统、交通控制指挥系统等，大大提高了警察部门和领导机关对信息分析处理、存贮和使用的能力，同时还包括大规模增加警察编制名额，大幅度提高警察开支和不断扩大警察权力。

这个阶段，全新武装的警察以打击犯罪为主的形象走向极端，大量先进的设备和技术被运用于警察组织，大量的警务实验室开始设立，而警察公共关系则在此时处于最低谷。

(四) 第四次警务革命中警察公共关系的发展

第四次警务革命（1970 年至今）：是指 20 世纪 70 年代发生在欧美各国警察中的警务改革。这次改革的名称尚不统一，有人称之为"新警察模式"，或"社区警务改革模式"，或"后现代化警务改革"，或"民主式警务"等。这次改革以对警察科学理论的反思与突破为先导，以社区警务为主要内容，以用全社会的力量打击与预防犯罪为重点，继承和发展了历史上"自我警务""人人皆警"的传统模式，形成主动提前式警务风格。欧美社区警务战略之父是英国警察学家约翰·安德逊。社区警务的原理是：社会是产生犯罪的根源，抑制犯罪的主力军也在社会。警察的社会公仆角色重新占领上风，警察在回归社会的同时，其打击犯罪的作用，非但没有减弱，反而得到进一步加强。

社区警务改革有一个非常重要的理念，那就是有效的警务有赖于警察与公众的合作，控制犯罪最有效的方法是加强警察与民众之间的沟通联系，密切警民关系。这一理念鼓励警察与社区居民建立互帮互助的关系，让警察把服务的功能延伸到过去被忽视的社区里去，期望通过这种努力来提高整个社区生活的质量，减轻社区居民的恐惧感，预防和制止犯罪，增加警察在社区中的出现率，增强公众对警察的亲近感。为实现上述理念，20 世纪 50 年代到 60 年代，欧美国家许多警察组织开始建立公共关系机构。

第四次警务革命是对原有警察组织结构、理论观念的巨大冲击。它所涉及的改革中与警察公共关系相关的大致有以下几个方面。

（1）在警察公共关系的队伍建设方面，进行了大规模的改革。首先，从人财物的巨增转向无增长改善论。强调警察的发展应脱离高警察比例、高度装备现代化的美国模式，改革的重点应放到社区，面向公众。以社会人力资源作为警力的后备，以质量胜数量。其次，从追求"机器人"模式转向追求"传统的更夫"模式。重新重视警察的服务意识培训与警察的道德修养。军事化与平民化警察差距逐步缩小，二者互相包容。法国的宪兵是准军事化的代表，英国的警察需要建立军事化、武装性质的快速反应部队。如英国平民化警察一直是不佩带枪支的，但由于爱尔兰共和军恐怖主义活动加剧，英国警察部分佩枪，并建立了快速反应部队。再次，由于暴力对抗造成了严重的社会矛盾，"最大限度地限制武力论"成为西方警察行动的主要准则。例如在对待民众闹事时，警察采用"以表面的失败赢得胜利的战术"，以少数警官被打致伤引起舆论的同情，达到平息事件的作用。宣传上的平民化与组织建设中的准军事化，是警务改革的趋势之一。

（2）警察公共关系的沟通及形象设计方面，从单一的被动警务转向重视主动警务。主要西方国家已把工作重点从快速反应转向预防犯罪。强调调查研究在先，以预防为主。警察走出岗亭，了解联系人，组织民众。

（3）警察公共关系的工作重点方面，从单一的巡逻与刑侦转向社区警务。由于传统的警务工作在打击犯罪方面收效甚差，警察不得不把工作重点放到社区警务上来。通过对警察作用（"反犯罪战士"与"社会服务"的功效）的辩论，逐步扭转单纯的战士形象，塑造战士与服务员的双重形象。

（4）警察公共关系的衡量标准方面，从单纯重视犯罪率与犯罪破案率转向多种指标综合评估。不仅重视警察部门内部的统计，也重视公众的反应。正确地评价、科学地测量警察工作，参考被害人调查、公众安全感、公众对警察工作的评价与满意度等多种参数，综合判断、全面评价。

（5）在警察公共关系的领导体制方面，中央集权与地区自治的差距越来越小。以英国、美国为代表的地区自治警察正在向加强全国统一协调、统一领导的方向发展。以法国、德国为代表的中央集权警察逐步向分散权力、建立地方警察的方向发展。

此时，改革者们深化了对警察公共关系理念的理解，从警务改革以警察为主体到以社会为主体，逐步认识到产生犯罪的根源在于整个社会，打击犯罪的主体也在于整个社会。警察在抑制犯罪的斗争中，起着重要的作用，但不是决定性的作用。树立"自我警务"与"全民皆警"的观念。20 世纪后半叶，社会治安局势的不断恶化使警察公共关系受到了世界各国警察部门的普遍重视。在美国，社区警务运动兴起，以矫正过去专业化警务的不足，并倡导：警方获取犯罪情报必须依赖于公众，处理骚乱时应求助于公众；警察是否实施逮捕在一定程度上受公众对某一类犯罪看法的影响；起诉犯罪成功与否在很大程度上有赖于被害人和证人的合作。

第二节　国（境）外警察公共关系的经验及启示

加强警察公共关系建设，是增强和提升公安机关战斗力、影响力和行政管理效力的有效途径和必要手段。西方国家及我国港台地区一贯重视警察公共关系在塑造警察良好形象、密切警民关系中的作用。近年来，警察公共关系在我国公安机关也受到了广泛的重视，并迅速发展起来。通过对中外警察公共关系建设的比较，以期对我国警察公共关系建设有所借鉴或启示。

一、国（境）外警察公共关系的经验

（一）加拿大警方的经验

加拿大实行三级警务管理体制，即国家警察（皇家骑警）、省级警察和城市警察。各级警察部门根据法律赋予的不同职责，在警务管理、人事编制、行动指挥、警力支配和经费保障等方面，都具有相对独立性。但是，三级警察部队在警察公共关系建设方面却具有共同的宗旨和目标，并将警察公共关系建设作为重要警务工作加以规划。皇家骑警是加拿大国家警察，承担全国 80% 的警务执法工作，履行维护国家安全、反恐、打击有组织犯罪、保护国家重要基础设施和要人保卫等职责。在皇家骑警的众多部门中，公共事务和联络局是少数几个由总警监直接分管的部门之一，是皇家骑警负责宣传和公共关系的归口管理部门。该局下设三个处：宣传策划处，负责皇家骑警对外宣传工作的整体规划和作业指导；网站运行和材料编辑处，负责皇家骑警网站的开发、运行、维护、更新及所有文字和视听宣传材料的编辑、发布等；媒体关系和警察基金管理处，负责与各种媒体沟通联系，组织对外新闻发布会，为警察基金募集社会捐款，协调警察局长协会和警察协会举办年度全国殉职警察悼念大会等。与国家警察相比，省级和市级警察部队的公共关系部门规模相对较小，人员编制也相对较少，但其功能和作用绝不逊色，且设有更贴近基层和注重实战的部门。

加拿大各级警察机关非常重视对社会的宣传工作，主要通过以下方式达到宣传效果。

（1）树立警察亲和形象。在加拿大，"警察局"大多使用"Service"一词，意即"服务"，如"渥太华市警察局"的英文是"Ottawa Police Service"。这一词凸显了警察是为大众服务的公仆，人民生命和财产安全的保护者这一核心宗旨。警察在执行公务活动中，始终保持一种亲和的微笑，即便是遇到失去理性或态度蛮横的对象，他们也能做到耐心细致，用语文明，处置规范。加拿大警方认为，警察的形象从来不是公关部门一家的事情，用皇家骑警公共事务和联络局局长蒂姆·柯甘的话说，"每一个警察，不论其在何种岗位，都是警察公共关系的践行者和警察形象的推销员"。

加拿大温尼伯市警察局的"警察道德准则"向全市宣示了警察的服务标准："作为警察一员，我的职责和义务是保护公民生命财产安全，预防和打击犯罪，维护社会的安宁和秩序。我将秉公执法，理性办事，依法保护公民的权利；在我服务和执法时，没有贫富、阶级、老少、教育程度、种族和肤色的区别，唯有平等以待，文明执法，热情服务，换位思考；我承认权之有限，承诺绝不以任何方式谋取私利或做出有损人格，有辱警察形象的行为。"

（2）建立与大众媒体的良好互动关系。公共安全和警务工作是易受媒体捕捉的焦点之一。加拿大各级警察部门十分重视与媒体建立良性互动合作关系，借助媒体力量，争取把握舆论主导权。一是建立新闻发布会制度，主动向媒体发布警方的动态信息，如警局领导的人事变动、治安状况、犯罪动向以及大众关心的治安热点和警方的对策等；二是对于媒体对重大案件的追踪采访，警方在保密规定许可的范围内，尽可能不使用拒绝式的"无可奉告"，而是尽量在案件发展的每个阶段，向媒体和社会主动通报案件调查情况；三是警察公关人员经常与电台、电视台联合举办一些面向听众的电话问答节目，通过媒体平台，与广大民众进行贴近式交流和沟通。

（3）将公共关系工作深入各级立法机构和政府部门。警察公共关系活动不只是专职部门的工作，许多警察社团组织也在警察公共关系方面发挥积极作用。加拿大警察局长协会和加拿大警察协会是加拿大两个最大的警察工会性质的社团组织。前者是由警衔在警督以上的高级警官组成，而后者则由低级警官、警士、警员组成。两个协会的共同任务之一，就是充分利用各级立法机关和政府平台，向议员和政府官员宣传和反映警务工作的困难，推动司法改革，提出法律法规修改意见，维护警察应有权利，颂扬警察奉献和牺牲精神。每当议会进入议案讨论和审理期，两个协会都会派人参加涉及警务执法或法律法规修订的听证或咨询。许多议员和政府官员为争取选票，也会应邀参加两个协会的年会或专题会议。

（4）让大众了解警察文化。加拿大警方十分重视和珍惜对警察历史文化的传承和保护。据不完全统计，加拿大全国共建有大大小小的警察博物馆 120 多个、警察历史遗迹 50 多处、反映警察形象的塑像数百座，所有这些都是全年免费向群众开放。皇家骑警的"盛装舞步"表演是极具加拿大特色的警察文化之一，也是加拿大国家文化特质中不可或缺的元素。每逢国庆或重大纪念活动，游行队伍前排一定有英姿勃勃的皇家骑警音乐马术队。每年秋季，皇家骑警都要在其警察学院举行一场精彩的"盛装舞步"公演，招徕远近民众扶老携幼前往观赏。加拿大旅游部门对国外游客调查反馈的信息表明，"枫叶"和"皇家骑警"是最具加拿大风格的标志。

（二）英国警方的经验

英国警察在成立之初就强调要调整好公共关系。罗伯特·皮尔创建的警务原则之一就是"牢记警察履行职责是依靠公众对警察形象、行为的认可，以及获得和保持公众尊重的能力"。此原则确立了警察为公众服务时应当遵循的原则。到了 20 世纪 90 年代英国警察部门又进行了一场大刀阔斧的改革，推出睦邻警察服务概念，它的目标是建立长久互信、积极合作的警民关系。在改革中警察部门制定了《英国警察服务宪章》。英国警方为加强警察公共关系危机管理，将提高公众满意度作为警务改革的重点，强调警察的平民特质，将警察机关定位为服务部门，提出了公众是顾客、政府为顾客服务的原则，致力于改善和优化警察公共关系，推出了关于公众服务的"警察协议"，以提高警察服务质量为目标，将公众满意率作为警察工作的主要标准。在 2004 年推出的《建设社区，打击犯罪——21 世纪更好的英国警察机构》白皮书中，警察向公众做出了十项承诺。英国内政大臣布伦基特也宣布出台"警察规范"，规定了警察对公众的最低服务标准，指出英国警察是一支注重"警察道德"的队伍，强调必须"文明有礼"，以"平静、坚定的作风"执行任务，善于"控制脾气"，不可以有"任何威胁民众的语言"。"警察规范"是英国警察公共关系实现现代化的一项重要举措。要求给公众提供明确的信息，告知公众如何能够与警察取得联系；制定关于公众对警察服务反馈的评估办法；另外作为对"999 报警电话"的补充，在英国全国创建一个非紧急事件报警电话，使公众电话报警或求助时享受到更好的服务。警方在每年制定工作计划前，都要向公众征求意见，了解公众需要什么样的服务，工作都围绕服务来进行。还要充分利用媒体手段，充分宣传警方的服务，增进公众对警察工作的了解。英国警察将自己定位为公众服务主体，通过服务来管理社会治安，预防犯罪，加强与公众的沟通与合作。

（三）法国警方的经验

法国警方十分注重新闻与公共关系工作，大力发挥传媒的重要作用，宣传警务工作，引导社会舆论，争取公众支持。为了更好开展宣传，扩大警方影响，为警察公共关系危机管理奠定良好基础，法国警方在内政部、各省及大都市都设置了新闻与公共关系机构。内政部和各省设有新闻与公共关系局，内政部各业务总局设有新闻办公室，基层警察机关设专人担任新闻联络官，自上而下地建立了健全的警察公共关系危机管理网络。法国内政部专门设立新闻与公共关系局，直接隶属于内政部部长办公室。其主要职责是：负责积极与新闻媒体建立良好的合作联系，通过新闻媒体，向公众提供有关警方活动的资料和最新动向；负责组织协调内政部各业务总局和各省、市警察局的宣传工作，定期综合分析警方宣传工作情况，上报内政部长；适时举办新闻发布会或展览会，宣传内政部的方针、政策；负责组织新闻媒体记者采访报道警务活动，并及时了解有关动态，通过各种媒体和各种手段树立警方良好的整体形象，从而增强公众对警方的理解、信任和支持；广泛收集媒体对警方的报道，对媒体反映的公众意见，及时反馈到警方高层及各个部门，为决策提供参考；负责在互联网上开展宣传；主办公开发行的《法国公民》杂志；针对公众的不同需要，编印各种图文并茂的手册、折页，宣传安全防范知识，帮助公众排忧解难；负责剪报和积累各种资料等。新闻与公共关系局共有 50 余人，除 7 个部门负责人和一些行政人员是警察以外，在技术部门从事摄影摄像、杂志编辑、网络宣传的人员都是专业人士，从而可以与媒体进行更好地信息对接和技术对接。20 世纪 80 年代至 90 年代，法国传媒业迅猛发展，各种媒体多达 1200 多家。公众越来越强调对警务工作的知晓权，刺激媒体以警方"丑闻"为卖点竞相炒作。面对挑战，法国警方不再保持沉默，组建新闻和公共关系机构，积极开展公共关系活动，主动引导舆论，提高警务工作透明度，并以贴近百姓、服务公众的亲民姿态，开创了警方新闻和公共关系工作的新局面。

（四）韩国警方的经验

韩国警察直到 20 世纪末，还一直保留着日本殖民时期镇压式的警务模式，警察腐败问题严重，侵犯人权的暴力事件层出不穷，警察缺乏职业道德，工作效率低下。国民普遍不信任警察，甚至仇视警察，警察在所有公共服务部门的公众测评中满意度排名最后，警方面临着严重的公共关系危机。为此，1999 年 11 月出任韩国警察厅厅长的李木云（Lee Moo - Yong）为破解危机、改观局面，当年就发起了"百日警察大变革"行动，旨在彻底改变韩国的警务模式、警察文化和警务实践。变革活动共包括 221 条举措，重要的一条就是改进警察服务品质，提高警察在公众心目中的形象，从而使公众对警察部门服务质量的满意度上升了22%。这项改革计划中的一些举措包括：制定警察警务章程，明确告知公众能从警察部门获得的警务工作内容和出现警务失职情况警察应受到的处罚；实施"量体裁衣"式犯罪预防策略，要求社区巡警巡逻时将带有邮票的明信片送到居民手中，由居民提出预防犯罪的建议，并寄回警方，警方综合研析后制定符合社区实际情况的预防犯罪计划；实施无催泪瓦斯政策，要求防暴警察在处理群体性事件时尽量不要使用催泪瓦斯，避免警察与对方产生暴力冲突；分别组建女警防暴队和女警灭罪小组，针对妇女和儿童的犯罪活动，充分尊重妇女和儿童的权利；实施志愿者社区巡逻计划，既弥补警力不足，又体现警方对社区的责任和爱心；开展"根除三种坏态度"行动，从警务活动中警察不友好、不公正、不守信的坏态度入手，建立一支亲民、公正、守信的警察队伍，提高警务效能。

（五）中国香港地区警方的经验

中国香港警察自 1844 年成立以来，就十分重视改善与民众的关系，并将警察公共关系摆上了重要议事日程。香港回归后，警察公共关系得到了进一步的发展。香港警方始终致力于实现"共建民心、齐护法纪"的目标，通过有效管理，拓宽沟通渠道，及时发布警务信息，有效推进警察队伍的职能和工作，与媒体及社会公众建立了和谐的协作关系，不断巩固警察队伍在公众心目中的良好形象，赢取社会各界对警察队伍的信任。香港警方最高机构香港警务处应形势发展，持续检视和改进公共关系危机管理策略，目的在于协调警方的公共关系建设，提高成效，积累经验，改良措施，巩固公众对警察队伍的正面观念。具体分为五项工作：一是展示正面形象，二是增进外界了解，三是发展传媒合作，四是鼓励全员公关，五是抗衡负面批评。为了有效开展警察公共关系活动，香港警方专门设立了警察公共关系科。其工作目标是保持公众高度支持和积极参与警察队伍的工作，积极在本地和海外建立、塑造警察队伍正面形象。警察公共关系科由一名总警司领导，并根据工作性质的不同，分别由一名高级警司和一名总新闻和宣传主任协助工作；该科辖下设有两个科：社区关系科和新闻宣传科，分别承担与市民大众及新闻传媒的接触沟通、联系、协作等工作。警察公共关系科，负责统筹及管理所有与公共关系相关工作，协助筹划及推行扑灭罪行宣传运动、交通安全报道及其他警务活动。警察公共关系科作为总部，与 20 个警区的警民关系办事处形成一个有效的信息交流网络，由此将警方的相关政策及重要信息传递给公众。香港警方通过发挥警察公共关系科的职能作用，积极开展媒体合作和舆论引导。它整合了向外界发布信息、与公众沟通、外部联络、危机公关、展示警方正面形象等多重职能。公共关系科注重与媒体保持长远的建设性关系，尊重媒体的采访自由，往往在事件发生后，第一时间主动向媒体发布信息。协办影视节目，也是香港警方与公众沟通的重要渠道，通过这种方式树立了警方的良好形象，增强了市民的信任感。另外通过举办与新闻工作者的午餐聚会，鼓励警员参与媒体组织的参观访问和会议活动，增进双方的接触和了解，使媒体进一步了解警务工作，理解警方的困难，从而在具体工作中既有效地采访报道，又避免干扰警方工作，形成互惠互利的局面。

（六）中国台湾地区警方的经验

中国台湾地区警方在内政部警政署、台北市警察局、高雄市警察局成立了三个公共关系室，其余较基层的公共关系的配合单位分属于县市政府的警察机关，专司公共关系工作，使警察公共关系危机管理有了明确的组织归属。中国台湾地区警方吸收欧美国家经验，借用企业管理精神引入"顾客导向服务"理念和"全面品质管理"理念，满足公众需求，提升警务效率，改进警政服务，努力满足公众需求。具体措施包括：一是借助信息技术，推行电子警务，构建警政服务网络和各类查询系统，既实现了便民利民，又达到了公开透明。二是改善服务设施，比如对警察机关办公区域进行便民化、人性化改进，对服务柜台和设备功能进行改进，达到"一处收件、全程服务"。三是制订警察机关标准作业程序，警员人手一册，提升业务能力，增进服务效率。四是设置警察服务品质奖，由警察机关及社会人士共同组成评奖小组，或通过问卷方式调查民众对警员服务的满意度，定期开展服务评价，优胜者将获颁"警察服务品质奖"并被公开表扬。五是制订"内政部警政署全面提升服务品质实施计划"与"为民服务工作平时访视计划"，通过强化考核落实为民服务，提升服务品质。中国台湾地区警方要求各级警员将服务理念化为实际的行动，主动收集民意舆情，倾听民众的需求。积极创新各项警政服务，以满足民众多元化的需求。并且主要动员社区参与，重视结合民间资源。

二、国（境）外警察公共关系经验对中国的启示

（一）明确警察公共关系的职责

一是在警察公共关系危机管理中设立明确的目标。国（境）外警方大多提出了具体的准则或规划，这样使得公关危机管理增强了科学性和系统性，使得公共关系建设有了正确的工作方向和操作的规范，为开展有效沟通提供了引导。比如，加拿大温尼伯市警察局提出的"警察道德准则"；中国香港警方提出的"共建民心、齐护法纪"的工作规范，目的就是使其建设公共关系活动在实际操作中有指导思想，而非空中楼阁。二是在警察公共关系危机管理中建立专门组织机构。国（境）外警方根据警察公共关系危机管理专业化特点，都成立了相应的危机公关小

组，来预测、管理各种可能发生的危机情况。比如，加拿大皇家骑警所管辖的公共事务和联络局，是专门负责宣传和公共关系的归口管理部门。法国警方也在各级警察组织设置专门的新闻与公共关系机构，建立完整的组织网络来加强警察公共关系危机管理。中国香港警方的警察公共关系科及中国台湾地区警方的公共关系室，在工作中都建立了明确、清晰的工作职能。

（二）完成好日常警务工作，增强服务意识

充分认识到日常警务工作是警察公共关系危机管理的基础，只有完成好日常警务工作，才可能有机会来加强警察公共关系的建设，才能获得公众的理解和支持。试想连案件都侦破不了的警察，人民群众怎么会相信呢？在这方面，国（境）外警方通过积极加强日常警务工作的开展，并在此基础上加强对警察公共关系的促进，从而更有力地应对处置警察公共关系危机。另外，国（境）外警方强调警察职能中的服务职能，建立了全新的服务理念，将公众满意率作为警察组织的主要工作标准。比如，加拿大警方明确提出了服务标准。英国警方提出了警察协议和服务承诺，认为应遵循公众就是顾客，为顾客服务的原则。只有在工作中树立良好的服务品质，才能赢得公众对警方的认可和满意，才能树立警方在公众心目中的良好形象，才能为警察公共关系危机管理营造良好的公共氛围和公众基础。只有真正牢固树立公众服务理念，提供优质公共服务，才会促进警察公共关系建设，将警察公共关系危机扼杀于萌芽中。比如，中国台湾地区警方引入"顾客导向服务"和"全面品质管理"的理念，全力改进自身服务，赢得了公众的信赖和认同，全面建立了警察的良好形象。

（三）加强与媒体的合作沟通

同媒体合作是实现舆论引导的重要渠道，是警察与外界沟通联系的桥梁。因此，充分利用媒体，发挥媒体优势，是掌握警察公共关系危机管理主动权的重要方式。在这一方面，国（境）外警方对发挥媒体的作用十分重视。为此，他们采取各种举措来维持与媒体的和谐关系，努力发挥媒体的积极作用。既主动向媒体提供线索，报送素材和资料让媒体

予以报道；又邀请媒体深入警方内部进行采访报道，并及时提供有力的支持配合。这样既借助媒体加强了自我形象宣传，又满足了民众的知情权。只有同媒体建立了良好合作的关系，才能达到真正的双赢局面。比如，加拿大警方建立每日新闻发布会制度，主动向媒体发布警方的动态信息，尽量在案件发展的每个阶段，向媒体和社会主动通报案件调查情况；中国香港警方十分注重与媒体的沟通协调，鼓励警员参与媒体组织的活动，增进同媒体间的沟通和了解，一方面使媒体了解了警务工作的职责和工作方式，理解警方的难处，另一方面使警员建立同媒体的良好关系，达到双赢的目的；法国警方则专门成立了新闻与公共关系局，招聘专业的技术人员来实现与大众传媒的沟通互动，为平时的警务工作创造了良好的舆论环境。

三、借鉴国（境）外经验，推动警民关系和谐发展

格鲁尼格教授与托德·亨特合著的《公共关系管理》一书给公共关系下的定义是："公共关系是一个组织与其公众之间的传播管理。"格鲁尼格教授主张，当我们定义公共关系时必须要把过程与结果分开。一般来说，一个管理者能够管理一个过程，但不可能管理一种结果。这种认识可以防止警察机关为了宣传和塑造形象，追求短期效果，片面引入公共关系理念，却忽视公共关系的终极目标是强化和公众的交流，获得公众的信任和支持，最大效率地维护社会秩序和公众权益。正如北京最帅交警孟昆玉所做的，仅仅是一个问路，他想到的是指示牌、宣传册；仅仅是一个过路人晕倒的偶发事件，他想到的是救心丸；仅仅是开罚单签字的例行程序，他想到的是真诚的几句教诲。

从国（境）外警察公共关系理念在警务活动中推行的巨大成效，我们也可看到警察公共关系的最终目的是通过警民互动的过程，鼓励公众参与，赢得民众支持，提高警务实效。这和我国提倡的构建和谐警民关系的实质是相同的。具体而言，借鉴国（境）外经验，推动警察公共关系建设，促进警民关系和谐的方向和要求如下。

（一）警察公共关系的手段是转变警务模式，从"单向专业型"转为"双向参与型"

"专业型"警察公共关系强调警察权威、警察技能和警察装备，警察和公众之间不均衡、不对称，是强势警察对弱势群众。这种"单打独斗"的强权型警察管理和情感疏离的警民关系模式与警察公共关系理念相背离。中共中央提出了"和谐社会"的理念，确立了以"整合"取代"排他"的策略，意在增加社会结构的开放、包容和弹性，消减社会结构的封闭、对立和刚性；增加社会成员自由表达诉求的机会，消减对社会舆论的封堵和管制；增加社会成员自下而上参与社会公共事务的渠道，消减单向的宣传鼓动和条式管理；整合国内各种互相冲突的利益群体，提倡社会成员间求同存异、和谐相处，构建起通过谈判、合作消除社会成员间纷争的机制。警察执法也应该依照上述精神，探索警察管理创新的方法，强调"小政府、大社会"理念，扩大公民社会力量，形成公众利用各种渠道自愿参与公共安全和打击犯罪管理机制，通过警察与公民上下互动、合作协商，确定目标，达成共识，实现公共安全事务的共同管理，化解社会矛盾，促进警民关系和谐。

（二）警察公共关系的原则是"以人为本"，追求公共利益最大化

"和谐社会"是"以人为本"的社会观。警察公共关系的核心精神也是"以人为本"，即公共利益最大化是警察执法和管理的立足点，人性化对待群众是警察执法和管理的着力点。警察要始终弘扬"以人为本"的人文精神，对群众要以保障其基本权利和人格尊严、维护公平正义作为首要责任，要善意执法，实行人性化管理。正如时任中国公安部部长的孟建柱在2009年4月10日召开的全国公安交通管理工作会议上指出的那样，"要设身处地地考虑到当事人的切身感受，感同身受地体谅困难群众生活的不易……"，时刻与群众进行换位思考，真正做到与群众共享共担。

（三）警察公共关系的目标是建立服务型警察，实现警民关系和谐

警察公共关系的目标应以警民关系和谐为导向，以公共服务为主体，建设服务型警察，实行警务公开，创立警察公共服务品牌，以人民群众满意为目标。孟建柱说，"各级公安机关和广大民警要始终把人民群众的安全感和满意度作为检验公安工作的根本标准"，就是要求"公安工作的每一个方面、每一个环节，都要真正体现人民的愿望，满足人民的需要，维护人民的利益"。建立服务型警察要借鉴企业服务经验，以"精品意识"进行执法，以"品牌效应"和群众互动，树立形象第一、公众至上等现代服务意识。如历史积淀下来的警方品牌资源（"漳州110"、济南交警等）就包含了大量公共关系的元素。另外，建设服务型警察，关键是警务公开，接受群众监督，让权力在阳光下运行。在重大事件中，应专门设立群众接待处，及时准确公开信息和有关立场，处处以维护群众利益为第一考虑。

第三节　我国警察公共关系的历史和发展

一、中国警察公共关系的起源

国家是生产力发展到一定阶段的产物。警察权是国家公共权力的重要部分，警察的起源与国家的产生具有同步性。警察起源具备的四个条件：（1）生产力发展，剩余产品及私有制的出现，是警察起源的经济条件。（2）阶级矛盾和统治阶级内部矛盾的不可调和，是警察起源的阶级条件。（3）维护社会秩序和惩治犯罪的客观需要，是警察起源的社会条件。（4）国家的形成，是警察起源的政治条件。就原始社会而言，因其不能满足以上四个条件，没能产生实质意义上的警察，也就没有相对应的警察公共关系。

夏商周时期部落之间的战争频繁出现，统治阶级内部争斗不断发生，这一时期的治安形势较为严峻，加之奴隶主和奴隶的矛盾不断激化，夏商周统治者开始寻求维护阶级统治的工具。夏商周时期的警察思想被"受命于天"的神权思想支配，法律制裁和治安管理成为"天讨"和"天罚"。夏商周时期是中国警察的萌芽时期。其警察制度有假借天意使其神秘化、合法化的特点。这一时期警察措施具有一定的灵活性。警察的作用仍是统治阶级的工具，在处理与被统治阶级的关系时已经开始注重用"礼治""人治"等安抚人民情绪。

在中国长达数千年的封建社会当中，主要沿用"礼""法"理念并使之具体化。就具体的政府职能部门而言，中国古代虽然没有形成职业化的部门，但在其中是发挥着作用。为保障皇权的统治地位以及封建地主阶级的利益，履行警察职能的机构也就理所当然成了国家专政的工具，此时警察机构完全是附属于统治者，并形成了较为发达的警察制度体系，自上而下结构完整、职能分工明确。对警察机构的外部民众而言，这种警察制度体系完全是一种镇压式的、愚民式的公共关系。警察机构除了满足权贵的需求外，对机构本身而言，是其内部人员收刮民脂民膏的外在工具，从关系的范畴来看，内部公共关系还是得到了一定的满足；从外部公共关系来看，对当时国家社会的稳定还是起到了一定作用，在一定程度上缓和了统治阶级和被统治阶级的关系。同时，对警察公共关系具体制度而言，也形成了诸如"十户联保"等制度。

二、中国近代警察公共关系

清代末年，西方列强为了获取中国的资源，对中国经济进行侵略，实行鸦片贸易，之后又利用战争打开了中国的大门，在西方列强以武力贪婪瓜分中国的同时，西风东渐，也为中国带入了一些先进的思想和技术。中国近代警察机构的设立也与此有莫大的关联。也是在这时候中国才诞生了名义上的警察机构和警察。

1900年，八国联军占领北京，为了维护其统治秩序，曾设"安民公所"，八国联军撤离北京后，清政府延其旧制，设立"善后协巡总局"，后又改称为"工巡总局"，当时的工巡总局其实是一个市政、司法、警察相混合的机构，在此机构的影响下，1902年张之洞设立了我国第一个以"警察"命名的武昌警察总局，中国近代警察机构也由此诞生。

由于无实际经验，武昌警察总局在创办之初存在着不少问题，警察公共关系也处理不当。此时的警察都统一着装，手持短棍，袖子两边各加一道白边。为了提高警员的业务素质，张之洞采取了两条措施：一是派人留学日本，学习警务；二是创办警察学堂，加速培训人才，以此来提高警察的整体素质和形象，改变当时民众对警察的不满和不理解。

1910 年，反映警务工作的警务杂志《江南警务杂志》在南京创刊，此外还有天津的《直隶警察杂志》，这些都是中国最早的警务杂志，各地借助这些杂志反映当时的警务状况，倡导和推行警察的训练方法，宣传警务相关知识等。

三、新中国成立后的警察公共关系

新中国成立以后，我国的警察公共关系逐渐完善，为了更好地开展社会主义工作，在党的基本方针路线指导下，公安机关在建立之初就确定了人民民主专政与群众路线相结合的工作方针，并在今后的工作历程中贯彻如一，写就了一部公安机关依靠群众，人民群众依赖公安机关的辉煌历史画卷。新中国成立后的警察公共关系大致经历了以下几个阶段才建立和发展起来。

（一）新中国成立初期，警民联系思想的确立

中央人民政府公安部于 1949 年 11 月 5 日成立，周恩来总理指出："国家安危，公安系于一半。"时任我国公安部部长的罗瑞卿说："我们是人民民主专政中镇压反革命，保卫人民，保卫经济建设的工具。""公安人员要为老百姓当好勤务员。"这体现了公安机关为人民服务的思想，也是我国社会主义时期公安工作所遵循的思想基础。公安机关积极贯彻党中央的专门工作与广大人民群众相结合的方针，在广大人民群众的协助下，取缔反动会道门，镇压反革命，清除社会垃圾，整顿内部，促进社会秩序的稳定，有效地打击了各种敌对势力和敌对分子的破坏活动，基本上扫清了民主改革前进道路上的障碍，巩固了人民民主专政的国家政权，保证了国民经济恢复工作的顺利进行。这一时期甚至达到了"夜不闭户，路不拾遗"的程度，警民关系达到了水乳交融的程度。

1958 年，第九次全国公安会议通过了《关于公安人员八大纪律十项注意的决议》，作为全体公安人员的行为准则，使全体公安人员建设纪律作风有一个统一的奋斗目标，也有利于各级公安机关进行作风的纪检教育。"八大纪律""十项注意"对如何处理与群众的关系作出了详细规定，例如"八大纪律"第 4 条规定不准侵犯群众利益；"十项注意"规

定说话和办事公平，尊重群众风俗习惯，执行政策做好宣传。这些规定都蕴含了群众路线的思想，对进一步密切公安人员与人民群众的关系，团结广大群众发挥了重要作用。

这个时期警察公共关系的特点是：

（1）公安机关初具雏形，警察职能广泛。这个时期的公安机关起初主要是承担肃清反动分子、破坏分子的职能，目的是巩固新生的国家政权，后来随着反动蛀虫的逐渐清除，警察的职能也越来越向打击违法犯罪、守护人民安全的方向转变，公安机关维护公共安全的职能初具雏形。

（2）公安机关第一次有了制度的规制。新生的公安机关由于没有制度的管制，出现了一些扰民、害民的状况，为了使警察职能早日走上正轨，成为为国家和人民服务的强有力工具，国家出台了"八大纪律""十项注意"的规定，来规制公安机关的执法行为，公安机关的执法规范第一次得到严格制定。

（3）群众对警察的信任度颇高。由于"八大纪律""十项注意"的颁布，以及各个地方相关规定的出台，警察执法得到正式规范，警察为民服务的职能进一步得以深入，人民群众对警察的信任度逐渐提升，警民关系甚是密切。

（二）十年文化大革命，警民关系遭到严重破坏

警察公共关系在这一时期也发生了翻天覆地的变化，新中国成立后公安机关和广大人民群众建立的鱼水关系似乎一夜间变成了对立关系，一批不明真相的群众肆无忌惮地冲撞公安机关，与警察发生了激烈的冲突与对峙。在"文革"中和"文革"结束后的一段时间里，我国社会中出现了一次严重的刑事犯罪高峰，广大人民群众缺乏安全感，警民关系陷入了新中国成立后最严重的低谷时期。

该时期警察公共关系的特点是：

（1）警察性质被颠覆。十年文化大革命时期，由于部分人的蛊惑与搅动，出现了"砸烂公检法"的混乱局面，警察一时间成为"反动派"的代表，警察性质被扭曲。

（2）警察队伍遭到破坏。在这段时间里，警察被当作"反动派"的走狗而遭受打压，导致大批人员不得不离开警察队伍，一时间出现警察机关"人走楼空"的惨淡局面。

（3）警民冲突达到顶峰。警察本是群众的服务者，却被部分不明真相的群众当作打压的敌人，一时间，警民关系紧张得不可开交，犯罪四起，社会更加动荡不安。

（三）从十一届三中全会召开至 20 世纪 90 年代初，公安机关加强建设，走上正轨，警民关系逐步完善

20 世纪 70 年代末，我国经历了一个从封闭向开放过渡的重大转折时期，改革开放像一股春风，缓缓注入社会主义现代化建设中来，这一时期，全国公安机关认真贯彻党的基本路线，将公安工作重心转移到以保卫"四化"为中心，为经济建设服务的轨道上来。1977 年 12 月底，第十七次全国公安会议强调，坚持群众路线，恢复和发扬公安机关的好传统、好作风。各级公安机关在此方针指引下，警民关系建设逐渐得到改善。

20 世纪 80 年代初期，社会治安状况有所变化，秩序不再稳定，社会治安工作面临严峻挑战。从 1983 年 8 月到 1987 年 1 月底，公安机关与检、法统一行动，发动和依靠人民群众有计划、有步骤地组织力量调查和侦破案件，集中搜捕，依法审判，严厉打击刑事犯罪活动。三年半的时间，群众检举犯罪线索达 317 万条，向公安机关扭送违法犯罪分子 33 万多名，36 万多名犯罪分子坦白自首。在群众的支持配合下取得了"严打"斗争的胜利，改变了社会治安的不正常状况，增加了人民群众的安全感。

1984 年 5 月，公安部在中共中央的指示下，根据新时期公安工作的性质和任务要求，提出了"严打治警"的方针，即按革命化、正规化和军事化的要求，对公安队伍严格教育，严格管理，严格训练，严格纪律，提高政治、业务素质，提高战斗力。同时各级公安机关开始重视提高警察队伍素质和形象，提出"内强素质，外树形象"。

1984 年 10 月 5 日，为了做好对外宣传工作，公安部党委机关报《人民公安报》创刊，成为对外宣传公安工作和人民警察队伍的重要阵地。之后成立了"群众出版社"出版与公安工作相关的书籍。各地公安

机关也开始创办本地区的公安报刊杂志，公安宣传工作在群众中慢慢开展起来。与此同时，各级公安机关根据公安部的统一部署，在相应机构设立了专门的宣传部门，选任了一批宣传干部，省一级公安机关基本以正处级建制，随着公安宣传工作的不断开展，与人民群众沟通的渠道也慢慢增多。

20 世纪 80 年代初，中共中央提出了对社会治安实行"综合治理"的方针；1991 年，中共中央、国务院又做出了《关于加强社会治安综合治理的决定》，同年 3 月 2 日，第七届全国人大常委会第十八次会议通过了《关于加强社会治安综合治理的决定》。这两个决定都明确规定了综合治理的方针、任务、要求和目标，以及职责的分工、组织领导方式等，并将其纳入了社会主义法制建设的轨道中。社会治安综合治理的基本任务是，在各级党委和政府的统一领导下，各部门协调一致，齐抓共管，依靠广大人民群众，运用政治的、经济的、行政的、法律的、文化的、教育的等多种手段，整治社会治安，打击和预防犯罪，保障社会稳定，为社会主义现代化建设和改革开放创造良好的社会环境。

（四）社会转型期，公安改革大步向前，群众路线拓宽外延

从 1996 年起，全面深入的公安改革开始进行，侦防体制有了质的调整，派出所重心转移，群众路线的外延得到了扩大，公安机关的服务观念得到增强，警察公共关系建设主要表现在：

（1）完善 110 报警服务平台，为群众提供热情服务。改革开放后，社会治安出现了许多前所未有的新情况、新问题，为了解决这些问题，实现治安动态管理，1986 年 1 月 10 日广州市公安局开通了我国第一家 110 电话报警台，公安机关各警种在 110 的指挥调动下，快速出警，及时处理，在打击犯罪、维护治安、服务群众方面，起着举足轻重的作用。

从 1987 年开始，全国大中城市纷纷建立 110 报警台。20 世纪 90 年代初，福建漳州 110 服务中心向社会承诺，"有警必接，有难必帮，有险必救，有灾必抢"，并建立快速出警反应机制，得到了人民群众的广泛支持。1997 年年底，各地公安机关纷纷推行，并将"110 报警台"改为"110 报警服务台"，协调社会各部门开展联动，医疗、电力、城管、供水、国林等部门纷纷参与。①

（2）以"人民满意"为准则，强化公安基层工作，推行刑侦工作改革。

20 世纪 80 年代初至 90 年代中期，公安机关长期坚持"严打"，在精力、警力的摆布上出现了倾斜，派出所承担了 50% ~ 80% 刑事案件侦破任务，而治安防范管理工作"较软"，基层基础工作较为薄弱。1997年 4 月，全国公安派出所工作会议提出，彻底改变派出所工作机制，迅速把派出所工作的重点调整到治安防范和管理上，以"发案少，秩序好，群众满意"作为衡量工作好坏的最高标准，充实基层警力，充分调动民警的工作积极性，立足辖区，稳固基础，扎根群众，保卫一方平安。与此相适应，同年 6 月，全国刑事侦查工作会议又推出刑侦机制改革，确定刑侦部门是破案的主力军，承担全部破案责任，这一改革使派出所从侦查破案中解脱出来，致力于社区开展群众工作。

第四节　我国警察公共关系的现状和面临的问题

一、我国当前的警察公共关系

虽然我国警察公共关系理论研究与实践起步早，但是现代公共关系理念在改革开放初期才作为舶来品进入我国。随着社会的发展和警务改革的不断深化，公安工作遇到空前挑战，警察个体、警察组织所扮演的社会角色，担负的职能，工作重心等都有不同程度的变化。在这种形势下，现代公共关系理念被逐步引入我国警务实践。2000 年 5 月底，公安部在南京召开了"建立新型的警察公共关系"的研讨会，标志着现代警察公共关系已经进入我国警务工作研究的视野。2002 年 10 月 29 日至 31日，第一届"警察公共关系国际论坛"在北京召开，明确提出了树立中国警察服务理念，推动警察形象的建设，推动警务管理现代化的目标。

---

① 孙娟，马志斌：《警察公共关系优秀案例（第 2 卷）》，中国人民公安大学出版社，2012 年 5 月。

2003年11月24日，第二届"警察公共关系国际论坛"在深圳召开，把"警察持续改进与公众满意"作为会议主题，就公关关系理念、警察与公众的互动、警察形象的建设、警察服务质量管理等方面进行了讨论。第三届"警察公共关系国际论坛"把"警察与媒体"作为会议主题，就准确定位警察与媒体的关系、媒体与警察互动理论等进行了深入探讨。

（一）我国警察公共关系的具体实践

我国现代警察公共关系经历了几次大发展，主要体现在以下几个方面。

1. 2003年"二十公"会议的召开

第二十次全国公安会议（简称"二十公"会议）在公安发展史上具有重要的里程碑意义。会议以"三个代表"重要思想为指导，围绕维护战略机遇期社会稳定的总任务，研究部署新世纪、新阶段公安工作的基本思路，把握执法为民的根本要求，明确从转变执法观念、改进执法工作、严格履行法定职责等方面加强和改进公安执法工作；瞄准队伍正规化建设的发展目标，按照"四统一""五规范"的基本要求部署和推进队伍建设；着眼于推进公安工作的长足发展进步，在解决制约公安工作发展的体制性、机制性、保障性障碍等方面取得了重大突破。"二十公"会议要求"加强警察公共关系建设，进一步密切警民关系"，这是公安部领导基于社会发展到新的历史阶段，就如何加强公安队伍建设，坚持立警为公、执法为民，建设新型警民关系所推行的新举措。

2. 2006年公安部部署"三基"工程建设

公安部党委于2005年年底作出的关于全国各级公安机关都要"抓基层、打基础、苦练基本功"的重要决策，是应对新情况的新思路、解决新问题的新对策、开创公安工作新局面的新举措，充分体现了时代发展对公安机关的要求。中共中央制定了《关于加强和改进公安工作的决定》，并把2006年作为全国公安机关"基层基础建设年"，全面加强基层基础建设，抓基层、打基础、苦练基本功，坚持不懈，一抓三年。这是国家在科学判断、准确把握公安工作发展态势的基础上，为推动公安事业长远发展进步而作出的一项重大战略决策。

"三基"工程建设包括基层、基础、基本功三个方面，"抓基层"主要是指要抓好"三所三队",特别是要抓好公安派出所的组织建设、思想建设和业务建设。公安派出所是公安机关的终端组织,是公安机关联系群众的桥梁和纽带,是实行管理与服务的第一级平台。公安派出所建设成效如何,直接关系到党和政府的形象、关系到党群关系和警民关系。"打基础"是指夯实公安工作中的各项基础性工作。作为公安派出所,有很多工作都是基础性的工作,但群众工作则是基础中的基础。公安派出所的大部分工作都是以群众工作为基础的,这些工作若脱离了群众就难以开展。"基本功"是指公安民警必须掌握或具备的最基本的功夫。"苦练基本功"的目的在于提高每个基层公安民警的基本素质和综合能力,以期在实际工作中提高执法水平和服务水平。做好群众工作是基本功的重要内容。可以说,"三基"工程建设就是在新形势下对群众工作的强化和发展,是警察公共关系建设的具体体现。

3. 2008 年公安部"三项建设"

2008 年 9 月 24 日,公安部作出了"加强信息化建设、执法规范化建设、和谐警民关系建设"三项建设的重要部署。以信息化引领警务现代化,深入推进社会管理创新,提高公安机关实战能力、驾驭复杂局势能力和对动态社会的管控能力,实现由传统警务模式向现代警务模式的转型,全面建成高度动态化、信息化社会环境下的社会治安防控网络和警务运行机制,全面提升公安机关核心战斗力。以执法规范化维护公平正义,应对执法环境发生的深刻变化,把"理性、平和、文明、规范"的总要求融入到每个人民警察的执法语言、执法行为中去,规范执法的理念,完善执法制度,改进执法方式,全面提升公安机关执法公信力。以和谐警民关系筑牢公安工作的群众基础、群众路线是公安工作顺利开展的重要保证,和谐的警民关系是公安机关的战斗力,也是化解社会矛盾的必然要求。

警民关系问题一直为全社会所关注。公安机关及广大人民警察进行了不懈的努力,取得了一定的成效,但与党和人民群众的要求还有差距。特别是近年来,各类矛盾冲突与社会治安问题交织在一起,使公安机关经常处于矛盾的漩涡之中,影响了和谐警民关系建设。因此,构建和谐的警民关系势在必行,公安机关要着力构建和谐警民关系,筑牢公安工作的群众基础，积极回应人民群众对公安工作的新期待、新要求，提高社会治安打防管控水平，全面提升公安机关的亲和力。

4.2010 年中央政法委部署"三项重点工作"

在"三基"工程建设和"三项建设"的基础上，中央政法委为解决影响和谐稳定的源头性、根本性、基础性问题，进一步巩固党的执政基础，部署开展"三项重点工作"，扎实推进"社会矛盾化解、社会管理创新、公正廉洁执法"三项重点工作。

中共中央办公厅和国务院办公厅转发中央政法委的意见，将"三项重点工作"细化为 39 项具体任务，直接布置给党委、政府及有关部门 20 项，布置给政法机关 19 项，其中，涉及公安机关的有 33 项。

具体来说，公安信息化建设必然带来社会管理模式的创新，以信息化建设为手段和支撑，公安机关对人、地、事、物、组织的发现和控制能力得到有效提升，从而把社会管理的水平提升到一个新的层次；执法规范化建设是实现公正廉洁执法的基本途径，通过规范人民警察的执法行为和言谈举止，并以此为切入点，保证执法程序和实体的公平公正，从制度层面遏制执法问题的发生；和谐警民关系建设则是化解社会矛盾的必然要求，只有不断增进警民之间的感情，拉近警民之间的距离，才能取得人民群众对公安机关的信任，也才能最大限度地减少影响社会和谐稳定的各种消极因素。[①]

（二）各地警察公共关系的典型实践

随着全国公安系统对公共关系认识的逐步深入和实践工作的蓬勃发展，公共关系在公安系统管理中的作用越来越突出，从单一的信息传播发展到危机管理、文化建设、形象塑造、警民关系、内部管理以及对社会资源的整合等各个方面，使公共关系在公安组织中成为一个重要的管理战略。

1. 武汉市警察公共关系机构简介

2004 年 3 月 1 日，武汉市公安局公共关系处的成立，标志着公共关系管理制度在我国地方公安系统开始建立，该处设有公关策划部，负责

---

① 崔北方，祝大安：《警民关系学》，中国人民公安大学出版社，2007 年 6 月。

全市公安机关的对外联系，大型活动的宣传策划。这是我国公安战线第一个公共关系处，体现了中国警方的现代管理理念。

2. 北京市警察公共关系机构简介

2010 年 7 月 13 日，北京市公安局成立"公共关系领导小组"及领导小组办公室，负责进行警民互动、警队形象建设、涉警危机公关等公共关系建设。这也是全国省级公安机关成立的首个公共关系部门。北京警方还开设博客和微博，与意见领袖、网民进行交流互动。公共关系领导小组办公室设在北京市公安局新闻办，经过各部门资源及服务内容的整合，形成以新闻办为主体，由网络安全、外事、信访、内宣、工会等相关单位组成的公共关系工作组织。

3. 上海市警察公共关系机构简介

2009 年年初，上海市公安局成立了警察公共关系领导小组，并出台了《上海市公安局关于进一步加强警察公共关系建设的若干规定》等规范性文件，为全面推动上海警察公共关系工作提供了制度保障。聘请警察公共关系顾问，旨在借助社会资源为上海警察公共关系建设提供智力支持，也是积极探索新时期和谐警民关系建设的全新途径。接受聘任后，10 位警察公共关系顾问在公关工作的整体策划、理论研究、专业培训等方面给予上海警方全力的支持，从而全面提升了上海警察公共关系建设的整体水平。

此外，上海警方为了构建和谐警民关系，推进社区警务战略的有效实现，创办了"上海公民警校"，它为警民交流提供了一个新的运作平台，创立了一套警民沟通、警社合作的新机制，能够不断增进人民群众对公安工作的理解和支持，成为新时期加强警察公共关系建设的重要载体。

4. 广东省警察公共关系发展简介

从 1999 年开始，创立警察公共关系电视栏目，建立公安电视宣传窗口，每周一期，常年不辍，成为当地很有影响的电视节目之一；广东省以广州市番禺区为先锋，从 2000 年起举办警察开放日，打开公安机关的大门，与广大人民群众面对面互动，在警察公共关系活动形式上勇于突破，开全国之先河；增强人民警察的荣誉感和自豪感，增进家属和群众对人民警察的了解、理解，大胆创新，将公安机关以往惯常举办的庆功会和春节家属团拜会合二为一，创立了"迎春庆功晚会"的新形式；着眼系统总结公安工作，宣传公安工作，自 2000 年创办了《番禺公安年报》，成为全国第一份公安年报，增加了公安机关与社会和群众沟通的渠道。

二、我国警察公共关系的主要内容

警察公共关系要实现的不是个人的经济价值，而是在保持社会稳定和经济发展过程中提升警察组织的认知度、美誉度、和谐度。

（一）警察公共关系以警民关系为主要内容

警察以全心全意为人民服务作为自己的出发点，群众路线是公安工作克敌制胜的法宝。始终坚定不移地走群众路线，注重与人民群众的血肉联系，相信群众，依靠群众，密切联系群众，倾听群众的意见，既是公安工作的一项基本原则，更是警察公共关系的基本原则。

在公安工作的发展历程中，一直强调警民关系的重要性和警察为人民服务的意愿。警察在与公众沟通交流中必须以人为本，使执法"人性化"，营造大众普遍认同的法治环境；必须真诚、热情地为公众服务，塑造并努力提升自我形象；强调人文关怀，从人文关爱出发，尊重公众人格，维护公众权益，体恤公众的自然要求，让公众在领略法律威严的同时也享受法律所固有的温情和人文，从而创造出一个充满人文呵护，闪烁人性光泽的良好社会环境。

公安工作强调服务意识，更好地为公众服务，同时也为适应社会主义建设中社会治安出现的新情况，及时收集和反馈社会治安信息，更好地为打击预防犯罪提供有效的支撑。

关于警察与公众关系的解释，学术界存在两种主流思想，一种是指依据法律法规所确定的各自的权利和义务关系，这种关系是不以人的意志为转移的客观存在，并且具有相对的稳定性；一种是指公众对警察整体素质的评价和信赖程度，这种关系的形成和发展依赖于警察履行法定职责的努力和勤奋，体现了警察工作的社会价值。不管是哪种理论，对于警察公共关系的理解应在遵循社会主义现代化发展规律的基础上，解放思想，更新观念，把握时代的脉搏，建立与社会发展相协调的警察公共关系，促进公安工作的发展。

（二）警察公共关系以人民满意度作为评价标准

公共关系的最高准则是互利互惠，当公共关系在一定程度上得到公众的肯定时，该组织的主体就得到了利益的最大化。警察公共关系和其他组织公共关系的最大区别在于评价标准的区别。警察公共关系的评价准则是以人民满意为尺度。这种评价标准是由警察的性质和职能决定的。警察具有公务职责的特殊性，对公众而言，其代表的是政府的形象，政府之所以存在的最根本原因就是要保证人民生命和财产的需要。警察的权力是人民赋予的，是人民管理权利的集中，这就决定了警察的职能最终只能是为人民服务。

（三）警察公共关系建设中要重视警察形象的树立

警察形象是社会公众对公安机关和警察总体的概括认识和评价，良好的警察信誉和形象是公安组织生存和发展的有利条件，树立良好的警察形象是警察公共关系的必然要求。树立警察形象应该首先树立牢固的"公关意识"即服务意识、群众意识、形象意识、人权意识、整体意识、沟通意识，从思想上加强人民警察的形象建设。其次，利用公关手段，从行动上加强人民警察的形象建设，以争创人民满意活动为契机，开展一系列便民、利民、助民行动，在为人民办实事中塑造人民警察的良好社会形象；以窗口单位为重点，以文明执法、热情服务为依托，以建立和谐融洽的警民关系为目的，塑造公安队伍的良好形象；利用大众传媒，架起沟通公安机关与社会各界密切联系的桥梁，有效地利用各种传播媒介，营造有利的舆论环境，是公共关系活动成功的关键；高度关注、妥善处理危机公关，挽狂澜于既倒，发挥"灭火器"的功能，在危难关头注重形象塑造，广泛宣传公安工作。公安部大力鼓励创作警察影视文学作品，通过报纸杂志、电视节目、电影、电视剧、纪实性纪录片，更直观地将人民警察的工作状况反映给公众，使广大人民群众更加了解公安工作，促进人民群众对警察的理解。不仅如此，为宣传好警察形象，还建立警察博物馆，设立思想教育基地，利用实物树立良好的警察形象。此外，利用实物媒介，比如象征物、图像标识等，增强公安机关的亲和力。

（四）警察公共关系以沟通和传播为手段

警察公共关系是警察组织或警察个体同社会公众之间的相互关系，其公共关系以组织为支点，是组织与其公众结成的关系。警察公共关系如何发展，发展是否顺利，直接影响到警察组织的效能发挥和人民的根本利益。因此，警察组织必须坚持着眼于公众，加强与公众的沟通。

在新形势下，如何建立警察与社会各界的公共关系，加强公安机关与社会公众的双向沟通和交流，增进社会各界对公安工作的理解和支持，进一步树立公安机关和人民警察的良好社会形象，已经成为公安工作者日益关注的课题。

公安机关与社会接触面广，只有采取有效的手段与公众、社会组织建立良好的关系，在树立自身良好形象的同时，获得社会各界的理解、合作和支持，才能建立良好互动的警察公共关系。为了有效地进行沟通，建立良好的警察公共关系，必须对公众的特性作出具体分析，用心去体察公众各不相同的心态和行为动机，从而达到最佳的沟通效果。警察公共关系活动的沟通并不仅仅是一般的感情交流，而是为树立良好的警察组织形象而进行的有目的的社会活动。在沟通方式上，主要是采用多种传播方式，如人体传播和人际传播、组织传播、大众传播等方式。多种传播方式的采用，可以全面地、立体地实现警察与公众之间关系的协调，从而在最大限度上发挥警察的职能。

（五）警察公共关系以实事求是为处理事务的原则

警察公共关系建设必须要坚持实事求是的原则，如实反映情况，真实传递信息，以事实为根据处理问题。这一点是公共关系活动的前提，也是每一个人民警察和公安机关必须无条件遵循的原则。公共关系处理事物应该是事实在前，公共关系在后，公共关系应立足于事实而发挥作用。不可能有不以事实为依据而又能处理和协调好事务的公共关系。

在具体的警察公共关系中，对客观事实全面、完整、公正的了解是公共关系的第一步。在警察外部公众的协调、警察内部公共关系的调解、警察危机公共关系的处理、警察形象的树立等方面都应从调查和掌握事实开始。没有调查就没有发言权，即使是警察公共关系的策划也不是凭空产生的，更不是光靠聪明的头脑就可以解决的。警察公共关系策略必须建立在扎实的调查基础上，是调查研究的自然延续。

对于警察公共关系的主体——警察来说，实事求是不仅是对他们道德和品格的要求，也是警察必须遵循的信条，在此基础上必须做到真诚待人。警察作为公共关系形象的代言人，其真诚的品质代表着警察组织对公众负责的崇高社会责任感。只有时时处处真诚待人，真诚传播信息，才能得到公众的信任和认同，才有可能赢得良好的社会评价。

三、新形势下我国警察公共关系面临的挑战和存在的问题

（一）影响警察公共关系建设的宏观因素分析

第一，目前我国正处在一个矛盾多发期，各种社会问题突出，难以在较短时间内化解，对社会稳定造成了极大的影响。面对这种情况，公安机关首当其冲地被设立在公众的对立面。群众上访，公安机关要出面劝解；发生群体性事件，公安机关要出动大规模警力维持社会秩序。这使公安机关成为地方党委、政府与群众矛盾的直接接触点，各种各样非警务活动的繁多，导致警民关系的紧张，阻碍了警察公共关系的发展。

第二，法律、法规政策的不尽完善对警察公共关系的影响。近年来，随着我国依法治国方略的贯彻实施和法治建设进程的加快，从大的方面来说，社会生活的各个方面基本上都做到了有法可依。但是有些法律法规和政策的制定客观上存在一些天然的不足，尤其是涉及公安机关的法律法规繁多，加之在执法过程中存在的一些问题，导致公安机关与公众之间的矛盾容易升级，引起公众的误解和不满。此外，就警察公共关系建设而言，相关的法律法规屈指可数，其他部门法对其建设和发展的辅助性法规和政策更是没有。各地公安机关没有对警察公共关系作出具体规范，没有具体的工作细则，无法规范和指导公安机关警察公共关系的深入开展，这些都影响了广大警察对警察公共关系的运用。

　　第三，公安机关的职能性质决定了公安机关在执法过程中与部分社会公众存在某种程度上的对立。公安机关是人民民主专政的工具，其基本职能是维护国家安全，打击犯罪活动，惩治犯罪，维护社会秩序，保障宪法和法律规定的全体社会公民享有的各项权利能够得以实现。从这点出发，公安机关具有刑事执法和行政执法的双重职能，代表国家公权力，打击犯罪，管理社会治安。在社会生活中，在公安机关的执法活动中，公安机关与广大人民群众的联系是多方面的，而且这种联系首先体现在打击犯罪和管理社会治安方面。这就决定了公安机关在执法过程中会与部分社会公众的利益发生某种程度的矛盾。

　　第四，信息传播网络化时代给警察公共关系建设带来的挑战。互联网为公众构筑了一个全新的信息传播网络，对比广播、电视、报纸等传统媒介，互联网在信息传播速度、覆盖面、内容的广度和自由度等方面，都呈现出优于传统媒介的特点。同时，网络信息来源不受限制，任何主体都能发布信息，保证了信息源不断地供给。网络信息传播的自由性和互动性，加大了危机爆发的可能。在开放的网络空间，各种真假信息交汇，正负面信息自由传播，增加了危机发生的概率；另外，由于媒体间竞争的日益加剧，媒体记者热衷于对爆炸性新闻的炒作。

　　危机传播的迅速性和广泛性，加大了危机管理的难度。信息在网络上的迅速传播大大减少了公安机关应对和反应的时间，传统媒介下可以被控制在萌芽状态的地区性警务危机，在互联网时代下难以在初期得到化解。互联网上各类网站和大量论坛、博客都是信息发布和流通的场所，关于警务活动中的负面报道经过网站转载后影响迅速扩大，甚至演变成全国范围内的危机事件，难以简单控制和消除不良后果，危机管理和化解难度的增大可想而知。

　　公众的广泛参与和观点的自由表达，扩大了危机发展的规模。互联网的出现极大调动了公众参与社会事务的积极性，一方面，公众可以通过网络主动参与讨论，一些小事件经过多次传播可能演变成难以控制的公共危机；另一方面，公众在网络上可以直接自由地表达自己的意见、宣泄内心的情感，而一些极端分子借此机会来散布各种对政府或公安机关不满的负面言论，对相关人民警察或者公安机关进行质询、谴责甚至攻击，不满情绪还可能迅速传染给其他网民，使已经发生的危机迅速放大、蔓延和恶化。

信息的存储和记忆延长了危机持续时间，增加了危机处理成本。网络信息可以长时间储存在互联网上，一旦有需要，一些负面消息就可能被随时搜索出来重新炒作，造成新的危机。因此，作为危机应对方的公安机关在危机平息后的某段时间内仍需关注网络平台上的相关信息，及时处理，随时应对，确保维护组织形象，这也无形中增加了危机处理的成本。

（二）影响警察公共关系建设的主体因素分析

从公安机关及其人民警察自身的角度上说，影响警察公共关系建设的主要问题包括以下几方面。

一是对警察公共关系建设的重要性和必要性认识不够。目前，公安机关的少数人民警察受传统思维的束缚，倾向于树立个人和组织的权威性，习惯把公安机关凌驾于公众之上，对公共关系的重要性和必要性缺乏客观的认识，或者对公共关系的认识较为淡薄，没有认识到公共关系建设直接关系到公安机关的形象，关系到公安工作的成效，甚至关系到社会主义和谐社会的构建。认识的不足必然导致意识的淡薄，有的警察在日常工作中缺乏形象意识，对现代传媒的重要作用了解不够，估计过低，不能有效整合社会资源为公安工作服务；少数警察没有牢固树立全心全意为人民服务的宗旨意识，对公安机关全心全意为人民服务重要性认识不足，因而对人民群众的感情不深，服务不热情，与群众保持距离，存在着"门难进，脸难看，话难听，事难办"的现象，极大地伤害了警民关系；部分警察工作作风不踏实，在实际工作中居高临下、主观武断，以管人者自居，不接受群众的批评和建议，对群众的疾苦视而不见，听而不闻，麻木不仁，不深入群众，不真心实意帮助群众解决实际问题；有的警察作风粗暴，方法简单，不善于也不愿意通过自己的工作为群众提供方便、让群众满意，不愿用自己的热情服务去赢得群众的好感和信任。

二是缺乏专业机构，缺乏公关业务能力和技能。当前很多公安机关没有建立专门从事警察公共关系的机构，大多数活动都由宣传部门来组织，但宣传部门的公安宣传工作和警察公共关系建设有很大的区别，宣传仅仅是警察公共关系建设中的一种手段或方式，是一种单向的信息传播，或者个别、局部的沟通，缺乏双向沟通，而警察公共关系建设强调的是警察组织同社会公众之间系统的、定期的、规范的双向沟通。具体地说，公安宣传侧重于树立警察自身形象，而警察公共关系建设是要让社会公众对警察作出客观评价，以此不断提升警察自身形象，促进警察工作更好更有效地完成，其职能显然不是宣传就能包含的。

现代公共关系的发展已具有很强的专业性、系统性和规范性，公共关系目标的确定、计划的制定、活动的策划、工作成就的反馈，都需要专门机构和高素质的公关队伍去承担。但是，从目前公安机关的现状来看，没有专门的公关机构，公关工作分散在少数几个部门，缺乏系统运作；缺乏科学的指导，没有按照公关工作的要求培训或聘用相应的专业人员。同时还缺乏对警察公共关系特点、规律的应有研究，在与公众的沟通上不能应对自如，难以自我表现；在处理人际关系上，人情化、情绪化倾向明显，难以建立良好的人际关系。

三是警察公共关系还未受到重视。如何建设警察公共关系是很多公安机关和警察的困惑。虽然各级公安机关在警察公关方面开展了一些活动，如"警营一日游""警察开放日"，但往往只是临时性、偶尔举行的，很少有长期坚持下去的，活动的效果大打折扣。而且，有些地方的公安机关还错误地把警察公共关系的建设等同于形象工程的建设，只讲表面形式，不讲时效，夸大效果，并未认识到这些活动只是警察公共关系在浅层次的警民互动活动，没有认识到警察公共关系是警务工作不可或缺的组成部分，必须常规化、制度化，并直接为警务工作服务。

此外，维护警察形象、提升警察队伍声誉不仅仅是公共关系部门的职责，每一位警察都应该通晓公关工作策略，每一位警察都是公共关系的使者。"做错事，就会被关注"的媒体高压时刻警醒着每一位警察，维护自身以及警察队伍的整体公众形象已经成为全体警务人员的共识，因此，每一个警务人员都应该强化自己的公共意识，明确自己的职能权限，通过警务公共培训，让自己在价值多元化的社会环境中理解媒体、从容应对媒体；在社会矛盾凸显的新时期理解群众，善于依托社区开展群众工作。

四是不重视构建警察文化，警察公共关系没有赖以存在的文化基础。构建警察文化是发展和谐警营、和谐警民关系的重要途径。要通过警营文化建设，塑造警察亲民形象，构建警民生活伙伴关系。警民交流不能仅仅停留在工作范围内，民求警，警助民，公事公办，这样的警民感情经不起突发事件的冲击。群众不仅是工作、服务对象，更是生活伙伴；公众也不是有事才找警察，警民是在相互理解、相互扶持中共同享受生活。构建警察文化体系，发展和壮大从事警民交流的专门文化团体和组织是一种有效途径。这种中间组织或者第三方平台对于公众来说更具公信力和亲和力，是警民之间的缓冲带和润滑剂，可以推动警民互动的深入和持续开展。

如德国警方在警营文化建设方面具有优良的传统，他们十分重视发挥警营文化在密切警民关系中的特殊作用，开展了层次丰富、形式多样的文化交流，让非主流的警务活动唱出了警民和谐的主旋律。德国联邦警察总局在柏林、慕尼黑和汉诺威三个地区分局分别建有警察乐团，每个乐团有 45 位专职成员，由总局公共关系处统一安排演出。演出不仅针对警察队伍内部，而且接受社会邀请，如果总局认为演出具有良好的社会效果或者演出是公益性质的，将不收取任何费用。联邦警察还是德国竞技体育的推动者，总局下设两个体校，成员都是全职运动员，同时也是警察，竞技水平很高，不少成员代表德国参加奥运会，树立了警察的健康形象。联邦警察学院建有陈列室，负责收集联邦警察成立以来的所有文物，对外开放，向公众展示联邦警察的发展历史。汉堡市警察局有两支历史悠久的警察乐团，其中一支乐团成立于 1901 年，这些乐团深受公众喜欢，经常受邀参加社会演出，汉堡市警察协会、警察体育协会也都是警方的代言人。汉堡市警察局公共关系工作还有一项重要内容是派警员参加警务题材影视剧的拍摄、制作，打造了两个有广泛社会影响力的警民沟通平台：《大城市派出所》和《港口城市派出所》两部电视连续剧。《大城市派出所》由汉堡市警察局和德国电视一台联合制作播出，每天播放一集，迄今已经播出了 25 年，主要内容是反映警察在日常工作中如何处理中小刑事案件，如何为公众提供便民服务；《港口城市派出所》也是类似的电视连续剧，每周播出一集，播出已有 5 年。①

（三）影响警察公共关系建设的对象因素分析

第一，从公众角度看，影响警察公共关系建设的主要因素是对公安机关的职能性质、工作范围等不够了解。很多人对于警察工作的认知，只是局限于打击违法犯罪分子，维护社会稳定，而对于公安机关的具体职能到底是什么，工作范围怎样等都不甚了解。加之公安机关自己宣传不够，只侧重于强调自己某一个方面的职能，使公众对公安工作的整体情况并不真正了解。如公众对 110 报警服务台的认知便是如此。公安部颁布的《110 接处警工作规则》第 14 条明确规定了 110 报警服务台受理报警的范围是刑事案件，治安案件，危及人身、财产安全或者社会治安秩序的群体性事件，自然灾害、治安灾害事故，其他需要公安机关处置的与违法犯罪有关的报警。上述规定，应该说非常明确地规定了公安机关的 110 接报警系统应处理的相关问题。但是类似"有困难找警察""有警必接、有难必帮、有险必救、有求必应"这样的承诺被不断宣传，夸大了 110 的作用，使公众产生了 110 什么都可以处理的模糊认知，有些民众半夜生病，不打 120，却打 110；遇到煤气漏气、下水道阻塞等麻烦和问题就寻找"万能"的 110。在类似问题上，很容易造成警民关系的恶化，不利于警察公共关系的建设。

第二，警察维护社会治安稳定的职责和治安形势严峻之间的矛盾给警察公共关系带来的冲突。经济转型过程中诱发因素增多，社会矛盾不断增多，治安形势更加严峻。从社会发展的角度看，这些问题不可避免，也不可能在短时间内得以消除，它严重影响到了人民群众正常的生产、工作和生活，长此以往，人民群众对公安机关打击犯罪的职能产生不满，从而影响了警察的整体形象。此外，警察权力的过分扩张，职能的过分延伸给警察公共关系建设带来了挑战。大量的非警务活动必须要公安机关出面干涉，警察的服务职能不断扩大，警察权没有明显的界限

---

①　James E. Anderson，Public Polingmaking：An Introduction，Boston：Houghton Mifflin Company，2003.

限制，对社会承诺过多，分散了本来就明显不足的警力，导致履行职责和履行承诺不到位，使得警察的威信降低，人民群众对警察的满意度也随之降低。

第三，缺乏应对媒体的务实策略，没有和媒体形成良好的互动关系。警察在处理与媒体的公共关系时，要十分注重保持与媒体的经常性良好接触，正确看待警察与媒体的关系。而正确看待警察与媒体之间的关系的前提是融洽沟通。香港理工大学李怀敏教授以《美女与丑妇》这幅心理学上的著名图画来说明人们心灵沟通并不容易，而警察与媒体的职能价值取向相差很大，彼此能做到融洽沟通事实上难度更大。他从应用心理学的角度提出了构建一种"警察与媒体对话式的仁者关系模式"，注意沟通中的五重意义：由表面的事实、意见沟通到认识价值，到理解对方的感受和深层意义。然而，在现实生活中警察队伍的高度受关注性与新闻的负面放大效应给警察公共关系建设带来了负面影响。某些新闻媒体片面追求所谓的阅读率、收视率，刑事案件或者警务活动被媒体热炒的现象屡屡出现，媒体有意无意地放弃了必须承担的正确舆论导向责任，混淆了局部与全局、偶然与必然、个别与普遍的关系，误导了公众，在一定程度上加剧了警民之间的矛盾。这对我国警察宣传公关部门提出了极大的挑战。公安机关要进一步完善突发警务事件的预案处理机制，确定相关人员和工作流程，在第一时间介入突发警务事件的处理，措施要稳妥、迅速、有力，牢牢地把握舆论主动权，正确处理好同媒体的关系，把"力求双赢"作为警察与媒体互动关系的目标和方向。

第五节　我国警察公共关系的危机对策

随着在社会转型期中对警察公共关系建设认识的不断深化，在对警察公共关系管理中的思维变革、理念创新、原则优化的基础上，通过对其发展过程的分析，应该从以下几个方面加强警察公共关系危机管理。

一、建立警察公共关系危机预警机制

警察公共关系危机事件与常规事件相同，也有一个发生、发展的过

程，甚至是从量变到质变的过程。在危机事件发生前，总会有一些征兆出现。建立起危机预警机制就可以及时捕捉到这些信号，加以分析处理，及时采取得力措施，从而将危机带来的损失降至最低，甚至避免危机的产生。建立警察公共关系危机预警机制，根据危机出现的过程应包括危机监测、危机评估、危机预报三部分。

（一）危机监测

在具体操作中，首先，需要建立、拓宽情报信息网络，依据现有条件建立起充分有效、交流畅通的指挥网络。在原有警察组织的情报基础上拓宽信息收集渠道，既要重视报纸、杂志、广播、电视等传统媒体渠道，又不能忽视网络、手机等新兴媒体渠道。也可以大量采取调查问卷等方式来征询社会公众的意见和建议，了解社会舆论的趋势。其次，依据以上信息来进行分析筛选。依据其危险程度来进行分类，危险程度高的应列为重点监测目标。并针对不同的监测对象建立相应的预警线。预警线的设定要便于识别和判断，如危机情况超出预警线，一定要及时通报，采取相应措施。

（二）危机评估

在将收集到的大量危机信息分类整理后，就需要通过分析比对，将可能发生的危机事件提前判断出类型和危害程度。这就需要建立科学的程序和制度。首先，判断收集到的情报是否真实，将其去伪存真后依据类型做出预报。其次，根据情报的危险程度、群众关注度、产生的影响力来判断可能出现危机的程度来预报。例如，乌鲁木齐"7·5"事件中，当地警方未能将大规模广场集会评估为潜在危机，采取积极应对，从而发展成大规模流血骚乱事件，影响力不断扩大，造成了严重的后果。

（三）危机预报

警察组织依据危机评估的结果，依据轻重缓急、危害程度、覆盖范围进行分类。对于紧急程度高的要及时向相关单位发出警报，提前采取有效措施来进行危机管理活动。如果危机事件牵涉人员比较集中，可以发布局部警报，以免造成社会公众不必要的恐慌。要依据危机事件的程度来判断是否向上级机关汇报，采取更广泛的措施来处理。有效的危机预报要求警报一定通知到涉及危机的全部警方人员和相关利益公众。

二、建立警察公共关系危机预控机制

警察公共关系危机预控的目的主要包括两个方面：一是根据预警的结果，确认危机可能爆发，或者是危机已经在相邻地区爆发时，迅速采取果断措施，把危机消灭在爆发之前，或消灭在萌芽状态。这样，避免危机大规模爆发，或者阻断危机蔓延到本地的途径，避免危机在本地发生。二是即使不可能把危机消灭在爆发之前，或者消灭在萌芽状态，也要尽可能采取措施缓解危机，即尽可能把危机的强度控制在一定的范围内，避免危机迅速扩大和升级，造成更严重的后果。建立警察公共关系危机预控机制应包括以下几种方法。

（一）缓解法

根据预警结果，果断采取有效手段，将危机造成的影响控制在一定的范围和程度内。"贵州瓮安事件"带来的教训是惨痛的，公安机关在事件发生的初始阶段未能采取有效的措施来控制危机诱因，相反却采取隐瞒、压制的方式，结果使危机累积的程度越来越大，群众的怨气越来越大，最终发展成严重暴力事件。

（二）排除法

如果警察组织能够控制危机爆发的诱因，采取有力得当的措施，彻底消除潜在危机的危害。排除法的实现就是通过培养警察的危机意识，通过建立专门的危机管理机构，制定危机管理预案，加强同媒体的沟通，加强危机处置培训及演练的方法，提前采取措施，远离风险或者消除诱因，排除危机。

（三）转移法

如果无法缓解和排除警察公共关系危机诱因，就应该采取诱因转移，将危机风险转移给其他组织机构或个人，共同应对和解决危机。在广州"孙志刚事件"中，公安机关危机处置措施不力，没有进行有效的解释、舆论引导，将本可以转移的危机风险完全自己承担，造成了难以想象的后果，严重地破坏了广州警察多年来辛苦树立的权威和形象。

三、建立警察公共关系危机沟通机制

危机发生后，警察组织应第一时间与媒体和公众进行沟通，主动披露信息，开诚布公，实事求是，争取在危机处置上的主动性。另外还应加强警察组织内部沟通，警察组织作为一个整体只能发出统一的声音。从警察公共关系危机管理的实践来看，建立危机沟通机制应该注意以下三个方面的问题。

（一）建立专门负责沟通的机构

根据国（境）外警察公关危机管理的经验，处理和提高警察公关能力，应着重加强与媒体的沟通。由于沟通的专业性极强，因此需要由专门部门来全权负责。危机发生后，所有的沟通方式都应该由这个部门负责，所有信息只有在这个部门的确认和核准下才能够生效。并建立专职的新闻发言人制度，定期向公众公布信息。

（二）沟通时必须坚持原则

危机沟通虽然具有相互性，但沟通的重点应是警察组织向媒体及公众公布信息，这就要求双方必须坚持互信合作、遵守法制、保护人权、创新平等的原则。公安机关在公布信息时必须同媒体互相尊重，互相理解，真诚开放，向媒体及公众传达适时准确的信息。在合法合情的范围内理解及沟通是危机沟通的前提和基础。公安机关应在第一时间公布事件的起因、经过等真实材料，尽快掌握主动权，杜绝各类谣言。另外要有选择地公布信息，过滤掉易引起误解的信息，多公开有利危机解决的信息。要尊重被控人的权利，对公安民警和社会公众应视为平等的社会成员，在合法、公正的条件下，从社会公众最根本广泛的利益出发，建立一种新型的合作关系。

（三）注意沟通对象的方法和策略

警察公共关系危机沟通的对象主要有新闻媒体、受害者、政府其他相关部门以及警察。针对不同人群所采取沟通的方法和策略也有所不同。

（1）与新闻媒体沟通。公安机关与新闻媒体的沟通居于最为核心的重要地位。公安机关和新闻媒体既不是永恒的朋友，也不是永恒的敌

人，应该建立一个互相依赖和互惠互利的关系，积极促进与媒体的沟通，主动与媒体接触，搭建良好的关系平台，促进建立和谐的合作关系。公安机关应当善待媒体，在坚持原则的基础上主动向媒体提供有关信息，主动占领舆论阵地，多报道积极言论，多发布公众关心的经济赔偿等消息，及时澄清不符合事实真相的报道，使公众对警方给予理解和同情。采用"疏导"的方法，敢于正面应对媒体，取得相互理解，在形象受到严重损害时也可以借助媒体的力量来消除负面影响。

（2）与受害者沟通。与受害者的沟通，一方面可以安抚受害者及其家属的情绪，或者与受害者达成初步协议，将危机消除在萌芽状态；另一方面，能够让受害者、媒体及公众感受到警方解决问题的诚意，从而积极配合警方消除危机。在与受害者进行沟通时要认真了解事实真相，采取实事求是的态度，敢于正视现实，敢于主动揭短，并诚恳道歉，认真听取赔偿损失的要求，尽力化解矛盾，给受害者安慰和同情，并尽可能做好善后处理工作，提供力所能及的帮助，及早公布赔偿标准并实施。

（3）与内部警察沟通。危机发生后，要及时迅速开展内部警察沟通，加强警察的心理健康保护，提高心理素质和适应能力，加强政治思想教育，预防违法违纪问题，应让警察了解危机事件的来龙去脉，加强人民警察的公关意识。在对外应对媒体时要求所有警察统一口径，避免公众产生误解。

（4）与政府其他部门沟通。发生警察公共关系危机后，应及时向上级公安机关、地方政府汇报情况，通报危机发生的信息，告知采取的措施。当发生冲突，甚至产生对抗时，公安机关应主动寻求政府部门及其他相关机构的支持和帮助。在沟通中要实事求是，真实反映情况，请求上级机关的指导和支持。必要时，可要求相关机构介入，共同处置危机，避免危机的扩大化。在危机处置后，及时向相关机构通报处置情况、危机损害及造成的影响，以及向公众告知预防相关类似事件出现的措施。[①]

---

① 谭立信：《对树立警察公共关系理念的思考》，载《铁道警官高等专科学校学报》2003年第 3 期。

四、建立警察公共关系危机处置机制

当危机事件爆发后，公安机关应临危不乱，通过认真了解情况，化解矛盾，主动沟通，积极善后等措施，使公安机关平稳度过或化解危机。这就需要建立完整的警察公共关系危机处置机制来实现。

（一）警察公共关系危机处置的基本原则

警察公共关系危机处置大体遵循以下原则：一是积极主动。在危机事件发生时，警察组织必须积极主动地分析事件起因，率先找出危机解决方案，积极与媒体沟通，主动向媒体和公众通报事件进展，让公众感受到警方积极解决危机的态度。主动采取有力措施，控制事态发展。这是危机处置的最基本原则。二是处置及时。针对突发性危机事件，警察组织要尽快地做出自己的判断，给危机事件定性，确定公关的原则立场、方案与程序，及时对危机事件的受害者予以安抚，避免事态的恶化。同时在最短时间内把组织已经掌握的危机概况和危机管理举措向新闻媒体做简短说明，阐明自己的立场与态度，使公众了解危机真相和已采取的各项措施，争取公众的同情，争取媒体的信任与支持，把危机造成的恶劣影响降到最低程度。这是目前被学者认为最能够考验警察组织公关水平的标志。三是真实冷静。在解决突发性危机时，警察组织要向公众讲明事实真相，对外发表言论要上下一致，避免公众做出各种不同的猜疑和误解，避免谣言的产生。处置危机遇到混乱局面要沉着冷静，不能感情用事。四是强调责任、真诚、坦率。处置警察过错性危机时，警方应勇于承担责任，要想取得公众和新闻媒介的信任，必须采取真诚、坦率的态度。态度决定一切。站在公众立场上考虑问题，有利于缓和警方与公众的矛盾对立，尤其要实言相告，因为越是隐瞒真相越会引起更大的怀疑。五是以人为本。在处置危机时，警察组织化解危机的出发点和落脚点是维护广大人民群众的合法权益。危机管理的根本方法就是走群众路线，了解民情，倾听群众的呼声，解决群众不满的问题。只有如此才能在群众中建立起良好的警察形象，才能从根本上解决公共关系危机。

（二）警察公共关系危机处置常用策略

虽然引发警察公共关系危机的原因各有不同，造成的影响也不同，但不同类型危机的常用处置流程和方法存在共性，具体处置中必须分清危机类型，采取不同的策略。首先，根据危机预警而启动相应的危机处置预案。警察公共关系危机管理的专职部门，要全面开展危机处置的各项工作，掌握主动权。其次，在危机初期，深入现场，了解事实，并详细收集危机信息，查明主要涉案人员。在媒体已得知并进一步收集信息的情况下，警察组织应及时答复来自媒体的各种质询，有针对性地向媒体做好说明解释，并主动提供改错、查处、整肃等正面信息，促使媒体放弃进行炒作性报道的打算。再次，危机管理机构应迅速做出对策，拟定沟通计划，统一口径，积极接受媒体和公众的监督。要随时通报处理情况与结果，牢牢掌握危机信息的发布主动权。确保公众对警察组织保持信任。最后，在危机末期，积极采取善后措施，总结经验教训，安顿人心。对危机处理情况做出全面详细的书面报告，向上级组织汇报，同时向公众和媒体公布，继续开展一系列公关活动来重塑警察形象、恢复失去的信誉。

（三）危机后重塑警察形象的流程和方法

警察公共关系危机事件化解平息之后，它的消极影响和破坏作用仍将持续。警察组织需要认真反思，不断运用策略，改进自身服务，重塑公众的信心，修复警察的良好形象。首先，要修复与媒体的关系。通过开展某些有益于弥补形象缺损、恢复公关状态的公关活动，缓和、改善与媒体的紧张关系，争取获得媒体的合作和支持，重新占领舆论阵地，重塑警察形象。其次，要修复与公众的关系。警方需要针对危机中出现的问题及时纠正和修补，通过善后工作，利用媒体释放大量的正面信息，将警方的努力通过各种途径向社会大众展现出来。采取灵活多样的方式方法，增强警民互动，融洽警民关系。适时出台新的便民、利民措施，尽力为其排忧解难、提供帮助，修复被破坏的警民关系。认真回顾总结该次危机公共关系管理的经验和教训，检讨应对危机措施的得失，有效提高处置危机的能力，为今后更好地处理类似事件做好充分准备。

五、建立警察公共关系危机保障机制

建立专业警察公共关系危机管理就需要完善专门的危机保障机制。依靠专门的危机管理机构、制定全面危机管理预案以及组织经常性的教育培训，才能够有效地完成危机公关的预警、预控、沟通、处置机制的建设。

（一）建立专门的管理机构

例如英国警方的各级警察组织都有自己的新闻与公共关系部门，苏格兰的情报处是其中规模最大的部门。加拿大警方成立了公共事务联络局，专门负责警察公共关系的危机处置。只有建立专门的管理机构才能应对出现的警察公共关系危机。首先，应该建立危机管理组织架构，确立最高决策机构，在危机中做出决定，掌控全局。一般来说应由公安局的主要领导人担任，并确定相关各部门的负责人，这样才能使各项工作真正落到实处，具体操作起来指挥明确，职责清晰。具有高度现实性和可操作性。其次，要建立危机管理的日常机构，由专职人员组成。有关危机管理的所有事项全部由它负责处理。包括危机管理的预案制定、收集信息、提出预警、加强沟通，监督各项危机管理工作的贯彻和落实。要想完成如此艰巨的工作，就需要配置相关的专业人才。能够符合警察公共关系危机管理的人才应该既要有能统揽全局，对总体运筹帷握、统筹协调的人；又要有制造创意，突破常规，扭转危机局势的人。既要有善于收集情报的人，又要有善于同媒体沟通的人。

（二）制定警察公关危机处置预案

由专业的警察公共关系危机管理机构制定出危机处置预案，可以使危机发生后警察组织在处置中各司其职，严格有序地继续运转。良好全面的处置预案在危机处置中起着无法取代的作用。

良好的危机处置预案首先要包括警察公共关系危机管理的指导思想。当危机发生后，一切处置程序都要以大局为重，切实维护公众的利益，一切都要从维护公安机关的良好形象和声誉出发。另外要包括警察公共关系危机的定义、种类、等级评定标准。这样才能对事件性质做出

分析，是否属于危机事件，是否可以启动预案，启动哪一级的预案，用何种手段来处置危机。还要包括警察公共关系危机事件处置程序和实施细则。制定危机处置程序和实施细则必须用词清楚，表达明确，不能用模糊不清的词语。制定危机事件发生后的处理程序要详细，每个步骤和细节都要有相应的处置办法，使每位警察都知道应该怎么做。预案中要尽可能包括各类危机事件的处置程序，必须具有高度的现实性和可操作性，贴近警务工作实际。

（三）加强日常培训与演练

危机处置关系重大，容不得半点迟疑，不能仅仅停留在纸上谈兵。再周全的预案、再高效的策略，没有经过实践的考验就无法检验其有效性。加强日常培训与演练就更为重要。首先，要培养警察的全员公关理念。要求每名警察作为一个独立的公关主体要树立公关意识，面对危机时要有高度的敏感性和警惕性。其次，要将公共关系危机管理理论列入警察的警衔培训和警校学生的课程，普及警察公共关系的教育，并定期举办专题讲座和培训班，增强直接从事公共关系工作的人民警察防范和处理危机的能力。最后，要开展定期的危机处置演练。通过模拟危机事件，来磨练队伍，起到熟悉预案、默契配合的作用，确保在发生危机时，能够平稳有序地按照预案处置。

第六章　警察公共关系的受众群体

第一节　警察公共关系受众群体概述

受众群体是警察公共关系的基本范畴之一。处理好与受众的关系，对塑造良好警察机关公共形象，获得公共理解、信任和支持，实现警察组织的目标，提高警察队伍的战斗力具有十分重要的意义。

一、警察公共关系受众群体的概念

所谓受众群体，原属市场营销的一个概念，本意是专指广告、电视等服务面向的对象。在公共关系领域引入"受众群体"这一概念对公共关系对象的结构分布、影响元素以及特征进行分析，对正确认识把握公共关系具有重要作用。

研究警察公共关系受众群体，首先要对公众有一个认识，在公共关系中公众是非常重要的概念，受众群体应当包括公众及其个体。一般意义上来说，公众指"社会上的大多数人"，泛指一般的多数普通民众，任何一个人都可以是社会公众体的一部分。警察公共关系中的受众群体是什么呢？需从公共关系的概念出发来理解。在管理学意义上，公共关系是一种独特的管理职能，它主要是管理者掌握组织与公众之间互动的工具；在传播学意义上，公共关系是一个组织为了实现与它的公众之间相互了解的确定目标，而有计划地采用一切向内向外的传播沟通方式的总和；在关系学意义上，公共关系是一种公众性、社会性的关系或者活动；从协调方面来看，公共关系主要是协调组织和公众之间的关系；从形象学上来看，公共关系是为了塑造良好的组织形象。① 综上所述，从受众群体角度来看，警察公共关系应当可以理解为，警察组织为了塑造其自身良好形象、协调与公众的关系而向社会大众实施的一种有目的的沟通方式。

因此，我们可以认为，警察公共关系受众群体是警察组织为了协调对外关系、维护自身形象而有目的的区分出来的，与警察主体存在现实的或潜在的利益关系，对警察组织的目标和执行具有制约力与影响力的个体或群体。

二、警察公共关系受众群体的特征

准确地把握某一关系下受众群体的特征有利于我们及时了解这一受众群体的需求，及时解决与受众群体之间的矛盾，对于良好地开展警务工作，获得受众群体的理解和支持，具有积极的意义。

（一）整体性

从社会整体环境的角度来说，受众群体是一个具有相似背景、感受或利益的社会群体，具有整体性。当然受众群体这一个综合体的整体性并不是如同一个组织或机构那样具有紧密的联系性和组织性，在某一受众群体的范围内，个体与个体之间其实又是既联系又松散的状态。例如，作为媒体这一受众群体，在日常的状态下每一个媒体机构都独立运行，没有必然的紧密联系，但当面对某一社会反应强烈的案件时，单个的媒体机构之间又会形成一个整体对某一案件进行联合的关注或报道。同时从警察组织的角度出发，整个媒体行业就是一个整体性的社会群体，在处理与媒体的公共关系上来说，警察组织就是将其作为一个整体的受众群体来应对和处理的。

（二）同属性

对于警察组织而言，受众群体中的每一个独立的个体为何能够形成一个具有一定联系的群体或综合体呢？这就要归结于受众群体之间的同

---

① 徐海晋主编：《警察公共关系理论与实务》，中国人民公安大学出版社，2007年3月。

属性。所谓的同属性就是指，这一公共群体对于警察组织而言可能具有共同的利益、共同的需求、公共的情感、共同的目的、共同的兴趣、共同的背景或面临共同的问题等。这些共同性导致这些个体具有了类似的想法，采取了相似的态度或相同的行为，从而将这些分散的个体在内在上形成了一个类似的整体，就演变成了警察组织所要面对的一个受众群体。

（三）多样性

受众群体包括个体和群体，同时群体又是由不同的个体组成的，所以相对于警察公共关系而言，在与受众群体交流的过程中，往往最终需要协调的还是个体，毕竟整个受众群体是由一个个独立的个体组成的。虽然他们具有一定的同属性，但每一个独立的个体都有各自独特的个性，所以受众群体的构成是多种多样的。当然，从受众群体的整体上而言，受众群体的构成也是多种多样的，因为受众群体的类型繁多。正确的认识受众群体个体与整体的多样性有利于警察组织采取多样化的公共关系手段。

（四）可变性

有"美国革命之父"之称的塞缪尔·亚当斯曾说过："人类的主体更多的是跟着他们的感觉走，而不是跟着他们的理性走。"所以人类在感性的支配下总是处于不断的发展变化过程中，警察公共关系中的受众群体也是如此，因为组成这一群体的元素正是形形色色、个性迥异的人类，所以受众群体注定不是封闭僵化、一成不变的。例如，某一重大犯罪案件的发生，使原本只是普通社会公众的一分子的个人，突然转变为受害人受众群体，此时该受害人对警察组织的言行、态度、要求也就与之前作为社会公众时完全不同，也就是他所在的受众群体发生了变化，他的立场也发生了变化。而此时如果警察及时地采取了有效的行动，快速地破获了案件，使受害者的需求得到了满足，那么该受害者在此后的事件中又将从受害者受众群体这一阵营转移到普通关注相关案件的社会群体当中，因此受众群体是具有可变性的。

从警察组织的角度出发也可以看到，受众群体是一直处于可变状态之下的。例如，如果某一法律法规或警察组织的政策、方针发生了变化，那么原先属于被调整对象的受众群体可能不再是警察公共关系的受众群体，或者原先不受警察公共关系影响的人员可能会转变为新的受众群体。在各种政治环境、政策方针的变动之下，受众群体也可以在组成成分、数量的增加或减少、态度的好与坏甚至是某一受众群体的产生或消失等方面随着警察组织主体的变化而变化。

（五）互动性

受众群体的范围非常广泛，它几乎涉及社会生活的方方面面，这是由警察组织服务对象的广泛性所决定的。受众群体的对象可以是警察、政府或其他部门、与警察组织有业务往来的法院和检察院、律师，也可以是普通的社会公众、犯罪分子、受害者、媒体等。复杂广泛的群体类型必然导致不同受众群体之间存在互动的可能性，例如媒体与受害人受众群体之间的互动，针对重大疑难案件一直悬而未破的受害人，在经过警察机关长久的侦破无果搁置之后，受害人受众群体在求助无门时，往往会寻求媒体的帮助，此时媒体与受害人就发生了互动。在这种互动情形之下，受众群体对警察公共关系就会产生更大的实际或潜在的影响力和制约力，往往会迫使警察组织更加重视这一问题的解决，更加积极地平息事态，所以受众群体之间的互动性不容忽视。

除上述受众群体之间的互动性外，警察组织与受众群体之间也是存在互动性。在警察公共关系之中，警察组织是主体，受众群体是对象，主体与对象之间必然存在着互动关系，才能促使一对关系的产生。警察组织的态度、决策和行为会对受众群体产生直接或间接的影响，同样受众群体的态度和行为也会对警察组织产生各种影响力和制约力，因为警察组织的形象、特性、行为使其与特定的对象产生了利益关系，在利益关系当中，警察组织就必然与受众群体之间形成某种互动关系。所以要正确认识互动性，互动性是警察组织采取适当的形式手段、与受众群体之间形成良性循环关系的关键。

（六）可控性

受众群体由不特定的个体或小群体组成，他们之间具有多样性和可变性，因此，受众群体整体并不稳定。在应对一些事件的过程中，受众群体极易采取一些应激行为，此时的警察组织就应当充分认识到受众群体的可控性特征。可控性就是指，受众群体在一定的条件下采取不理性的行为时，警察组织应当及时采取一系列的措施化解矛盾，将受众群体的情绪、行为和事件控制在可控范围内。警察公共关系中对可控性的认识有利于警察组织认清事态及时作出反应，从而防止事态恣意扩大引发更恶劣的不可控的事件。正是由于受众群体具有这一特性，才使我们研究警察公共关系变得有意义。

三、警察公共关系受众群体的类型

正确处理警察组织与受众群体之间的关系，准确认识受众群体的类型，对于组织警察公共关系活动、警察公共关系决策的制定都具有重要的指导意义。根据中外学者的不同、划分标准的不同，警察公共关系中公众的划分方式也是多种多样的。

（一）根据"后果"划分受众群体

这是由美国公共关系学学者亨特和格罗尼作出的划分。

（1）非公众（Non-publics），在一定的时空条件下，既不受组织行为的影响，也不对这个组织产生任何影响力。正确地确定非公众，可以减少公关工作的盲目性，节约公关资源。警察公共关系中非公众即是指在一定条件下不会与警察组织发生交往或联系的群体或个人。对于这一部分群体我们可以暂时地将他们排除在警察公共关系部分之外，这样有利于我们节约公关资源，减少工作的盲目性，将更多的资源和精力用到真正需要警察组织调整、重视的方面。但同时也应该清晰地认识到，受众群体是具有可变性的，在此时他们属于非公众的情势之下，可能因为特定事态的发生或者法律政策的变更，这些非公众便会转化为彼时的受众群体。这就要求警察机构时刻保持清晰的头脑，准确把握当时情态下受众群体的变化，非公众群体也不容忽视。

（2）潜在公众（Latent publics），在面临由组织引起的问题时，未意识到这一问题的存在，他们有可能与组织发生利害关系。潜在公众是指将来有可能会与警察机构发生一定利益关联的群体。潜在公众其实存在两个类型，一是将来有可能会与警察组织发生利害联系的群体。二是将来必然与警察组织发生联系的群体，例如律师。

（3）知晓公众（Aware publics），已经知晓自己的处境，明确意识到自己面临的问题与特定的组织有关。组织应该积极主动与之沟通，使其了解问题真相，使其对组织产生信赖感。知晓公众在警察公共关系中其实已经是确实存在的受众群体了，他们已经知道和警察组织之间发生了利益问题，只是还没有付诸于实际行动。面对知晓公众，警察组织必须提高警惕，为了防止知晓公众采取进一步行动，必须采取积极的态度去应对问题，以及开展有效的措施去缓和矛盾，平复知晓公众的情绪和状态。例如，某一案件的受害者家属，在知道了案件之后，可能暂时处于情绪平复期，并没有采取一定的行动，这个情势下受害者家属就属于知晓公众，但是他们基于一时的悲痛而没有做出及时的反应，并不意味着当他们悲痛过后依然会保持沉默，所以这就要求警察组织抓住时机，及时取得知晓公众的理解和信任，防止事态的进一步恶化。

（4）行动公众（Active publics），准备或已经采取行动以解决他们与组织利害关系中的问题，这种行动有积极的一面，也有对组织构成危险的一面。应促成积极的一面，极力避免和预防消极问题的产生。行动公众是由知晓公众进一步发展而来的，顾名思义，行动公众是指采取了一系列行动的群体，这是他们在知晓了问题发生而没有得到及时满意地回应时作出的必然反应。对知晓公众警察组织必须给予高度的重视，有效地开展补救措施，否则将进一步威胁到警察组织的形象与民众对警察组织的信任，在今后的工作开展中也势必会引发多重的阻挠，危及警察机构的权威，甚至会威胁到整个警察机构今后的生存和发展。

（二）按"内外环境"划分受众群体

从组织的角度出发，根据"内外环境"的不同，可以将警察公共关系公众划分为内部公众和外部公众。

内部公众是指警察组织内部成员，是警察公共关系的基础也是起点，他们具有稳定性、紧密性和可控性等特点，妥善处理警察公共关系的内部公众是整个警察公共关系建设的支柱点，正所谓"攘外必先安内"。

外部公众是指与警察组织具有直接或间接的利害关联的群体，包括政府部门、新闻媒体、社会公众、犯罪分子等相对于警察组织内部而言的其他外部群体。

（三）按"态度"划分受众群体

公众对警察组织的态度也是警察组织划分受众群体的标准之一，按此标准可以将公众划分为顺意公众、逆意公众、独立公众。

（1）顺意公众是受警察组织欢迎的公众，是指对警察机关的政策和行动采取支持或赞成的态度，并愿意与警察机关合作。例如，为警察组织提供正面报道，积极努力推动警察机关知名度和声誉度的媒体部门。这类公众对推动警察工作进行、提高警察正面形象，具有极重要的作用，是警察组织进行公共关系发展的依靠和力量支持，应当得到警察机关细心的维护。

（2）逆意公众顾名思义是顺意公众的反面，他们对警察机关的政策和行动采取不赞同或者反对的态度，对警察组织抱有敌意，更有甚者诋毁或者毁谤警察组织。对于这一类群体，警察机关应当端正态度，在全面调查产生逆意的背景条件的情况下，更要注意进行适当有效的沟通，以积极友善的方式化解矛盾，争取逆意公众的理解和支持，切不可一味采取更极端、应激的应对方式。

（3）中立公众是指对警察组织采取中立态度的人群，他们没有明确地支持也没有明显地反对警察组织群体。在现实状况下，他们的中间态度决定了他们会采取对事件漠不关心的态度，而且这一类群体应当占据着绝大部分的人数，这就促使警察机关要高度重视中立群体这一庞大的人群，做好与他们的沟通交流工作，争取他们对警察工作的理解与好感，尽力引导他们向顺意公众转变，积极扩大有利于警察组织公共关系同盟的阵营，防止这些人群产生逆意思想，是警察公共关系工作中的一个关键。

（四）按"重要程度"划分受众群体

按公众对警察机关的重要程度的不同，可以将公众划分为首要公众、次要公众和边缘公众。

（1）首要公众相对而言是对警察机关最为重要的群体，也是警察组织在公共关系处理中投入成本最高、时间最久的公众，他们与警察组织息息相关甚至决定了警察组织的生存和发展，是警察公共关系中的关键。例如，警察组织的成员、犯罪嫌疑人等。

（2）次要公众是指与警察组织具有间接或并不十分紧密联系的群体，虽不至于像首要公众一样决定着警察组织的生存和发展，但是他们也起着一定的影响作用，所以次要公众也是警察组织需要兼顾的一方面。例如，学校、社区等。

（3）边缘公众是指与警察组织关系最为疏远的一个公众群体，他们与警察组织没有过多的联系，甚至是可能会被忽略的群体，所以警察机关通常无需投入太多的时间和精力去处理应对边缘公众的关系，但是基于群体之间可以相互转化的特点，还是要求警察机关时刻保持警觉，防止他们向其他类型转变。

（五）按"组织状态"划分受众群体

按公众所在组织的组成形态的不同，可以将公众划分为组织性公众和非组织性公众。

（1）组织性公众是指在警察公共关系中以组织形式出现的公众，基于组织的特点他们具有较强的组织性、纪律性和稳定性。例如，企业组织、新闻机构、政府部门等。

（2）非组织性共众是指在警察公共关系中处于无组织状态的个体组成的总和。虽然依然以一个整体的视角对待他们，但他们并没有形成一个稳定的组织，被视为一个整体是由于他们基于相同或相似的特征或利益关联。他们有临时性公众，还有周期性公众和稳定性公众。周期性公众是具有一定周期或规律性变化而出现的公众群体；稳定性公众是指可能因为共同的习惯、兴趣、爱好等原因，而长期稳定存在的联系相对比较紧密的群体，但又区别于有组织性的稳定组织群体的概念。

（六）依据"内、外部标准"划分受众群体

本书依据"内、外部标准"将公众划分为内部公众和外部公众，也依此标准将警察公共关系受众群体划分为内部受众群体和外部受众群体。

1. 警察公共关系中的内部受众群体

内部受众群体也就是公安机关内部组成人员，是警察公共关系的起点。广大公安民警处于警察组织内部，他们是组织的一部分，只有组织内部关系协调才有可能展开良好的外部工作。同时广大人民警察也是处理外部公共关系的实施者，所有公安工作都是由个体的人民警察开始的。将内部受众群体再进行细分还可以发现，构成警察组织内部的成员可以包括普通警察个体和领导层警察。

（1）普通警察个体。普通的人民警察是警察组织的主要组成部分，其基数最大，情况最为复杂。这些活跃在基层第一线的人民警察性格各异、能力有别。他们是警察公共关系内部受众群体的首要对象，也是对外组织形象的传播者，正确处理好普通警察个体之间、与领导之间、与警察组织之间的协调工作是处理警察公共关系的重中之重，是建立内部良好公共关系的关键。协调好警察组织内部公共关系有利于培养人民警察对警察组织的归属感和认同感，充分调动警察个体的积极性、主动性和创造性，形成和谐的内部环境，当然这也需要投入大量的时间和精力，开展长期的、细致的、深入的公关活动。

（2）领导层警察。领导层警察可以细分为决策层警察和管理层警察。决策层警察是一个警察组织中的最高领导，是实现警察组织目标，体现警察组织价值，贯彻党的路线、方针、政策的关键，是整个警察组织的掌舵者。他们肩负着整个警察组织的发展重任，他们的素质甚至直接影响着警察组织的兴衰荣辱，所以警察公共关系中决策层领导受众群体是一个重要内容。管理层警察是警察内部各级、各部门的业务主管人员，是警察组织内部日常活动的贯彻执行者。他们将决策层的决定下达执行警察并负责日常工作，与普通警察联系最为紧密，在很大程度上影响着普通警察个体对职业的认识、工作的热忱和对组织的满意度，他们也是协调警察个体之间关系的主体，同时是对警察个体进行组织、领导的主体。因此，管理层警察内部受众群体也是警察公共关系处理过程中的关键。

2. 警察公共关系中的外部受众群体

相较于警察组织内部受众群体而言，警察组织外部受众群体是指警察组织之外的与警察组织存在实际的或潜在的利益关系的受众群体，他们对警察组织发展状态存在制约力和影响力。警察组织与外部受众群体的关系可以表现为：外部受众群体作为顺意公众时，对警察组织给予良好的评价和支持，使警察组织可以在民众中树立良好的警察形象，提高警察组织的权威性和声誉度，这是一种良性的警察公共关系；另一种状态下，当外部受众群体作为逆意群体占据主要成分时，警察组织的形象就会遭受巨大的影响，警察机构的声誉度降低，民众普遍持有不信任或反对的声音，这将严重影响警察组织的职能和组织目标的实现。因此警察公共关系的另一个重点是正确处理好警察组织与外部受众群体的关系。

外部受众群体范围广，构成复杂，差异性大，可以说是警察公共关系建设中最为艰难的一部分。该群体范围广，几乎涉及社会的方方面面、各行各业，每一个公民都有可能进入警察的视野。构成复杂是指构成受众群体的元素可以是一个社会个体、一个组织、一个群体，他们之间可能是互相了解的、互相理解帮助型的，也可能是具有利益冲突型的；可能是对警察组织支持配合的群体，也可能是对警察组织存在恶意、持反对态度的人员；可能是官员、普通民众，可能是知识分子也可能是普通工人或者农民。

外部受众群体主要分为以下几类。

（1）政府部门受众群体。政府部门受众群体是指各行政机构及其工作人员，政府作为受众群体，有着区别于其他一般受众群体的特殊性。在政府部门受众群体中主要又可以分为党委、政府和检察院、法院两大块。如，公安机关要生存、要发展是离不开党委和政府的外部支持的，我国公安队伍在党的领导下工作，同时又是政府的组成部分。公安机关在机制保障、人事调配、财政支持等方方面面都离不开党和政府的支持，所以警察公共关系应当正确处理公安机关与党委和政府的关系，努力营造有利于公安机关建设和发展的外部环境。

（2）媒体受众群体。媒体受众群体是指新闻传播机构和新闻工作者，例如电视台、杂志社、记者等。在警察公共关系范围内针对媒体受众群体的工作主要是与新闻媒体建立良好的关系，以促使新闻媒体了解公安工作，理解和支持公安机关，形成有利于公安机关的舆论氛围，并通过新闻媒体实现警察组织与社会公众之间的良性沟通，以此提高警察组织的形象，扩大警察组织在社会上的知名度和声誉度。可以说媒体机构是沟通公安机关与社会公众的一个重要媒介和桥梁，是警察公共关系中警察组织需要借助的一个重要工具。在当前社会治安与犯罪情势严峻的情况下，能否准确地利用好媒体这把利剑是警察公共关系成功与否的关键。在警察公共关系中警察组织要建立与媒体之间的密切友好关系，重视与新闻媒体的关系，认清与新闻媒体之间相互协作、相辅相成的关系，尤其是在危机情势之下，更应当充分发挥好媒体的功能，以便引导舆论，促使社会组织矫正行为，重塑警察组织良好的组织形象。

（3）社会公众受众群体。社会公众受众群体是指在包含着企事业单位、社会团体、社会民众在内的受众群体的统称，他们是警察外部公共关系面临的数量最大的受众群体，取得这一最广泛群体对公安工作的理解和支持是公安机关能够顺利开展工作、拥有安定环境的重要保障。

（4）犯罪嫌疑人受众群体。警察与犯罪嫌疑人之间是一种非常特殊的警察公共关系。警察与犯罪嫌疑人的交往充满了对抗性和智慧性，必然会面临许多困难。而警察不能有效地与犯罪嫌疑人交往，就不能把真正的犯罪分子绳之以法，也不能有效地排除无辜者的嫌疑。另外，犯罪嫌疑人在与警察的交往过程中在地位上处于劣势，犯罪嫌疑人的权利保障全部依靠警察机关，这种不对等的关系极易引起社会公众的同情。

（5）受害人受众群体。受害人受众群体是最易引发社会公众感染行为的起点，基于对受害人遭遇的同情，广大的社会公众受众群体会受到受害人情绪的感染，从而将舆论引向不可控的局面。公安机关在处理受害人受众群体过程中应当及时采取行动，抚平受害人的心灵创伤，给予受害人帮助，这是防止感染行为传播的起点，是警察公共关系防范外部受众群体不可控的开端。

第二节　警察公共关系中应对受众群体的困境与对策

警察公共关系在树立警察组织良好形象、提高警察在公众心目中知名度和声誉度中的作用不言而喻，然而受众群体又是一个复杂多变的群体，正确处理好警察组织与社会群体之间良好的公共关系是当前现代化警察建设的一个重要任务。

一、警察公共关系中应对受众群体的困境

（一）面对内部受众群体的困境

对内部受众群体而言，主要问题在于工作压力大、内部成员之间的人际交往、工资待遇的差距以及警察组织体制不完善等方面。

（1）晋升制度不完善的困境。由于现阶段我国警察机构晋升机制还不是很完善，存在"僧多粥少"的情况。这就非常容易引起警察组织成员对工作失去热忱，面对这种情形，如何调整好内部受众群体的心态是警察公共关系内部公关所面临的问题。

（2）警察个体工作压力大造成的困境。工作压力大一直是警察面临的最大问题，在职一线警察往往超负荷工作，精神压力紧张，得不到必要的休息，使警察体力透支、身心俱疲。然而让许多警察备感失望的是自己在付出如此多的精力、面对巨大工作压力的同时，却得不到广大民众的理解和支持。民众不但不了解警察工作的艰辛，反而对警察提出各种质疑和不信任。因此缓减这种警察组织内部成员的高压状态使警察组织成员心态平和也是警察公共关系所面临的问题。

（3）工作待遇差距造就的困境。在商品经济高速发展的今天，人们对物质生活的要求越来越高，警察也是普通人，也有家庭，也需要生活，每一个警察都希望通过自己的努力得到公正的待遇和合理的劳动报酬，工资、奖金、福利是组织发展的驱动力，是确保警察工作动力和积极性的原始动力。例如，一些贫困地区的基层民警，由于地方财政的拮据，致使公安经费难以保证，人民警察个人的辛勤付出与实际获得之间

形成了巨大反差。

（二）面对外部受众群体的困境

对警察组织而言，面对外部受众群体的困境主要是政府对警察工作的不当干扰和外界对警察组织工作的不了解与质疑。

（1）警察组织职责不清引发的外部受众群体危机。警察组织是政府的职能部门之一，在人事调配、财政支持等方面都要受到政府的支配，这就使得警察组织在独立性上受到了影响。在社会急剧转型的过程中，各种社会矛盾不断出现，导致政府与相关利益群体的矛盾激化。很多并不属于警察组织职责范围，并且警察组织也无法和无力解决的事务，由于警察组织的介入，导致警察与群众直接对立，从而使本来就紧张的警民关系更加恶化。因此，警察组织在处理与政府公共关系中要协调好与政府之间的工作分配，使警方行为规范在法律许可的范围之内，以法律授权、群众满意的方式参与政府活动，防止警察权力职责不清。

（2）外部受众群体与警察沟通不足、理解不够。加强警察组织与外部受众群体的沟通主要是面对民众和媒体，外部沟通是警察公共关系中最根本的一部分。现代警察工作压力大，工作环境恶劣，属于高应激、高对抗、高危险的职业，但是由于民众对警察组织不了解，存有严重偏见，导致公安机关与外部受众群体矛盾层出不穷，警民关系疏远、失调的负面影响加剧。这是当前警察公共关系面临的一大困境。

（3）外部受众群体的特点极易引发危机。我们看到，公共关系外部受众群体具有多样性、可变性、互动性等特点。在涉及公共关系的事件中，外部受众群体是一个多样性的群体，囊括形形色色、个性迥异的个体，可以是普通的工人、农民、商人、知识分子、社会精英等，可以说社会中的任何一个成员都有可能成为某一事件的受众群体。多样性必然带来差异性，这些群体中自然不乏一些冲动型的、暴力型的、缺乏理智型的成员，而这些人员极易引导公共危机事件进一步升级恶化。因此，形形色色、千差万别的外部受众群体是处理公共危机过程中的一个重点，如何充分发挥外部受众群体的特点，消除一些不利特征带来的危机，考验着警察组织处理公共关系的智慧。①

二、警察公共关系中应对受众群体的对策

（一）应对警察公共关系内部受众群体困境的对策

要处理好内部受众群体的问题，就需要从多方面入手，最终促进警察组织内部各部门之间，人民警察之间的合作与团结，增强凝聚力和民主管理建设，提高警察组织的战斗力，促进公安整体组织目标的实现。

（1）增强警察组织的内聚力。要大力培养人民警察对警察组织的认同感，从而把自己的工作与组织的整体发展联系起来，自觉地为组织的共同目标而努力。在队伍管理过程中，要坚持形成一种民主、公平的气氛，充分尊重人民警察的意见和建议，消除隔阂，建立起领导者与人民警察、人民警察与人民警察之间的良好关系。

（2）增强警察的责任感、归属感。警察内部公共关系工作，就是要培养每一个公安民警能自觉地将公安机关的荣辱与自己的荣辱连在一起，使他们置身于公安机关之中有一种舒适感、责任感和归属感。这不仅有助于警察队伍的相对稳定和业务素质的提高，也有助于激发、调动人民警察潜在的工作热情。试想，一个人心涣散、毫无生气的组织，是不会取得任何管理效益的。人民警察的责任感和归属感是警察组织内部公共关系水准的重要标志。公安机关就是要尽量满足广大人民警察的物质利益、精神心理需要，让人民警察心理安定，积极向上，对警察组织充满责任感和归属感。

（3）缓减警察工作压力，提高工作积极性。警力不足是目前警察队伍面临的一个共同难题，面对这样一种现实的困境就要求警察组织学会合理地分配资源，调整警力部署，有序使用警力，避免出现工作量负荷太大或使民警承担无法胜任的工作而产生巨大心理压力的现象。同时还应当完善人民警察的休假制度，合理减轻工作任务，保障警察适当的休息。除此之外，警察组织也应当帮助人民警察提高心理承受能力，排除

---

① 韩军，王海鹏主编：《警察形象建设与危机公关实务全书》，中国广播电视出版社，2005 年 10 月。

心理郁结，让警察学会缓减压力，自我放松。

（4）强化思想政治工作。加强思想政治工作，是中国共产党的传统法宝，也是改善警察组织内部人民警察关系的重要途径。强化思想政治工作，不断提高人民警察的政治素质，首先，各级公安机关领导者要刚直不阿，不以权谋私，不说空话，要以身作则，以自身的"正气"和高大形象来感染广大人民警察。其次，要深入细致地做好人民警察的思想教育工作。思想教育必须真正从爱护的角度出发，彻底摒弃"整人"的观念；要晓之以理，切忌以权压人；要动之以情，切忌冷漠无情；要深入细致，切忌简单粗暴。再次，尽最大努力去满足人民警察的不同需求，认真解决他们生活、学习和工作中的实际困难。最后，要加强对警察形象的塑造。警察组织应当注重强化警察的素质和修养，提高每一位警察的执法能力和工作态度，转变某些警察的执法理念，用每一位警察的一言一行、一举一动去建设公安机关积极的形象，防止出现对人民群众"冷、硬、横、推"。

（二）应对警察公共关系外部受众群体困境的对策

外部受众群体对警察组织的正确认识和良好评价是塑造警察队伍形象的关键所在，与内部受众群体相比，外部受众群体分布广泛，构成复杂多样，利益关系错综复杂，这些是警察机关在处理与外部受众群体的关系时所面临的诸多困难。

（1）建立专门的警察公共关系机构。警察公共关系机构是指为实现一定的公共关系目标而设立的专门从事公共关系工作的组织机构。现在许多国家和地区的警察机构都建立了专门的公共关系机构，如我国香港地区警方就设有公共关系科，其设置目的就是保持公众对警方的高度支持和参与警方的工作，以及积极在本地和海外建立和塑造警方正面形象。然而我国大陆地区却没有建立一个专门的负责警察公共关系的机构，关于警察公共关系处理的工作没有明确的分工，职能归属模糊且相关职能过于分散，必然导致缺乏统一的组织与协调，缺乏具有全局性的公共关系意识，在处理与协调外部受众群体关系上，就难以把公共关系工作放到有利于提高和改善人民警察形象和公安工作顺利开展的高度来认识，从而不善于运用公关措施，缺乏正常的信息传播渠道和顺畅的感情联系途径，没有建立危机预警与协调机制。这一切对人民警察良好社会形象的树立是极为不利的，使公安机关在应对外部事件的公关中往往显得力不从心。

因此，建立专门的公共关系机构，是更好地发挥公安职能、适应社会发展的迫切需要，各级公安机关必须给予高度重视，有效地开展警察公共关系活动，根据公共关系活动的现状，建立健全警察公共关系机构。警察公共关系机构的设立，可以积极地为公安机关塑造形象、沟通群众，研究外部受众群体的特点、变化趋势、应对策略，从而改变当前警察工作被动的局面，帮助公安机关树立良好形象，赢得群众满意，助推公安工作的长远发展。①

（2）建立双向沟通的传播机制。警察公共关系的最终目的是使警察组织与受众群体之间形成一种和谐的关系。当前警民关系日渐疏远的最大原因是警察组织与受众群体之间缺乏沟通，警察组织不知道受众群体的需求，受众群体不了解警察组织的工作状态，不了解警察工作的艰辛。因此建立一个双向沟通的传播机制势在必行，一方面，把警察组织的想法与信息传播给公众；另一方面，把公众的想法与信息反馈给警察组织。信息在传播过程中容易发生扭曲和变异，往往会被夸大、曲解、片面化或带有传播者的主观想法，正是由于大众在信息传播中出现的这些偏差使构建警察组织直面外部受众群体的双向沟通传播机制具有了存在的价值。例如，我国自 1990 年开始实行的公安机关新闻发言人制度，由公安机关通过新闻发言人直接面对外部受众群体，将各种警务信息、案件情况及时向社会公众公布，通过直面外部受众群体，将真实准确的信息和意思传递给受众群体，有针对性地回答社会群体对警务活动的各种质疑，及时将事情的原委解释清楚，取得公众的谅解，得到公众的支持，杜绝因小道消息的出现而产生的不良影响损害公安机关的形象。②这种双向沟通传播模式不仅能保障社会民众的知情权，争取民众对公安工作的理解和支持，也最终有利于维护公安机关的良好形象。

---

① 曹礼海主编：《公安文化建设的 45 个细节》，中国人民公安大学出版社，2009 年 1 月。
② 孙永波主编：《新时期公安宣传思想工作》，群众出版社，2005 年 6 月。

第七章　警察公共关系媒介

第一节　警察公共关系媒介概述

广义的"媒介"，是指使事物之间发生关系的介质或工具。一般认为，媒介无时不有，无处不在，凡是能使人与人、人与事物或事物与事物之间产生联系或发生关系的物质都是广义的媒介。在狭义的层面，人们对"媒介"的理解和运用也无统一的界定标准。有时与符号混淆："媒介是指承载并传递信息的物理形式，包括物质实体和物理能。前者如文字、各种印刷品、记号、有象征意义的物体、信息传播器材等；后者如声波、光、电波等。"有时与传播形式混淆："媒介是一个简单方便的术语，通常用来指所有面向广大传播对象的信息传播形式，包括电影、电视、广播、报刊、通俗文学和音乐。"有时与渠道、信息混淆："严格地讲，媒介就是渠道——口语单词、印刷单词等。但是，这一术语常常用来指渠道和信源两者，有时甚至包括信息。""当我们说到'大众媒介'的时候，我们往往不仅指大众传播的渠道，而且指这些渠道的内容，甚至还指那些为之工作的人们的行为。"当人们说"传播媒介"时，往往既指其物质实体（纸张、收音机、电视机、放映机），也指媒介实体、符号、信息的混合物（报纸、书刊、广播、电视、电影），有时甚至泛指媒介机构或媒介组织（如"大众媒介""新闻媒介"）。

随着社会环境和媒介自身的不断发展，人们对媒介的认识和研究不断加深，但由于切入点和角度各不相同，产生了很多不同的理解。到目前为止，人们还没有形成一个明确的定义。在媒介研究大师加拿大学者麦克卢汉的眼中，"媒介是人体的延伸"，任何能使人与人、人与事物或事物与事物之间产生关系的物质都是广义的媒介。美国学者德弗勒认为："媒介可以是任何一种用来传播人类意识的载体或一组安排有序的载体。"总的来说，媒介是联结传者与受者的桥梁、纽带，是信息流通的渠道，它既是传者争取传播效果的必要手段，又是受者获得所需信息的唯一途径。没有媒介，传播就无法实现。

在警察公共关系理论与实践的研究与应用过程中，所谓警察公共关系媒介，是警察公共关系借以沟通、传播信息的载体，是警察组织影响公众价值观念的中间纽带，它起着沟通警察组织与公众双方信息的作用。它是宣传警察组织形象的基本途径，是警察公共关系最常用、最重要的传播手段。警察公共关系专门运用传播媒介来处理组织与公众之间的关系。媒介的运用，在警察公共关系宣传中占有非常重要的地位。

第二节　警察公共关系媒介的类型和功能

一、警察公共关系媒介的类型

警察公共关系媒介是信息的载体，是传递信息的渠道、途径和手段。没有媒介就没有信息的传播，警察就无法通过信息和沟通来维系正常的公共关系。在日常生活中，媒介的形式多种多样，不同的媒介承载着不同的信息，并且根据媒介自身特点而拥有独特的优势。

（一）以媒介的物质形态为标准

按照媒介的物质形态为标准，可以将警察公共关系媒介划分为符号媒介、实物媒介和人体媒介。

1. 符号媒介

符号媒介是警察公共关系中运用最广泛、最基础、最重要的一种媒介。同时符号媒介也是在日常社会生活中运用最广泛、最基础的一种传播媒介。符号媒介根据表现形式的不同，可以分为有声语言媒介、无声语言媒介、有声非语言媒介和无声非语言媒介。

（1）有声语言媒介。在警察公共关系活动中，大部分活动都需要有声语言媒介进行信息传播，这有利于警察公共关系双方的沟通和交流，促进形成良好的警察公共关系，如民警交流、警察新闻采访、通知报告、演说、致辞、记者招待会等，都是运用有声语言作为传播的媒介。有声语言媒介具有显著的特点：信息交流更直接，丰富的表现手法、形式多样化，搜集反馈信息更迅速、更容易被双方接受和理解，并且可以通过语音、语法结构等使信息表达多彩化，传播效果是最明显的一种媒介。但有声语言媒介同时具有传播容易走样和不易保存的先天性缺点。

（2）无声语言媒介。无声语言是有声语言的文字表达形式，日常生活中以印刷文字的形式出现，如会议纪要、调查报告、新闻报道等。无声语言不受场地、时间、空间的限制，任何时间、地点都可以进行无声语言信息传播。无声语言传播的内容具有一定的深度，可以反复阅读，并且更有利于长时间的保存。但是无声语言和有声语言相比较，具有传递不迅速和滞后性的不足。

（3）有声非语言。有声非语言即"类语言"，是在传播过程中有声音但没有音节之分的语言形式。常见的有声非语言媒介有重读音、语调、语序、笑声、掌声等。有声非语言媒介的特点是：同一形式的有声非语言的含义不是固定不变的，在一定语境中甚至是完全相反的；无具体的音节可分，需要在一定的语境中才可以传播信息。

（4）无声非语言。无声非语言是通过除语言信息以外的其他形式进行沟通、交流，具有较强的表现力和吸引力，如面部表情、手势、坐姿、服饰等。几乎人体的各个部分都能向公众表达一定的含义，也是警察公共关系中常用的一种媒介方式。无声非语言具有补充、替代、强调的作用。

符号语言是人类交往中最基本和最重要的工具，无论是在人们正常的人际交往还是在警察公共关系活动中，都要大量地采用语言传播的方式。警察公共关系工作中，必须掌握符号媒介的操作技巧，以便于提高警察公共关系的工作效率和树立良好的警察公共形象。

2. 实物媒介

实物媒介是指为了特定的目标，并能传递特定信息的实物载体。它的表现形式多样化，既包括样品、赠品、象征物、公共关系礼品等，也包括形象性的实物图片资料、视听资料等，还包括各种示范性服务、操作表演、展览样品、陈列橱窗、构成一个组织形象识别标志的可视体（如旗帜、徽志、标准色、标准字体）等。这些表现形式在警察公共关系活动中都有所体现，如警察的统一服饰、武装配备，交警的统一指挥手势以及各地方的公安机关标志。实物媒介充当了警察组织对外传递信息、加强警民沟通联系的特殊媒介，具有直观明了、可信度高等特点。虽然它的作用范围没有符号媒介广泛，但是其作用比符号媒介更为可靠。

3. 人体媒介

人体媒介主要是以组织成员自身作为传递信息的显示物，借助组织成员自身行为、服饰、素质和社会影响以及服务精神来传达信息。人体媒介是警察组织传递信息的一个有效载体，例如警察形象，无论是警察人员的内在素质还是外在形象，甚至其职业素养和行为规范等，都在警察公共关系活动中向公众传达组织的信息。中央电视台播出的《警察故事》，就是讲述人民警察的真实故事，将警察组织的精神表现得淋漓尽致，增加了公众对警察组织的信任感。

（二）以传播手段为标准

按照传播手段的不同，可以将警察公共关系媒介划分为大众传播媒介、人际传播媒介。

1. 大众传播媒介

大众传播媒介是指向大众传递信息的组织机构及其产品。大众传播媒介在警察公共关系发展中起到极为重要的作用，它是其他媒介发挥最佳效果的"助推器"和"放大机"。它包含两个方面：一是专业化的组织机构，如电视台、报社、广播电台、出版社等，也就是通常我们所说的"媒体"；二是专业化的信息载体，也就是我们通常理解的"媒介"。一般来说，我们所指的大众传播媒介主要包括印刷媒介和电子媒介两大类。

（1）印刷媒介。

印刷媒介是指印刷有可视的文字、图案和符号来进行信息传递的各种载体，最主要的是报纸、杂志和书籍等。印刷媒介内容详尽、深入，文字表达准确清晰，且价格比较便宜，受到广大民众的喜爱。但是印刷媒介必须经过校对、排版、印刷、发售等一系列过程才可以完成，使得印刷类媒介具有滞后性；同时印刷大众传播媒介需要一定的文化水平对其内容进行理解，所以有一部分民众还不能成为它的受者。

（2）电子类大众传播媒介。

信息时代的不断发展和进步，使电子类大众传播媒介显示出超越印刷类大众传播媒介的趋势，它主要包括广播、电视电影、网络等。广播是目前覆盖面最广的一种电子类大众传播媒介，包括有线广播和无线广播。因其收听不受环境限制且渗透力强，收听对象广泛，无论文化程度高低都不影响其信息的传播；节目制作成本较低，使其普及程度远远高于报刊和电视。电视是当今全球最为活跃和最具影响力的大众传播媒介。它集文字、图像、声音、动作、色彩于一体，使信息传播更为生动和丰富，传播效果显著。电影具有电视的一般特点，但电影更新速度慢，且数量也较少，没有电视的时效性高。

（3）网络。

互联网作为一种新的传播媒介，具有以下特点：范围广泛，可以说无论在世界任何地方，只要有一台电脑和网线，就有网络的出现，又被称为"无边界的媒介"；不受时空限制，网络是通过电子时空进行信息传播的，不受时间、空间、地域的限制和阻碍，实现了超越时空的异地同步传播；开放性强，网络沟通交流是开放、平等的，无论种族、年龄、性别、身份、国籍，都可以在网络平台平等、开放地进行信息交流、沟通和传播；双向互动，网络媒介实现了跨地区、远距离的双向互动，并且增强了公众的参与性和主动性。

网络的出现改变了人们的日常生活，同时对警察公共关系的活动也有重大影响。"网上公关""网上宣传"对任何组织和公众来说，已经不是一个陌生的词汇。作为警察公共关系工作人员，如果不懂得利用网络平台促进警察公共关系活动的开展和完成，那么警察组织将逐渐成为信息化社会的落伍者。目前，警察组织借助网络技术和平台推出了一系列警察公共关系项目，包括网上警务论坛、民警 QQ 群、民警博客微博、公安手机报、派出所网上工作站等。警察组织通过警方网站的建立，不仅形成了高效快捷的内部工作系统，还在各地建立了信息公开、事务咨询以及搜集建议的网络平台。

2. 人际传播媒介

人际传播是人与人之间最直接、最简单的信息交流，其方法也是多种多样的，如电话、会议、展览以及专题活动等。在警察公共关系活动中，一定要有公关意识，树立"立警为民，执法为民"的服务理念，处理好警民关系，塑造美好的警察形象。但是在人际传播过程中，信息复制和保存能力比较差，影响范围也相对狭小，尤其在传播过程中容易发生信息畸形、失真，让人际传播具有一定的局限性。

二、警察公共关系媒介的功能

媒介的功能就是指媒介通过传播信息所发挥的作用。警察公共关系媒介的功能可从正面和负面两个方面来考察，警察公共关系媒介的正面功能是指媒介有益于警察公共关系的积极方面；警察公共关系媒介的负面功能则是指媒介不利于警察公共关系的消极方面。在警察公共关系事务中，无数事实证明了警察公共关系媒介在警察公共关系工作中发挥着极其重要的作用，是建设警察公共关系不可或缺的要素之一。因而研究警察公共关系媒介的功能，对于建设和谐的警察公共关系、完善警察公共关系研究体系有着重要的现实意义和指导意义。

（一）关于媒介功能的经典论述

1. 哈罗德·拉斯韦尔的论述

美国政治学家、传播学先驱哈罗德·拉斯韦尔在 1948 年所著的《社会传播的结构与功能》一文中，提出了传播媒介的三大功能：监视环境、联系社会、传递遗产。监视功能是指媒介能准确地、客观地反映现实社会的真实情景，再现周围世界的原貌及重要发展，因为各种媒介都承载了来自政治、经济、军事、文化、社会生活等各个方面的信息，因而也就起着监视环境的作用。联系社会是指媒介把社会的各个部分、各种环节、各类因素整合为一个整体，以应付环境的变化和挑战。如果说监视环境主要体现为信息传播，联系社会则体现在信息评析中，侧重于析疑解难。由于生存环境的复杂多变，仅凭对信息的客观报道还不能解决问题，仍需要对信息进行恰当的分析、解释和评论。传递遗产是指延续社会的文化遗产，使社会遗产代代相传，这里的遗产主要是指价值观念、道德习俗、科学知识、文学艺术等精神遗产。这种传递遗产的功能过去主要由人际传播来实现，如通过家庭、学校传播各种精神遗产，而现在传递遗产的责任越来越明显地由大众传播媒介来承担。

拉斯韦尔对媒介功能的认识是媒介功能研究的权威性观点，在媒介功能研究中占据着重要地位，对媒介功能的研究有极大的影响。

2. 赖特的论述

社会学家赖特在1957年出版的《大众传播：功能的探讨》一书中，对拉斯韦尔的三大功能说做了重要补充，他在拉斯韦尔的媒介三大功能基础上增加了一大功能，即娱乐功能，使媒介的功能观更加完善。

3. 拉扎斯菲尔德和默顿对于媒介负功能的论述

拉扎斯菲尔德和默顿都是颇具影响力的社会学家，他们对媒介功能研究的主要贡献在于系统地对媒介的负面功能进行了分析和研究。鉴于包括拉斯韦尔在内的许多学者对于媒介功能的经典论述主要针对的是媒介的正面功能，而忽视了对媒介负面功能的研究，拉扎斯菲尔德和默顿在其合著的《大众传播的社会作用》一文中，集中探讨了媒介的负面功能，而且他们对媒介负面功能的研究也最具有参考价值。

拉扎斯菲尔德和默顿认为，"大众媒介是一种既可以为善服务，又可以为恶服务的强大工具，而总的来说，如果不适当地控制，它为恶的可能性则更大"。那么，媒介为恶的可能性具体表现在哪些方面呢？从他们的分析中可归纳出以下几个方面：首先，大众媒介持续不断地宣传会使人们完全丧失辨别力，从而不假思索地顺从现状。其次，"媒介是使大众的审美鉴赏力退化和文化水平下降的重要原因"。再次，媒介常以低廉的代价占用或剥夺人们的自由时间。最后，媒介还具有麻醉精神的作用，这是拉扎斯菲尔德和默顿对媒介负面功能所作的最深刻、最有意义、最富独创性的分析。

（二）警察公共关系媒介的主要功能

1. 传播信息、检测环境的功能

警察公共关系媒介根本性的任务是传播信息。公开化、社会性的信息传播，不受时间和空间的限制，穿透力强，可以超越国界，覆盖面广，可以到达人类活动的各个角落。警察公共关系媒介不是只向少数人传播，是面向不特定的多数人，面向大众传播，受众遍及全世界，涉及各个阶层、各个民族、各种年龄的人，谁都可以阅读和接收，谁都可以分享。警察公共关系媒介能对客观事件发展的整个过程作全面系统的反映，可以在事件酝酿萌生阶段报道预测性信息；在事件发生和发展过程中报道动态性信息；在事件发生后报道反馈性信息。同时，警察公共关系媒介利用对传播时空的控制，集中、连续、高速地输入输出源自各个方面的信息，保证信息传播的及时性、连续性和完整性。

传播信息、检测环境主要是指警察组织利用警察公共关系媒介传递国内外警察的各种信息，使警察组织内外成员及时了解内外环境的变化，预测可能出现的机会和危机，并为此做好准备。

2. 加强舆论监督，提升执法透明度，为民众参与决策提供平台的功能

在社会中警察公共关系舆论的形成，常常要经历一个扩散、交流、争论、渗透、协调、交融的过程。在这个过程中，警察公共关系的媒介起着十分重要的作用。报纸、广播、电视、通讯社等媒介形式，拥有大量的、多层次的受众，它们有丰富的信息来源和畅通的传播渠道以及快捷的传播速度，可以为舆论的形成提供大量的信息，同时为公众提供形成和扩大舆论所需的场所和平台，还可以通过对事实的选择报道和发表自己的言论去影响和引导舆论。因此，有舆论学研究专家把媒介称为"社会舆论的母体""舆论的工场"，认为"一切新闻媒介都努力充当控制公众舆论的生产者"。

警察公共关系媒介也反映了民情民意，为决策者提供了许多好的决策议题，同时也使民众参与到决策话题讨论中，加强了警民之间的联系和沟通，推进良好警察公共关系的建立。通过警察公共关系媒介的传播，可以充分发挥媒介的舆论监督和社会监督功能，加强警察执法透明力度，使民众的难题得到迅速、公正的解决，真正做到立警为民，执法为民的服务目标。

3. 倡导文明和树立警察良好形象的功能

公众对警察组织的印象、评价的形成并非一日之功，潜在意识的日趋增多和成熟，为潜意识见解的出现提供了基床。警察公共关系媒介的报道或评论塑造的是当日意见，连续给社会、大众展示相似或渐进的观点，同时向大众不断展示积极向上的组织风貌和执法为民的服务宗旨，不断给人们的意识增长提供信息能源，将引起人们积时累日的思考和议论。警察公共关系媒介每天暗示或明确提出的意见、警察组织机关的精神风貌和形象都是一滴水，天长地久水能穿石，对倡导文明和塑造警察的良好形象有着重要作用。

4. 传播知识、实施教育的功能

警察公共关系媒介的教育功能有广义和狭义之分，广义上是指警察公共关系媒介传播的信息内容具有某种教育意义，既可以通过知识性信息来传递，也可以利用文艺娱乐性信息来达到寓教于乐的目的；狭义上是指警察公共关系媒介直接传授专门知识。警察公共关系媒介在传递信息的同时，也传播着警察科技、警察法律法规和有关警察的其他方面知识，并且对潜在的犯罪分子给予教育和震慑作用。多种形式的警察公共关系媒介，如警察系列专辑片、警察报刊网站、警察展览厅等向民众传递警察科技的进步、警察法律法规的完善和警察队伍的强大，让民众以法律法规为界限，指导其行为，并让广大人民群众感受到警察组织力量的强大，从而获得信任和安全感。不仅如此，通过警察公共关系媒介还传递出，警察组织对违法犯罪的打击力度和水平，甚至犯罪分子认为的天衣无缝的高科技犯罪，在警察组织的视线下也无所遁形，从而对潜在的犯罪分子起到教育和震慑的作用。

第三节　警察公共关系与媒体

一、警察公共关系与媒体的关系定位

警察公共关系是指警察组织通过传播沟通手段，实现与公众的良性互动，树立良好的警察形象，争取公众对警察组织的理解与支持，优化

执法环境，提高自身影响力的一系列活动和管理过程。它由警察组织、公众和信息传播三个基本要素组成。而媒体在警察公共关系中处于一个比较特殊的位置，它不仅是警察公共关系的众多客体之一，也是警察公共关系内容的直接参与者，对警察公共关系建设有着巨大的影响力，具有不可替代的作用。

（一） 警察公共关系与媒体具有不同的价值取向

警察公共关系是为了正确地处理警察组织与公众之间的各种关系所采取的各种政策、措施和行动，目的是树立警察组织在公众心目中的良好形象，其任务是让公众了解警察组织正在做什么，为什么这样做和为谁而做，以及这样做会给公众带来什么利益。通过推进这种公共关系的建设，获得公众对警察组织的理解和支持，创造一种有利于警察组织目标达成的社会环境。而媒体则是由专业的人员对新闻和信息进行采集、整理、加工和发布，具有公信力，能够产生巨大的社会影响力和舆论导向力，行使关注民生、反映民意和守望社会的职责。警察公共关系的工作与公众的生活息息相关，加之工作性质的特殊性，自然是媒体关注的焦点之一。因此，警察公共关系的建设和发展，是离不开媒体的参与和支持的。

（二） 警察公共关系的建设和发展离不开媒体

媒体是向公众传播信息的载体。警察组织是武装性质的国家力量，担负着维护国家长治久安和保障人民安居乐业的重要使命。警察需要借助媒体向公众传播党的公安工作路线、方针和政策，传播警察组织的重大部署和丰硕成果，传播警察组织队伍中的英雄模范事迹和精神，以鼓舞士气和凝聚力量。随着改革开放的不断深入和社会政治文明的全面建设，还要不断向公众传播社会治安和警务执法情况，增加透明力度，保障公众的知情权和监督权的实现，并且从媒体的反映搜集人民群众的意见和建议，不断改进警察组织的工作，获取公众的支持。所以，媒体是警察公共关系的喉舌、桥梁和助推器，警察公共关系离不开媒体的参与和支持。

（三） 警察公共关系和媒体相互作用、相互影响

警察公共关系是将公共关系理论基础在警察机关以及警察自身建设

中加以运用，使其政策、措施以及活动更符合公众的要求，从而获得公众更多的支持和理解。而媒体在加强警察组织正面宣传中发挥着重要的作用。同时，警察往往在各种矛盾凸显时被推到最前端，承载着较高的社会期望，稍不注意就会在社会中引起广泛关注。媒体追求最新鲜、奇特和怪谈的题材，过分宣传案件的情节进而趁机炒作，从而使警察公共关系与媒体之间存在价值冲突。

二、媒体对警察公共关系的影响

（一）媒体对警察公共关系的积极影响

（1）媒体对警察公共关系影响具有广泛性。自近代以来，随着媒体物质载体形式日益的多元化，媒体在社会生活中的渗透力也愈加提高，特别是伴随着信息技术的发展和普及，媒体的大众化发展方向日益凸显，因其广泛介入到公众的日常生活之中，使媒体实质上增添了一种舆论属性，并在现代政治民主生活中迅速崛起。特别是随着网络的普及，大众接触媒体的形式与方法发生了根本变化。在现代社会，几乎任何一个公众都能感受到媒体的影响。媒体是公众了解警察工作的重要渠道，通过媒体的报道和评论，公众对警察工作有了进一步的了解，这对于公众理解、支持和配合警察工作是非常重要的。对于警察组织中先进事迹的报道，让公众了解到警察工作的艰苦和无私奉献，大力宣传模范人物的先进事迹，对加强公众的信任感和安全感、推进警察公共关系的建设具有十分重要的意义。

（2）媒体对树立警察形象起着举足轻重的作用。按照现代新闻传播学的观点，公众一般处于两种状态中：一种是公众实际的真实生活状态；另一种是通过大众传媒手段所提示并在公众心理上形成的对社会的基本认识，即"拟态环境"。媒体以其无所不在、无所不包的特点，往往会影响受众的心理认知，公众对警方的认识很容易受到媒体宣传的引导。

（3）媒体对警方的报道，加强了警察组织的政务公开，提高了执法透明度。同时使一些案件能够及时得到公众反映的信息，也有利于公众对警察组织执法工作的监督，从而使警察组织的政策、措施和活动更符合公众的要求，形成良好的警察公共关系。

（二）媒体对警察公共关系的消极影响

在市场经济的刺激下，媒体活动对警察公共关系也带来了一定程度上的消极影响。由于警察工作与公众生活息息相关，案件对公众更具有刺激性和故事性，以及长期以来警察工作的神秘性，使得公众对警察工作更具有好奇心。但是由于相关法律法规的严重滞后，媒体竞争激烈等原因，媒体报道的无规则、无秩序现象愈加严重。"好人好事不是新闻，灾难事故才是看点"，在这种舆论环境下，警察组织的丰硕成果和先进事迹逐渐被一些媒体忽视，而各种社会丑闻和警察组织违法违纪事件则成为媒体关注和炒作的热点。近年来，类似的警察组织被曝光和炒作的事件逐渐增多，甚至有些媒体为了吸引公众的眼球，编造、夸大警察组织中的不作为、违法乱纪行为并大肆进行报道，严重损害了警察公共关系的建设。

三、与媒体沟通的基本原则和技巧

媒体是警察组织与外界沟通联系的重要工具、桥梁和渠道，处理好与媒体的关系，对警察公共关系的建设具有十分重要的意义。警察公共关系需要将警察组织的各种信息及时准确地传递给公众，以实现和保障公众知情权、参与权以及监督权，提高警察组织的公信力和执法透明度。因此，与媒体的有效沟通是建立良好警察公共关系的基础。

（一）与媒体沟通的基本原则

1. 尊重原则

在处理警察公共关系与媒体关系时，应该遵守尊重原则。只有了解媒体工作者的职业特点和职业心理，尊重他们的职业尊严，才能处理好与媒体的关系，建立良好的警察公共关系。在接受媒体采访时，应当尽力帮助他们寻找事实的真相，给予适当的便利和尽量满足他们的合理要求。警方和媒体所代表的利益不同，立场也有所差异，二者所持的观点和看法自然有所不同。警方应当尊重媒体的选择和观点，通过加强沟通，求同存异，不能强求一致。

2. 坦诚原则

警察组织要想赢得公众和媒体的信任，就必须采取坦诚相见的态度，实事求是地向媒体提供所掌握的相关真实可靠的资料，不遮掩、不隐瞒，不施加任何形式的压力，以避免媒体对事件的无故猜测和炒作。

3. 谨慎原则

在与媒体沟通时一定要逻辑严密、条理清晰、思维谨慎。要本着科学严谨和对公众负责的态度，严禁口误和笔误，尤其是要避免前后矛盾、多种说法，甚至难以自圆其说的现象出现。这样免于媒体的无故猜测，免于歪曲警察组织形象的事件发生。

4. 统一口径原则

在日常处理警察公共关系过程中，应当尽量设置新闻发言人制度，由新闻发言人或者指定的警务人员统一向外部表态和发布信息。无论是表态或者是文字，所要传达的内容必须前后一致，逻辑缜密。对可以不回答的问题尽量不回答，应当告知媒体向有关部门进行咨询。对外发布新闻，要提高统一口径意识，不要随意发挥，不要多说、乱说。

（二）与媒体沟通的技巧

（1）回答生疏棘手问题的技巧。当媒体记者问到一个自己不熟悉或者模棱两可的问题时，一定不能撒谎，更不能根据自己的猜测而回答。应当如实告诉对方自己对此事不清楚，并主动提出愿意帮助对方进行查询。

（2）回答机密敏感问题的技巧。当媒体提问自己知道但是由于机密不能泄露的问题时，要委婉地说明原因，表示出自己诚恳的态度和对记者的信任，而不要以"无可奉告"进行回答，让媒体觉得警方在敷衍了事。当媒体提问一个敏感话题时，要委婉回避，回答问题时宜简不宜繁，不过多追究细节，不具体应对，不直接评论。

（3）应对恶意刁难问题的技巧。如果从媒体的态度和问题上，可以确认媒体记者完全是出于恶意刁难和故意诋毁，必须要予以适当、合理的还击。

（三）与媒体沟通应注意的问题

（1）尊重媒体、善待媒体。当今的媒体舆论环境使警察公共关系工作人员中相当一部分成员对媒体都多多少少存在着误解和偏见，认为媒体始终与警方"作对"，始终对警察组织不满，破坏警察形象。其实媒体工作也是非常辛苦的，尤其是那些优秀媒体为了寻求真相，更是夜以继日地不断探究。这些都是我们应当尊敬的，并且要深刻理解媒体的职业性质，把媒体当做合作伙伴来看待。应尊重媒体，善待媒体，而不能敷衍了事。

（2）要大方得体，勇于面对。在面对媒体采访时，许多警员都会不知所措，或者闪烁其辞，甚至将记者拒之门外。这些行为无疑使媒体自我猜测，认为警方有错、心虚。应遵守公安机关新闻宣传的相关规定，说自己可以说的、应该说的，以坦诚的态度对待媒体。不说谎，不隐瞒，是面对媒体采访的原则。

（3）不逃避采访。在当前一些警察公共关系活动中，尤其是出现紧急危机时，许多警务人员都会以"无可奉告"逃避采访。如若一味简单地排斥采访、拒绝采访，就会让媒体认为警方在欲盖弥彰，试图隐瞒真相。其后果不仅损害警察公众形象，更重要的是媒体将错误的信息传递给公众，会被少数别有用心的人所利用，混淆视听。

（4）要树立亲民形象，不应官气十足。在与媒体接触时，很多警员容易出现漫不经心、目中无人，或者高高在上、说空话、说套话的现象，这些都会让媒体感到官气十足，产生反感。面对媒体要做到服饰得体、举止端庄、谈吐优雅；切忌摆架子，更不能说谎话和官话。

第四节　新型媒介下警察公共关系的困境和建设

当前，信息传播新技术、新型媒介以越来越快的速度更新换代，并广泛地进入人们的日常生活，使人类社会开始面临人类诞生以来迄今为止影响最巨大、意义最深远的一次信息传播革命。

一、新型媒介概述

"新型媒介"主要指光纤电缆通信网、都市型双向传播有线电视网、图文电视、电子计算机通信网、大型电脑数据库通信系统、通讯卫星和卫星直播电视系统、高清晰度电视以及 20 世纪 90 年代以来兴起的超级信息交互通信网络（Internet）和多功能媒体（Multimedia）等。其核心是数字式信息符号传播技术的实现。与信息的印刷媒介、电子媒介相比，其传播速度、数量、质量乃至信息传播模式均发生了明显的变化。

（1）新型媒介具有无限性和全球性。

新型媒介具有无限性是指，新型媒介由于没有国界、文字、文化、时间、版面和空间的限制，可以向受众提供巨大的，也可以说是无限的信息资源。并且，可以通过超级链接与其他网站建立即时的链接，进一步扩大了信息容量。新型媒介具有全球性，是指新型媒介突破了受众地域范围的局限，信息一旦上网，就可以被全世界共享。这是传统媒介无法比拟的。

（2）新型媒介扩展了传统媒介的传播方式。

新型媒介改变了传统媒介的传播方式。传统媒介的传播方式主要是借助于印刷物品、声波、电波信号来传播信息的，形式比较单一。而新型媒介融文字、声音、图像为一体，打破了视觉媒介、听觉媒介、阅读媒介之间难以逾越的鸿沟，使信息传播更加形象化、直观化和立体化。新型媒介也可以说是继承、融合并发展了传统媒介的优势。

（3）新型媒介报道的实时性和时效性。

与传统媒介相比，新型媒介具有自身的特点和优势，它可以在任何时间、地点，用文字、声音、图片、图像等多种传播方式进行全方位的实时报道，随时发布信息。不像传统媒介需要编辑、剪辑、排版、制版、印刷、发行等多个环节，新型媒介只要轻轻按一下键盘就可以将信息即时传播到世界各地。这正符合新闻对时效性的要求。新型媒介具有实时报道、滚动报道的特点。这是对传统媒介优势的继承、融合与发展。这些都是传统媒介所无法比拟的。

（4）新型媒介具有高效便捷的检索性。

新型媒介的信息检索高效快捷，只要在网站上输入所要寻找的信息或关键词，新型媒介便可以快速地找出几十条、上百条甚至成千上万条的相关信息。这是传统媒介不可能做到的。而且新型媒介能随时并无限制地提供服务，提供比较丰富的信息资源。

（5）新型媒介与受众的互动性增强。

传统媒介由于其传播活动多是单向性的，所以受众的直接反馈不多，而且是间接的或迟缓的，作用也比较小。同时，也无法控制受众的反馈。新型媒介真正实现了受众与媒介的互动。这种互动不仅是双向的，而且是及时的。所以，传播效果与作用也比较大。

二、新型媒介下警察公共关系的困境

由于警察工作和队伍建设具有特殊的政治性和敏感性，在社会生活中容易成为人们关注的热点和媒体炒作的焦点。特别是在新型媒介迅速发展的当今社会，新闻传播的速度迅猛提升。新型媒介改变了传统媒介的传播速度，使信息第一时间全球化、网络化、透明化。无论是发生在世界各地的大事，还是发生在哪个角落的小事，民众都可以通过新型媒介将其以最快的速度向全世界传播。可以说新型媒介改变了我们生存的方式，同时使警察公共关系陷入了新困境，也对新型媒介下警察公共关系的建设提出了新的要求和挑战。

（一）新型媒介下警察与媒介关系协调的必要性

和谐的警察与媒介关系能够使警察与个体、与组织内外的相互作用始终具有有效性，最终达到警察组织的目标。在警察公共关系中，媒介是警察的公关对象之一，它与一般公众相比具有自身的特殊性：一方面它是警察与广大公众沟通的重要桥梁；另一方面它又是特别需要争取的公众，属于传播媒体与公众对象集于一身的具有两面性的特殊公众。加强警察与媒介的有效协调就是要确保警察与媒介公众的和谐关系，建设良好的警察公共关系，实现双赢的局面。目前，警察与媒介的关系却不尽如人意。就警察而言，表现在警察组织对与媒介关系的重要性认识不足，对媒介及其运行规律不甚了解，观念陈旧，不懂得如何与媒介打交道，缺乏有效的沟通机制。就媒介而言，表现在媒介传播了警方不愿或不能公开的信息，错误或者夸大地引用、传播了警方提供的信息。警察与媒介不时地发生冲突，尤其是当一些重大的公共安全事件突发时，双方的矛盾就尤为突出。

（二）新型媒介下警察与媒介关系不协调的原因

1. 新型媒介下警察与媒介角色的冲突

新形势下警察与媒介关系不协调的深层原因是警察与媒介角色的冲突，如评判标准的差异以及双方价值追求或选择上的冲突。警察作为执法部门，法律就是其评判是非的标准，实现执法正义与公正是其主要价值追求。而媒介是交流和传播信息的工具，追求新闻自由是其价值选择。媒介发挥着引导舆论，实施舆论监督，传播知识和服务社会的功能。媒介评判事件是以道德标准为主。警察希望媒介加以传播的是警察正义、公正的形象，而不是负面宣传甚至是诋毁。而媒介通过报道警方执法等警务活动来引起公众的关注，促使社会用正常的社会机制解决社会矛盾。媒介为了使当事人获得警方公正地对待，对警察施加批评与监督，客观上降低了警察的威信，弱化了警察的形象，两者关系紧张在所难免。

2. 对新型媒介快速发展的现状认识不足

长期以来，我国的传媒资讯业发展严重滞后，公众获得信息的渠道相对单一。警察组织作为国家的重要权力机关，传统媒介对警方的新闻报道一直以正面宣扬为主。然而随着社会的发展，媒介已经发生了巨大的变化，新型媒介的普及引起了传播方式上的巨大变革，特别是各类网络论坛已成为信息快速传播、即时互动的重要载体，使信息传递在广度和深度上都发生了质的变化。而警察组织受传统习惯的影响，还未能适应新型媒介带来的变化。

3. 片面认知新型媒介对警察形象的负面作用

近年来，由于新型媒介的迅速发展和普及，提升了信息传播的速度和范围，并报道了一些关于警察形象的负面新闻。警察组织内部对新型媒介产生了错误、片面的看法，认为新型媒介应当对警察形象的损害负责。当然在现实中也存在报道失实、夸大甚至故意扭曲事实的现象，久而久之，警察组织容易对新型媒介的产生疏远的情绪。

三、新型媒介下警察公共关系的建设

（一）加强警察与媒体的沟通，形成良性互动

1. 形成党政主导下的警察组织与新型媒介的良性互动机制

在现实中，即使有充分的理由，自我辩解也很难收到很好的实际效果。警察组织虽然从属于党政机构，但在公众和媒体的眼里仍然是一个独立的、特殊的部门。在危机发生时，要及时、如实地报告给党政机关，由党政机关主动邀请有关媒体和部门，通报事实、统一认识，从树立政府形象的高度展开处理工作。

2. 建立警察与媒体的友好协作机制

警察需要借助媒体来传播自身精神风貌和形象宣传，同样媒体也需要警方的新闻题材来吸引公众，提高"卖点"，但是媒体报道不可避免地带有主观感情上的倾斜。因此，警察组织在推进警察公共关系建设中，必须加强与媒体的沟通和交流互动，并将其作为警察公共关系的重要内容。要经常性地邀请新闻工作者，通过座谈等形式，使媒体走近警察，了解警察的工作和生活，体验其中的艰辛，从而赢得媒体对警察组织的理解和支持。在这个过程中，积极引导警察个体的工作，使警察个体认识到媒体对警方的关注既是一种监督，又是展示自己的巨大付出和树立形象的有利时机。

（二）建立警察形象危机反应机制

1. 警察形象危机预警系统

互联网是一个开放的信息平台，自由度较大，民意表达便利，信息量大且反应迅速，便于信息搜索和处理。建立一个以网络为平台的警察形象危机预警系统，具有高效和贴近民众的特点。

警察形象危机预警系统包括：建立预警分级关键词组、设置网络系统危机信号显示和自动通知系统等。

2. 警察形象危机组织反应系统

一旦发生警察形象危机问题，警察组织必须积极做出反应：第一，组织的新闻发言人要及时表明立场，代表公众利益讲话；第二，启动调

查预案，由调查组尽快组织调查研究，并即时发布调查进展情况；第三，要告知公众事实真相，表明观点和态度；第四，要把危机事件的管理纳入组织改进程序。

在设计和执行组织反应系统时，要注意把握好两个原则：一是要定位好与公众及媒体的关系，建立相互平等、相互信任、相互尊重的密切关系。二是要主动与媒体进行交流和沟通，本着诚恳、公开、透明的原则，建立良好的合作关系。

3. 警察形象危机组织的持续改进系统

该系统是指建立决策反馈路径和机制，使组织能够总结危机教训，检讨组织自身的问题，并将问题的解决带入决策系统，使组织处于持续改进状态。主要工作包括如下方面：

第一，实行"责任追踪制"，一旦引发了危机，警察组织和相关部门必须认真总结和反思，提出改进意见；第二，公共关系或者危机处理部门对于危机事件的过程和结果要形成详细的调查报告和改进建议；第三，建立决策部门危机改进讨论制度，反省制度缺陷，并进入决策程序。

（三）完善新闻发言人制度

1. 正确定位新闻发言人与媒体的关系

新闻发言人与媒体的关系历来存在争论，在新型媒介迅速发展的时代也是如此。公安部新闻发言人武和平对于两者的关系是这样表述的："新闻发言人是架在政府和群众之间的一座桥梁，架桥需要靠媒体。媒体起到了很好的监督作用、'啄木鸟'作用、阳光的作用。公安机关对整个民主法制、经济社会的发展都起到了很大的积极作用。根据这个思想再实施政务发布工作，越是和媒体拉近距离，就越能够生产出优质的新闻产品。"他还认为，"政府发言人应该是和媒体共同生产优质新闻产品的伙伴"，"两者手牵着手，尽管分工不同，但都是为了一个共同的目标，都是为了社会稳定，都是为了关注民生，都是为了社会更加和谐。新闻发言人发好言就能达到三点一线：公安中心工作是准心，中间是媒体，然后是老百姓的期待，三点连成一线，一下子就打中了准心"。

2. 新闻发言人与媒体应良性互动

明确了新闻发言人与媒体的关系之后，就应采取措施争取两者的良性互动。新闻发言人在保证公布具有新闻价值的舆情信息，避免发布教条化、程式化内容的基础上，应做到以下几点：首先，要有真诚的态度，做好充分的准备。警察本身要成为最权威信息的来源，实事求是地向外界公布相关信息，不隐瞒事实。掌握信息传播的主动权，将事态发展限定在可控范围内；充分的准备是指要快速反应，及时应对。其次，利用公安机关收集、获取舆情的天然优势尽早得到相关内容以保证发布的新闻具有时效性和针对性。确保信息渠道畅通，保证新闻发布机构始终能够得到最新的信息以及警察组织为了化解危机而正在采取的措施是什么。最后，迅速在互联网上对外公布权威信息，先入为主，利用媒体传播口径一致的信息，统一舆论，积极表达，客观回应谣言和失实报道。

3. 新闻发言人应具备一定的素质

选择的新闻发言人应当是在警察组织内部拥有权威的中高层领导或受过培训的专职发言人，应具备一定的素质：一是能够代表警察组织向外界发言并被外界信任；二是能够在严格遵守宣传报道纪律的前提下灵活准确地运用现行政策；三是还需要有全面的知识结构，通晓危机管理；四是还需具备个人特质，比如沟通能力强，善于倾听和表达以及面对外界的压力保持冷静、临危不乱、沉着稳健的情绪控制能力等。

（四）提高警察公共关系人员的素质是警察公共关系建设的关键

警察组织机构是警察公共关系的基础，而警察公共关系人员就是机构发挥基础作用的关键。因此警察公共关系人员素质的培养在警察公共关系制度建构中非常重要。我国历来注重对人才素质的培养，对人员组织理念的灌输。警察公共关系在一定程度上就是依赖人与人之间的交流、沟通而取得形象的树立，获得一定的支持，达成一致的认同感，在沟通当中如果没有好的意识的形成、好的理念的树立是不可能形成良好的公共关系的。所以，在警察公共关系建设中加强对人员素质的培养是重中之重，具体表现在以下两个方面。

1. 警察公共关系意识的强化

人的意识指导着人的行为，如果没有正确、合理的意识很难取得较高的工作效率。公共关系意识是公共关系人员从事公关工作的基本素质，是组织认同感的内容之一。在警察公共关系工作中具体表现在时时刻刻以树立警察形象、达成组织目标为己任，在和公众沟通当中运用各种策略和方法最大限度地达到相互的沟通和理解等。所以公关意识的培养是警察公共关系工作的重要内容之一，在某种程度上可以说是公关工作成败的关键。

2. 警察公共关系人员的养成教育

养成教育是现代警务改革的产物，是为了解决警察培养与现实严重脱节而形成的一种新型的警察培养模式。它主要是指在警察的培养过程中，针对当今警察培养注重理论、轻实践的情况，增加实践能力的训练。警察养成教育在实践中的具体表现是，延长警察培训中的实践时间，使得警察的培养和训练紧密联系，或者说培训和实践同步进行。警察公共关系人员的要求和素质是比较高的，应该是一种综合性的人才，因此多方面的专业化的理论和实践培养对警察公共关系人员十分重要。

第八章 警察公共关系的导向

第一节 警察公共关系导向概述

一、警察公共关系导向

在不同的社会时期，警察公共关系的导向是不同的，也应当是不同的。警察公共关系的建设会根据不同的实际情况而有所侧重，相应地警察公共关系的模式选择和导向就会有所区分。

（一）第一次警务改革中的警察公共关系导向

第一次警务改革（1829—1890）始于英国伦敦。根据《英国大伦敦警察法》，罗伯特·皮尔爵士（Robert Peel）任命查尔斯·罗恩和理查得·梅尼为警察部队的指挥官，全面负责警察组织的建设和发展，并确定了警察工作的新的重要原则，即"皮尔建警原则"。"皮尔建警原则"的核心内容是"公众即警察，警察即公众"。"皮尔建警原则"也是警察公共关系受众导向的最早体现。

1845 年美国的第一个警察局在纽约成立，根据乔治·凯林（George Kerin）和马克·穆尔（Mark Moore）在 1988 年对美国警察组织的时期划分，① 此时美国为"政治时期"，美国警察组织的主要特征为分权化、

---

① 将美国警察组织划分为政治时期、改革时期和解决社区问题时期。政治时期是 19 世纪 40 年代到 20 世纪早期，改革时期是从 20 世纪初期到 20 世纪 70 年代，解决社区问题时期是从 20 世纪 70 年代至今。

地方导向性和提供服务性。警察组织通过向穷人提供社会服务的形式迎合社区的需要，以此来维持社会的秩序。美国警察组织进行警务活动的核心思想是："向居民提供服务比控制犯罪重要"。这也是警察公共关系受众导向的又一次体现。

较早建立专门警察组织的是英国和美国，在 19 世纪 30 年代到 19 世纪末 20 世纪初，警察公共关系的模式选择都是向受众导向倾斜。

（二）第二次与第三次警务改革中的警察公共关系导向

世界第二次警务革命（1890—1930）的主要目的是：通过专业化摆脱各种政治势力集团对警察的控制，促使警察成为一支高效率、高质量的专业化队伍。警察组织的主要特点开始由提供社会服务向专业化建设过渡。在这一过渡的过程中，警察组织对警察性质和警察任务的片面化理解，造成了警察组织与社会公众的脱离。虽然专业化建设会使警察组织的分工更加合理、职责更加明确，但是由于对警察公共关系这一重要内容的忽略，造成了 19 世纪末 20 世纪初，社会公众对警察组织性质的质疑。与此同时，犯罪率越来越高，社会公众安全感急速下降。

世界第三次警务革命（1930—1970）是一场职业化转向现代化的警务改革运动。警察有了明确的使命感，即承担以前没有的公共事业，警察也开始发展自己的职业自主意识。以美国为例，20 世纪 40 年代的美国正处于改革时期，改革派追求的目标是以法律标准或者其他明确的准则为基础的一般形式的更改决策。警察管理者的改革目标是提高效率、自治和地位。提高效率依赖于警察机构免受政治派别的影响和提高警察人员的素质；整体上改进警务工作，既是提高独立性的手段，也是增加公众对警察的尊重的手段。警察组织的职业化要求警察组织建立一支中立的、冷漠的执法队伍，此时，社会公众仅仅是职业犯罪防控方面的被动接受者。警察的业绩评定主要看他们实施的逮捕罪犯的数量以及上班期间的驾车里程。犯罪率成为警察业绩的主要参考指数。

在第二次和第三次世界警务改革中，警察组织与公众的关系开始发生变化，自然警察公共关系的导向选择也随之改变。职业化和专业化建设将美国等国的警察组织推向"专业的控制犯罪勇士"的位置，以致警察组织与公众之间的关系开始疏远。这一时期的警察公共关系是以警察组织本身为中心的警察组织导向下的警察公共关系模式。

（三） 第四次警务改革与警察公共关系导向

第四次警务改革阶段（1970 年至今），又称后现代化警务改革，或"民主式警务革命"。以对警察科学理论的反思与突破为先导，以社区警务为主要内容，追求历史上"人自为警"的传统模式，形成主动提前式警务风格。

第四次警务改革认识到了第二次、第三次警务改革过程中警察组织专业化和职业化建设的弊端，开始塑造"控制犯罪的勇士"与"服务员"的双重形象。警察公共关系的导向模式由第二次、第三次警务改革中单纯以警察组织为导向的模式向公共服务新模式过渡。社区警务是第四次警务改革的一项重要内容，社区警务亦是美国警察组织改善警民关系的重要途径。可以说警察组织所采取的警务风格决定了警察公共关系的导向模式。因此，社区警务这一模式可以归纳到警察公共关系的受众导向模式之上。

二、警察公共关系导向的类型

（一） 警察组织导向

警察组织导向与企业管理中的"生产导向"具有相同的特征，所谓生产导向是指以生产为导向的组织将注意力主要集中于增加产量和降低成本上，通过大量生产和压缩成本以形成规模经济。

警察组织导向是指警察组织作为主体导向的警察公共关系。警察组织通过媒体、网络、报纸、杂志、广播等形式，向社会公众传递警政思想等信息，引导社会公众按照警察组织既定的目标进行理解，从而完成警察组织所承担的职责和社会服务职能，赢得社会大众的支持，改善警民关系的引导方式。警察组织导向对警察组织制定的改善警察公共关系的战略的关注是第一位的。围绕着相应的组织目标，警察组织成员之间以及组织与外界环境之间进行的信息传递进行相应的计划和行动，从而达到组织关系协调。

（二）受众导向

受众导向与企业管理中的顾客导向具有相同的特征。所谓顾客导向，是指企业以满足顾客需求、增加顾客价值为企业的经营出发点。在经营过程中，特别注意顾客的消费能力、消费偏好以及消费行为的调查分析，重视新产品开发和营销手段的创新，以动态地适应顾客需求。它强调的是要避免脱离顾客实际需求的产品生产及对市场的主观臆断。

那么受众导向可以理解为，警政的宣传、警察战略的制定以社会公众等警察公共关系的对象为主体导向的警察公共关系。受众导向注重社会公众的偏好，是以满足社会公众需求而进行日常工作的。受众导向的原则实质上就是如何突破传播障碍将定位信息进驻社会公众心灵的原则，是不断强化社会公众满意程度的原则。受众导向是以不断地满足社会公众的需求为前提，进行警政宣传的运作方式。

（三）综合导向

综合导向则充分考虑到警察组织和社会公众作为警察公共关系最重要的两个互动主体在警察公共关系中的重要作用，完善了警察组织导向和受众导向的不足，将管理与服务充分融合在警察公共关系建设过程中，将优点最大化，制订最为优化的警察公共关系的战略方案。

三、警察公共关系导向的分析方法——SWOT 分析法

SWOT 分析法是常用于企业管理中的战略分析方法，是 1985 年美国管理学家迈克尔·波特提出来的。SWOT 分析法又称态势分析法，是指一种根据企业自身的既定内在条件进行分析，找出企业的优势、劣势及核心竞争力之所在的企业战略分析方法。该分析法主要通过分析企业自身所具有的优势（Strengths）和劣势（Weaknesses），来判断企业所面临的发展机遇（Opportunities）和外部威胁（Threats），从而提出相应的应对方案。

相应地，企业的战略分析方法也可以套用于警察公共关系中。企业依靠正确的营销战略取得竞争的主动权，警察组织也可以通过制定相应的战略来改善警民关系。该分析方法的核心在于战略的正确选择来自于

对企业战略地位的正确判断，一个正确的企业营销战略能够及时地抓住机会，成功地避开威胁，发挥企业的竞争优势，有效地克服企业自身的弱势，做到扬长避短。

将 SWOT 分析法应用到警察公共关系中，可以分析我国当前警察公共关系改善过程中所遇到的来自环境的机遇、挑战，同时也可以发现自身所具有的优势和劣势，从而发现问题，改正不足，对症下药。通过 SWOT 分析法也可以找出最适合警察公共关系的战略方案，做好充分的准备才能够准确地抓住时机，解决问题。

第二节　警察组织导向的警察公共关系

一、警察组织导向的警察公共关系的特征

（一）以警察组织本身为中心

警察组织导向的警察公共关系关注的重点在警察组织本身，从管理学角度讲，警察组织本身较其他社会团体或组织有其自身的特殊性。在制订警察工作方案或战略时，重点考虑的是警察组织性质的特殊性。警察组织不仅仅承担社会服务的职能，更担负着打击犯罪、预防犯罪、维护社会秩序的重要责任，警察组织导向的警察公共关系的原则是在完成打击犯罪、预防犯罪、维护社会秩序的前提下改善警民关系。

（二）主观选择性较强

警察组织导向的警察公共关系在处理相关问题时具有很强的主观选择性。警察组织制订计划或者战略都是为了更好地完成警察组织打击和预防犯罪、维护社会秩序和提供社会服务的任务和职能。而警察组织导向以警察组织的任务和目标为中心，以完成警察组织的任务和履行警察组织的职能为出发点，这就使得警政方案的制订具有较强的自主选择性和主观性。

（三）层级意识突出

警察组织具有严密的层级组织结构，在警察组织导向的警察公共关系中下级只需严格执行上级的指示，按照组织领导者的决策做出行动。决策权高度集中于警察组织的领导者，信息沟通也是单向的。警察组织的管理体制层级意识突出，也就使得警察组织导向的警察公共关系呈现出相应的层级观念。

（四）注重政策的制定执行，而忽视信息的反馈

警察组织导向的警察公共关系，关注的重点在于警察组织本身和警察组织所制定的政策的执行情况，忽视了社会公众对政策的信息反馈，将政策不能良好地执行归结于政策本身的可行性上。认为只要制定了完善的政策并去执行，就可以取得好的效果，而忽视了社会公众作为警察公共关系的另一重要主体的信息接纳程度和理解能力。

二、警察组织导向的警察公共关系的 SWOT 分析

（一）警察组织导向的警察公共关系的内部优势

1. 可以在警察公共关系建设中掌握主动权

警察组织导向的警察公共关系的内部优势在于警察组织作为核心主体，可以自主地制订和调整警政方案，而不是被动地接受信息进行反馈。可以为更好地完成警察组织的任务和目标而做出规划与战略的调整，在行动中掌握主动权，体现了警察组织在警察公共关系建设中的主导作用。

2. 可以完整地表达警政思想

警察组织导向的警察公共关系的另一优势在于，警察组织可以完整地表达其工作理念，充分地运用自身所擅长的工作方法与方式，来完成日常工作。在此基础之上，改善警民关系。警察组织自主地选择完成工作任务达到目标的方式，具有完全的自主选择权，在制定和实施规划战略的过程中也常以警察组织为核心。警察组织导向的警察公共关系的核心思想是：只要警察组织较好地完成惩治犯罪、维护社会稳定的任务，就可以获得公众的支持和理解，通过这种方式改善警民关系，侧重点在

于完成警察组织的任务。

3. 充分地利用各种警政资源

警察组织导向的警察公共关系可以充分地利用警察组织内部的各种资源，发挥各自的优势，分工明确。警察组织内部存在具体的分工，警种不同，承担的职责和分工也不同。分工的细化可以使不同的警种在不同的领域更加专业化，如此才能够提高工作效率。在提高工作效率的同时提高服务的质量，从而提高群众的满意度，改善警察公共关系。

（二）警察组织导向的警察公共关系的内部劣势

1. 缺乏客观性

警察组织导向的警察公共关系以警察组织自身为主体，在制定和实施警察规划和战略时没有充分考虑到警察公共关系的另一重要主体——社会公众——在警察公共关系中的重要性。警察组织主观地去制定方针政策来完成警察组织的任务和目标，主观选择性较强，缺乏对受众的了解，造成了警察组织导向的警察公共关系的实施缺乏客观性。

2. 信息收集渠道窄

警察组织导向的警察公共关系的信息收集主体是警察组织，造成了警察组织主观选择空间的加大。警察组织选择的信息收集渠道和传递渠道都是警察组织主观认为的合理渠道，并没有充分考虑警察组织自身的特殊性。警察组织是阶级统治的工具，是武装性质的国家暴力机关，是维护国家安全和社会秩序的重要社会力量，这使社会公众在警察组织面前并不能真实地表达心声，警察组织通过自身的视角看到的也许并非事情的真实状况。这就造成了警察收集信息时缺乏客观性、真实性和全面性。

（三）警察组织导向的警察公共关系的外部机遇

1. 政治、经济、文化的发展，社会公众总体素质的提高

正所谓"穷山恶水出刁民"，这种现象正是由于受教育程度低，对社会事物认识不充分、不全面，理解问题角度不同造成的，理解的偏差会造成行为的偏差，这使得警察组织与部分公众的交流和沟通变得更加困难。随着社会政治、经济、文化的发展，公众受教育的范围扩大，受

教育的程度也有了较大的改善。社会公众的法制意识、法制理念的提高影响了警察公共关系的改善。同时，对警察工作的理解程度也在不断地提高，这是警察公共关系改善的又一外部机遇。

2. 媒体正面引导，警察公共关系改善

媒体是警察公共关系改善的重要媒介，正确的引导媒体可以为改善警察公共关系提供强有力的帮助。也只有真正透彻地认识到媒体运作的特性，才能够正确地引导媒体。随着信息化的发展和网络的普及，给信息的传递铺就了"一条没有最高限速的高速公路"，媒体的社会影响力非常巨大，而社会公众第一时间接触到信息的可能性大大增强。因此，媒体对警察公共关系的改善是一个机遇。

3. 信息传递渠道增加

信息时代的到来，网络的普及，报纸、杂志、电视、广播的多样化，使得信息传递更加畅通。这为警察组织警政理念的传播带来了另一个机遇，只有社会公众了解了警察的工作理念，才能够对警察的管理工作有充分的理解。信息时代的到来使警察工作变得更加透明化，但同时也给警察组织带来了巨大的挑战。网络是一个虚拟的环境，"你不知道你电脑对面与你对话的是人还是狗"，就是对网络这个虚拟社会的形象描述。网络的发达不可避免地给警察的工作带来了困难，但同时，信息传递渠道的丰富也使警察组织传递警政理念变得更加简单化。

（四）警察组织导向的警察公共关系的外部威胁

1. 社会公众的不理解，警政实施困难

社会公众的不理解，给警察组织规划和战略的实施带来了巨大的困难。由于警察组织导向侧重以警察组织自身为主体设计规划和战略，政策的制定和执行都会侧重于警察组织自身的目标和任务，而没有充分考虑社会公众的需求到底是什么。社会公众对警察组织规划的不理解、不支持会造成警察组织在宣传警政理念过程中遇到层层阻碍，影响警察组织任务的完成和目标的达成，从而使得警察公共关系的改善困难重重。

2. 有些媒体的报道失真，政策执行难度大

媒体是警察公共关系改善的重要媒介，如果媒体对警察工作或者规

划战略的报道不实的话就会造成警民关系恶化。媒体运作的独特性和商业化使得媒体对于警察组织而言既是一个机遇也是一个挑战。媒体的主要目的就是吸引更多的人来关注，有时为了吸引公众的眼球会运用一系列传播的技巧和方法，甚至会不惜牺牲新闻的真实性来获取公众的关注度。一旦媒体对警政理念的报道失真，将缺陷放大，就会造成受众的不满和恐慌，从而造成警民关系的不和谐。

3. 规划失灵

警察组织的规划和战略是由警察组织主观选择制定的，考虑问题的非全面性和公众态度的不确定性可能造成部分规划的失灵。这是在警察组织警政实施过程中遇到的又一个外部威胁。警察组织导向的警察公共关系的主观选择性和以警察组织为中心的警察组织特征造成了规划失灵的可能性。

4. 不法分子的恶意曲解

不法分子对警察组织的警政理念和规划战略进行曲解，或者借用媒体将警察遇到的问题或者危机放大，故意造谣生事，也是警察组织面临的外部威胁。警察公共关系的最终目的是为社会公众提供更好的社会服务，通过社会力量最大限度地惩治犯罪、预防犯罪，维护社会稳定。如果不法分子趁虚而入就容易造成警民关系的恶化。

第三节　受众导向的警察公共关系

一、受众导向的警察公共关系的特征

受众导向的警察公共关系较警察组织导向的警察公共关系来说，更加强调受众对改善警察公共关系战略的认可和接受，体现的是传播学上的信息分享和平等的沟通观念，因而是一种双向的警察公共关系建设模式。

受众导向的警察公共关系的特征主要体现在以下方面。

（一）个体特征导向性较为突出

受众的个体特征是区分某个受众与其他受众的主要因素，一般包括

性别、个性、智力、年龄、经历、兴趣、爱好和预存立场等。"分众"
格局，就是说不能简单地把受众看作一个了无区别的整体，"研究表明，
个人在需求、态度、价值观、智力和其他个人因素等方面的差异对个人
行为的形成起着关键作用"。由于每个人是存在差异的，这种差异决定
了他们对信息有不同的选择和理解，进而有不同的态度和行为。因此受
众不是一个笼统的概念，而是由诸多具有差异性、有独立个性的个体组
成，具体到对警政理念的理解来说，警政理念的传递对于这些差异个体
来说其效果也并不一样，受众会因为心理、性格的差异而对警政信息做
出不同的选择和理解，随之而来的态度和行为也会有所不同。这是受众
导向较组织导向较为明显的特征。

（二）心理特征导向性

受众导向的另一个特征就是社会公众对警政理念的关注程度、理解
程度和记忆程度各有不同。美国传播学家约瑟夫·克拉珀提出受众有三
种选择性心理特点：一是选择性注意，即受众往往只注意那些与自己观
点相符合或相一致的内容，对不符合的消息加以拒绝或回避；二是选择
性理解，一层意思是指受众在所有接收到的信息中只对其中一部分进行
深层次的认识、思考和处理，对其他信息则只停留在注意的层次上，不
再花费更多的精力去思考，另一层意思是指具有不同认识结构的受众会
对同一信息赋予不同的意义；三是选择性记忆，即受众只记住了那些与
自己观点一致的内容。在受众导向的警察公共关系中社会公众的心理特
征也会影响警察公共关系的改善。

（三）社会特征导向性

把握受众的社会特征有利于警察公共关系改善的顺利进行。决定受
众社会特征的主要因素大体可分为"文化传播、社会环境和群体影响"。
警察公共关系的一个重要主体即是社会公众，社会公众不仅存在"分
众"格局，同时也表现出某种共同的社会特征。社会分类论认为有些受
众在性别、年龄、文化程度、收入、职业等方面有共同特征，因而构成
了各种社会群体。同一社会群体的成员有共同经历，持相似的社会观、
价值观和各种具体见解。因此，具有相同社会特征的社会公众对警察公

共关系传播内容的注意与反应形式以及对传播工具的选择都是大体一致的。因此，警察组织应该依据不同的社会类别、针对特定的受众群体的特点来制作和传播信息，以达到更好的传播效果。

（四）文化规范导向性

受众导向的警察公共关系中同时存在文化规范导向。文化规范论认为，信息的传播不一定直接使受众发生变化，但它可以作用于受众所处的社会文化环境，通过变化了的社会文化背景再作用于受众，使之观念发生变化。受众导向的警察公共关系也存在相同的特征，处于特定文化环境中的警察公共关系中的社会公众，他们有自己的理解方式、价值观和意识形态，这就会对警察公共关系中警政理念的接受与理解产生影响。虽然不一定直接使社会公众接纳或者理解警政理念，但通过作用于其所处的文化环境，可以间接地再作用于社会公众。因此，受众导向的警察公共关系应该考虑到文化差异所造成的预期受众的不同表现行为。

二、受众导向的警察公共关系的 SWOT 分析

（一）受众导向的警察公共关系的内部优势

1. 以社会公众的满意度为导向

受众导向的警察公共关系最突出的优势即是以社会公众的满意度为前提，更加强调受众对改善警察公共关系战略的认可和接受，警察组织改善公共关系的目的就是提高公众的满意度，从而充分发挥社会力量，最大限度地控制犯罪和预防犯罪，完成警察组织的职能和任务。受众导向关注的角度较警察组织导向有所转变，从关注警察组织自身转变为警察公共关系中的另一个重要主体——社会公众，避免了警政方案制订的盲目性和主观性。

2. 警察组织工作战略制定的客观性

在受众导向的警察公共关系中，警察组织在制订计划的过程中，不单以警察组织的工作任务和目标为中心，改变了警察组织导向中警察组织作为核心的警察公共关系的观念。受众导向充分考虑社会公众作为警察公共关系的另外一个重要主体的感受，将社会公众的满意程度当做主

要的考核目标，充分地认识到社会公众的重要性。围绕警察组织和社会公众而制订的警察组织工作的规划和战略具有相对的客观性，警察组织的主观选择空间缩小。因此，在警察组织实施战略规划的时候可以更好地以群众为视角，投其所好地进行警政宣传，社会公众对警政方案的理解程度、接纳程度和记忆程度都会有所增加，从而更好地获得社会公众的支持和理解，改善警察公共关系。

3. 警察组织工作战略制定的全面性

受众导向的警察公共关系充分考虑了社会公众的各方面状况和需求，这样的计划在实施的过程中会较少的出现规划失败、警政实施困难的情况。受众导向的警察组织制订的战略方案比警察组织导向中制订的警政方案全面。警察组织导向在制订方案时主观上认为公众会接受，主观地猜测和臆造，而在受众导向的警察公共关系中，警察组织是在充分考虑社会公众的现实状况后做出的规划，其合理性、可接纳程度以及公众的理解程度和方案的全面性都较前者突出。

4. 信息收集的渠道广

受众导向的警察公共关系在信息收集的渠道方面较警察组织导向的警察公共关系广。站在不同的角度看待问题很难得出相同的结论，警察组织导向和受众导向就是从两个截然不同的角度看待警察公共关系。在警察组织导向的警察公共关系中，在警察组织方案制订的过程中信息收集的主体是警察组织，警察组织主观选择性较强，先入为主的想法会较其他想法突出。这就造成了警察组织导向的警察公共关系信息搜集的主观性较强。而在受众导向的警察公共关系中，警察组织在收集信息时注重社会公众诉求的表达，信息收集得较为全面和客观，同时信息搜集的渠道较广。

（二）受众导向的警察公共关系的内部劣势

1. 警察组织处于被动地位

在受众导向的警察公共关系中社会公众的主体地位要较警察组织突出，警察组织处于相对被动的地位。警察组织在制订警政方案或者规划战略时，首先考虑的是社会公众的满意度，以及社会公众对警政思想的理解程度、接纳程度和记忆程度，这就造成了警察组织围绕着社会公众的思想跑的现象。然而，警察组织的性质和任务具有相对的特殊性，承担的是惩治犯罪、预防犯罪、维护社会安全和稳定的重要职责。"民意"固然重要，法律赋予警察组织的责任也是不容更改和变通的，警察组织需要时刻保持客观、公平和公正。在受众导向的警察公共关系中警察组织处于被动的位置，这是警察组织较为凸显的内部劣势。

2. 警察组织警政理念表达不完整

受众导向的警察公共关系中，社会公众占据重要的主体位置。这与企业管理理念中的"顾客导向"是有明显区别的。一方面，由于警察组织性质的特殊性，在警察公共关系的改善过程中，不能完全地按照社会公众的喜好去对警察组织的职能和任务进行定位。企业管理理念中围绕的中心是顾客，只有顾客才能带给企业利益，顾客是企业得以生存的重要支撑。然而，警察组织不可能做到像企业那样只考虑受众的感受，毕竟警察组织还承担着非常重要的社会职能。另一方面，受众导向的警察组织又必须将社会公众的满意度放在比较重要的位置上，这就造成了警察组织的警政理念无法完整地表达、制定和实施。

3. 对警员素质要求高，不能充分地利用各种警政资源

这是由受众导向的警察公共关系的特征所决定的，受众导向需要考虑受众的个体特征、心理特征、社会特征和文化特征。不同的"分众"格局使得警察组织的警政方案具有多样性。多样性对警察组织中的警员来说是一个挑战，无法去逐一判断对什么样的人使用什么样的方法，对哪种群体用哪种方法有效。受众所处的社会环境不同、受众的文化背景及受教育程度不同、地区的发展不平衡，对警察组织来说都是需要考虑的问题，这就对警员的素质能力提出了巨大的要求，同时也使得警察组织不能充分利用警察组织内部的各种警政资源。

（三）受众导向的警察公共关系的外部机遇

1. 社会的发展进步，受众素质的普遍提高

社会政治、经济、文化的迅速发展，义务教育的普及和高等教育的扩大招生，使得社会公众的整体受教育程度提高，视野变得开阔，对事物的接受能力增强。这对警察组织来说是一个十分重要的机遇，公众可以站在不同的角度想问题，对事物具有自己的理解能力、思考方式和行

为规范，思想上不再盲从，对各种各样的讯息有自己的判断力。对社会上的各种讯息进行筛选，有选择地进行接收和记忆。社会公众素质的提高对警察公共关系的改善意义重大。

2. 媒体的正面引导，社会公众对警察组织目的的清楚认识

媒体在警察公共关系的改善过程中起着不可忽视的作用，媒体的正确、真实、全面的报道可以给公众正面的引导，受众导向的警察公共关系的关注点在于群众的满意程度，只有群众理解了警察组织制定、实施的警察战略规划，警察组织才能获得社会公众的支持。因此，媒体作为警察组织和社会公众的信息传递媒介，起着"旗帜"和导向的作用。如果媒体进行正确的舆论引导，那么警民关系就可以得到很好的改善。

3. 社会团体和其他行政机关的配合

从广义上讲，社会团体和其他行政机关相对于警察组织的规划战略来说也属于受众的一部分。在我国，社会团体起着举足轻重的作用，社会团体的积极配合对警察组织任务的完成和目标的达成十分关键和重要。警察组织和其他行政机关需要"保持一种声音说话"，因为警察组织和其他行政机关代表的都是政府的形象，只有警察组织和其他行政机关加强内部沟通，达成共识，才能使警察组织的规划战略更加具有权威性和说服力，社会公众才能对政府充分地信任，在信任的基础之上理解警察组织的工作目标，从而使得警察组织获得民众的支持和拥护。

（四）受众导向的警察公共关系的外部威胁

1. 警政思想实施难度加大

由于存在"分众"格局，个体的性别、个性、智力、年龄、经历、兴趣、爱好和预存立场不同，相应地个人在需求、态度、价值观、智力和其他个人因素等方面也会存在差异，这些差异对个人行为的形成起着关键作用。社会公众的不同喜好使得警察组织的工作难度加大。受众导向的警察公共关系的重要核心就是满足社会公众的需求，然而社会公众的需求具有多样性和复杂性，"分众"格局明显，再加上不同的生活环境和教育背景也使得警察组织与社会公众的交流难度加大，警察组织无法一一对社会公众的想法进行揣测。这对警察组织的警政理念、规划和战略的实施都是一个威胁和挑战。

2. 突发事件

突发事件是受众导向的警察公共关系的又一个外部威胁，如何准确地对突发事件进行定性分析，给社会公众作出解释是一个十分棘手和困难的问题。如果警察组织对突发事件的定性不明确，对信息的发布不及时、不全面，就会引起社会公众的猜疑，进而形成恶性循环。公众无法准确地了解突发事件的状况，只会产生更多的谣言，不法分子如果乘虚而入，主导舆论，就会造成灾难性的后果。如果突发事件隐瞒不报，一则警察组织放弃了舆论引导权，二则"纸里包不住火"，欲盖弥彰，三则给谣言以传播空间、炒作空间。英国学者里杰斯特总结出著名的危机传播"3T"原则：Tell it your own——自己来告知（而非其他组织），Tell it fast——尽快告知，Tell it all——告知全部（不加隐瞒）。因此突发事件所引发的网络传播，往往存在一个"黄金 24 小时法则"。也就是说，一个突发事件发生后，如果我们不能在 24 小时之内发布信息、引导舆论，那么就失去了主导权。

第四节　综合导向的警察公共关系

一、综合导向的警察公共关系的特征

（一）综合性

综合导向的警察公共关系较警察组织导向和受众导向的警察公共关系来说具有相对的综合性，即既考虑警察组织自身的独特性又考虑社会公众作为受众的需求。具体表现在：（1）警察组织在制订警政方案以及规划战略时充分考虑到了警察公共关系两个互动主体的特征和诉求。（2）警察组织在制订警政方案以及规划战略时，拓宽收集信息的渠道，制订出的方案、规划、战略的可行性增强。（3）警察组织在制订警政方案以及规划战略的过程中，警政理念在得到较为完整地表达的同时，也充分考虑到了社会公众的理解能力与接纳能力。

（二）全面性

综合导向的警察公共关系可以全面地反映警察组织在新时期的警政

理念。从新公共管理的角度出发，警察组织不仅仅是承担惩治犯罪、预防犯罪和维护社会治安的主体，也是提供社会服务的主体，综合导向的警察公共关系克服了警察组织导向和受众导向的片面性，这对改善警察公共关系有着良好的促进作用。警察组织需要改善警民关系，提高服务意识，强化服务观念，树立良好的警察形象，在公平公正的前提下，做到人性化执法，积极地营造社会公众普遍认同的法制环境是警察公共关系改善的重要手段和途径。

（三）客观性

警察组织导向的警察公共关系自主选择空间较大，造成警察组织在制定规划战略时以警察组织为核心。综合导向的警察公共关系可以明确警察公共关系的目标。警民关系的改善是警察公共关系工作的重点，综合导向的警察公共关系指明了警察组织业务的发展方向和目标，同时，又客观、科学地规划出警察组织在公共关系建设中应该围绕的目标与发展轨迹。警察组织的目标明确、构思完整、措施具体才能够在警察公共关系改善上获得突破。

二、综合导向的警察公共关系的 SWOT 分析

（一）综合导向的警察公共关系的内部优势

1. 警察组织警政思想的完整表达和对社会公众需求的充分考虑

综合导向的警察公共关系与警察组织导向和受众导向的警察公共关系相比，克服了警察组织没有充分考虑社会公众的诉求的缺点，同时也弥补了受众导向的警察组织无法完整表达警政思想的不足，使得警察组织的战略规划更加全面、客观，执行能力更强，社会公众的接受程度增强，战略规划更加具有可执行性。

2. 可以明确各警种之间的职责关系

综合导向的警察公共关系弥补了警察组织导向中警种职责分工不明确的缺点。综合导向通过分析社会公众的不同诉求，制订不同的方案，将警察组织进行明确的分工，有的放矢地进行警政宣传，有针对性地实施战略规划，明确不同警种之间不同的分工，避免不同警种之间职责的

交叉重叠。

3. 实现了警政资源的整合与配置

综合导向的警察公共关系可以实现警察组织内部资源的优化配置。警察组织导向和受众导向的警察公共关系，分析的主体相对单一，对于警察组织的定位和警察组织的目标定位不明，造成警政资源无法进行优化配置，工作效率低下的同时，社会公众对警察组织实施的警政理念也会存在抵触心理，间接地，警察组织就会失去社会公众的理解和支持。综合导向的警察公共关系克服了这一缺点，从而从根本上改善了警民关系。综合导向的警察公共关系可以使警察组织不断地适应新形势下警务改革的要求，创新工作机制并将现有警政资源实现最大化利用。

（二）综合导向的警察公共关系的内部劣势

1. 提高警察组织的整体素质依然是一个长期性的问题

综合导向的警察公共关系对警察组织中警员的素质有较高的要求，而警员素质的提升并不是一次简单的"系统升级"，而是一个长期不间断的过程。随着社会的不断发展变化，社会公众的诉求也在不断地发生变动，这就需要警察组织动态地适应这一变化。只有使警察组织与社会公众诉求在动态上达到平衡，才能使警察公共关系维持在一个良好的状态，这是警察组织需要认真对待的、长期性的、不断发展变化的问题。

2. 警察组织的公关业务能力仍待加强

综合导向的警察公共关系对警察组织中警员的公关业务能力要求变高。新公共服务理念下的警察组织需要树立全员公关意识。警察组织的工作具有很强的社会性，警察组织中任何一个警员的言行举止都代表着整个警察组织的形象，因此，警察组织中的任何一员都肩负着重要的组织责任。坚持全员公关，要求警察组织中的每一名警员都要牢固树立公关意识、集体意识和公众意识，把警察公共关系建设与警察日常工作紧密相连。但从我国当前的现实情况来看，仍存在部分警员缺乏公关意识的现象，警察组织的整体公关能力仍有待加强。

3. 政府用警过度频繁，警察组织承担职责以外的任务过重

警察组织自身的性质和职能都存在特殊性，同时警察组织也承担着重要的社会服务职能，造成警察组织承担的职责以外的救援解困任务过

重，警察组织大范围地介入非警务活动，成了社会的"平衡器"，同时也做了许多越俎代庖、力所不及的事情，这就引发了社会公众的不满。

（三）综合导向的警察公共关系的外部机遇

1. 科技的进步，警政思想的传播方式丰富

科技的进步给人们的社会生活带来了诸多的便利，信息传递的方式也随着信息时代的到来变得更加多样化。对警察组织警政思想的传播也带来了根本性的变化。网络的普及，媒体、报刊、广播等信息传递方式的发达给警政思想的传递也带来了便利，这为社会公众理解警政思想提供了良好的社会环境。

2. 警察组织硬件条件相对完善，战斗力增强，打击和控制犯罪能力提高

随着科技的不断发展，警察的武器装备不断升级，提高了警察组织的战斗力，网络平台的运用将办公、刑侦、户籍、监控等多警种业务综合于一个高速应用平台，为警察组织工作提供了信息化工作手段，在保障网络和信息安全的前提下，大大提高了公安警务人员的执法能力和工作效率，警察组织打击和控制犯罪的能力都有所增强。警察组织工作效率的提高，使社会公众对警察组织的满意度也相应地得到提高。

（四）综合导向的警察公共关系的外部威胁

1. 社会转型期出现的各类矛盾严重影响警察公共关系的改善

我国正处于社会的转型期，市场经济的不断发展带来更多机遇的同时也带来了诸多的挑战。社会的变革必然带来利益的调整，在对各种利益的调整过程中，不同的利益集团之间必然存在各种矛盾。警察组织是维护社会稳定最主要的力量，同时也承担着重要的社会服务职能，各类矛盾的呈现必然给警察组织的工作带来困难，同时也影响着警察公共关系的改善。

2. 警察组织的受关注程度过高

警察组织本身的特殊性，使得警察组织备受社会公众和媒体的关注，这对警察组织来说既是一个机遇又是一个挑战。媒体的发展以及网络的普及，报刊、广播的多样化，使警察组织的工作变得更加透明化。

加之我国当前媒体的运作方式已经市场化，任何一种形式的媒体都必须引起社会公众的关注。当出现新闻时各种媒体都会争取第一时间的报道，目的是引起公众的关注，其对报道的真实与否并不会加以仔细的考证。信息时代的到来，网络的普及也给信息的传递铺就了"一条没有最高限速的高速公路"，公众渴望了解突发事件的真相，媒体具有挖掘和报道的职业本能。警察组织一旦出现负面的新闻就会被媒体无限地放大，这无疑给警察公共关系的建设带来了非常不利的影响。

3. 非警务活动影响警察专业职能的履行

警察职责的过分延伸给警察公共关系的建设带来了诸多不利的因素。在新公共管理理念之下，警察的社会服务职能被放在了主要的位置，各种非警务活动严重影响着警察专业职能的履行。社会公众的理念都是"有困难找警察"，这在分散警力的同时也给社会公众以过高的公开承诺，非警务活动往往不是警察组织的专业所及，如若完成度不高，社会公众的满意度就会下降，进而会影响警察公共关系的建设。

4. 社会公众的广泛性及其层次的复杂性

社会公众的广泛性和层次的复杂性是警察公共关系改善过程中面临的又一重大难题。警察组织是社会安全和稳定的维护者，警察组织工作的特殊性决定了警察公共关系对象的广泛性。然而不同的社会主体对警察组织的期待也有所不同，这就要求警察组织在警察公共关系的改善过程中必须充分考虑不同社会公众的个性心理和社会特性，考虑社会公众的不同需求，从而采用有区别的工作方法，这是对警察组织工作的巨大挑战和威胁。

第九章　警察公共关系的过程

第一节　警察公共关系过程的概念和特点

近年来，随着社会转型和经济转型的不断深入和发展，公安机关作为政府的重要执法主体之一，肩负着"巩固中国共产党执政地位，维护国家长治久安，保障人民安居乐业"三大历史使命，迫切要求提高社会管理的能力和水平，适应经济社会发展现状和趋势。在当前公安工作面临的新形势下，科学有效地开展警察公共关系活动已经成为做好当前公安工作的重中之重。

一、警察公共关系过程的内涵

警察公共关系的过程就是指公安机关开展公共关系活动的整体过程。具体来讲，它主要是指公安机关积极、持久、有计划地运用各种信息和传播沟通手段，加强与公众的相互了解和沟通合作，不断促进公安机关更好地开展公安活动，服务于群众和社会，从而为公安机关树立良好形象创造条件的警务运作模式和过程。

警察公共关系的过程实质是公安机关依法行使职能的一个重要方面。它由公安机关、公众和传播媒介三个基本元素构成。公安机关是警察公共关系过程的主体，公众是警察公共关系过程的客体，传播媒介则是警察公共关系活动的媒介和手段，是连接公安机关和公众的桥梁。警察公共关系过程的本质是公安机关运用传播手段开展的活动，它的任务是协调公安机关与公众之间的相互关系；它的职能是公安机关在广泛收集信息的基础上，根据各个时期的警务活动在公共群体中产生的效果和影响，提出公安工作的具体目标和实施计划，并通过传播和沟通，实现信息的反馈，对下阶段的警务活动进行新的计划的过程。公安机关开展警察公共关系活动，目的在于树立良好的公安机关组织形象，增强公众对于公安工作的信任和支持。

（一）警察公共关系的过程是一种警民互动的过程

警察公共关系是公安机关与公众之间的关系，公安机关是主体，公众是客体。这里所说的警民互动过程主要是指警察机关开展各种活动，客观作用于社会公众，根据公众对此的反应来不断改善和调整警务工作的过程。公众是公安机关开展警察公共关系工作的重要对象，因此，公众对公安机关确立警察公共关系的认同度和参与度，直接影响到警察公共关系活动的成功与否。警察组织与公众之间相互联系、相互作用，广大群众对于公安警务活动的影响，具有十分突出的价值，公安机关必须通过正确处理各种警民关系来确立良好的警察公共关系。

（二）警察公共关系的过程是一种整体的传播、沟通与合作的过程

公安机关开展警察公共关系，首先必须广泛地与公众进行接触，将信息或政策有计划地向社会公众进行传播和交流。传播媒介则是公安机关与公众进行沟通的中介和桥梁。基于公安机关执法为民，立警为民的核心目标，公安机关与公众之间的信息交流和沟通应当是双向的，二者从整体上应当相辅相成、相得益彰。一方面，警察组织通过各种途径和方式将信息给公众，使公众深刻了解当前公安工作的形势和方向，从而积极地参与社会治安综合治理工作，关心和支持公安机关的工作；另一方面，公安机关通过不断地了解公众的诉求和愿望，正确定位群众对于公安工作的客观评价，真正发现公安工作的问题，及时调整公安工作的思路和布局，为公众提供更好的服务。

（三）警察公共关系的过程是一种以改善警察形象，提高警察工作效率为目的的警务管理活动的过程

公安机关作为政府的一个重要的职能部门，是警察公共关系的主体，不但主导着警察公共关系的过程，而且还影响着警察公共关系活动的现实效果。公安机关开展公共关系活动都是围绕公众的利益进行的。公安机关形象的好与坏，不但直接影响到公众对警察工作的满意度和支持率，而且从根本上影响到党和政府的声誉和形象。因此，公安机关开展警察公共关系活动的过程就是一个不断改善自我形象的过程。公安机关只有不断树立一个能被公众接纳、得到公众信赖和支持的良好形象，才能从根本上建立起良好的社会公共关系，才能有利于公安工作的开展和发展。此外，公安机关形象是警察公共关系的核心内容，是开展警察公共关系活动的精髓。在公众中树立起良好的公安机关形象，是形成良好警察公共关系的基本要素。

二、警察公共关系过程的特点

在公共关系活动中，警察组织与公众、媒介之间相互作用，呈现出互动性、共享性、快速性、广泛性等特点。

（一）警民合作互动性

警民互动性主要是指公众与警察组织之间的相互作用。具体到警察公共关系过程中，一方面是警察组织将信息传递给公众，另一方面是公众将这些信息反馈回警察组织。在警察组织内部的公共关系中，上级领导和主管部门处于传播核心的地位，而内部公众处于信息受众的地位，警察组织通过上情下达和下情上呈的信息双向流动实现彼此之间的信息沟通，最终实现整个警察组织的工作效率、社会效益和公众满意度的不断提高。在警察组织外部公共关系中，主要通过发布信息、积累民意、开展警民之间的信息交流和相互合作，让公众了解公安机关的工作方向和重点。良好的警民互动有助于推动公安机关利民工作的开展，有助于实现警民和谐。

（二）强制性与服务性统一

公安机关作为国家机器的重要组成部分，是人民民主专政的支柱，是具有武装性质的国家治安行政力量。它自身的特殊性决定了警察公共关系过程是强制性与服务性的双重特点。一是警察公共关系的强制性。公安机关在履行巩固中国共产党的执政地位、维护国家长治久安、保障人民安居乐业三大政治和社会责任中，必须根据国家宪法和法律的要求，强化自身的专制职能，坚决打击危害国家安全和社会治安的违法犯罪活动。这种打击、管理行为具有很强的强制性，不以任何组织和个人的意志为转移的。只要公共关系另一方的行为触犯了法律，危害了社会，都要接受法律的制裁。这也是公安公共关系区别于其他公共关系的重要标志之一。二是警察公共关系的服务性。公安机关作为警察公共关系活动的主体，人民群众作为警察公共关系的客体，两者之间也是服务与被服务的关系，这是由公安机关性质、地位和任务决定的。在一定程度上看，公安机关服务水平和质量的高低，也直接导致警察公共关系的好坏。强制性与服务性是警察公共关系一个问题的两个方面，两者之间交替运行、相互作用。

（三）警务信息共享性

公安机关开展警察公共关系活动主要就是为了实现信息的相互交流，以达到警务信息的共享。信息共享性主要是指传播的信息在时空上实现传受双方共同享有，这也是警察公共关系过程中所具有的比较明显的特点之一。信息作为一种重要的资源，在警察公共关系中发挥着十分突出的作用，不管已经使用多少次，每个人都可以实现对信息内容的完整重现。正是由于信息共享性特点，公安机关在警察公共关系过程中要充分利用可共享性特点，准确地掌握各种信息。这不仅可以保证公安机关及时地了解群众各种情况的需求，也保障了公安机关的工作效率。警务信息的共享，在很大程度上加深了公安机关与公众之间的相互了解，从而更好地实现为人民服务的宗旨。

（四）信息沟通时效性

公安机关开展警察公共关系活动，要时刻注意把握信息沟通的时效性。在实际工作中，信息沟通常因发送者不及时，传递或接收者的理解、重视程度不够，而出现事后信息，或者通过其他渠道了解信息，使沟通渠道无法发挥正常的作用。当然，信息的发送者出于某些目的，而对信息进行不同程度的控制也是可行的，但是在达到控制的目的后，应及时进行信息的传递。公安机关在信息传播的过程中，要有效利用信息的时效性，快速地开展公共关系活动，从公众需求出发，确定内容，选择主体，保证信息传播的快速、准确，语言表达力求简洁明快。多样、快速的信息交流有助于更好地开展警察公共关系活动，从而实现不利后果的最小化。

（五）信息传播广泛性

信息传播广泛性是指公安机关有效的警务公共信息被所有的大众传播媒介所追求而广泛扩散，直至广泛地在公众中形成日益成熟的公共关系意识。现代信息传播技术的不断发展，为实现警务信息传播的广泛性提供了现实条件。此外，公安机关警务信息传播的广泛性，有助于公众培养广泛的公共关系意识，这种意识反过来影响公众行为，为公安机关信息传播的广泛性奠定了主观基础。群众公共关系意识的不断增强，不仅能促进信息的广泛传播，而且为公共关系传播的广泛性确立了深厚的群众基础。信息传播的广泛性，有助于公安机关更好地把握信息传播的方向，尽可能地实现警民思想和态度的统一性，从而更好地实现活动的价值。

第二节　警察公共关系的过程

建立、维持警察组织与公众之间良好的关系需要精心的运作，必须经过特定的工作步骤和过程。只有遵循公共关系运作程序开展公共关系活动，才能收到满意的效果。人们通常将警察公共关系活动的过程分为公共关系信息收集、信息发布、信息反馈和信息处理四个步骤。每个步骤之间各自独立运作，但又相互连接、前后连贯，构成公共关系运作程序。

一、信息收集

在信息时代，信息的作用正在为越来越多的人所认可，在警察公共关系活动中，公关人员经常要接触大量的信息材料，能否及时、准确、实用地收集并处理好相关信息，是衡量公关人员业务能力的一个重要标准。警察组织公关人员只有迅速及时地收集、处理和传递实用信息，才能为警察公关提供丰富、可靠、有效的材料来源，为进一步的决策提供依据。作为政府部门的警察组织，其主要的公关人员除了不泄露任何秘密以外，在与社会其他组织或公众的公关活动中，应培养和提高收集信息的能力，从而为警察公共关系提供证据材料来源，为公关活动的成功奠定基础。

收集信息是指根据特定目的和要求将分散的蕴含在不同时空领域的有关信息采掘和积累起来的过程。信息广泛存在于人类的生活、经济活动中，未经收集、加工、整理和分析的信息是零散的、无序的，其使用价值也是有限的。涉警信息的收集工作是警察组织将分布于社会各角落的有关信息进行收集、整理，这一环节是新闻宣传和舆论引导工作的起点，全面、及时地收集与获取涉警信息是整个工作流程的前提和基础。只有建立规范化、制度化的涉警信息收集机制，才能全面、深入地掌握涉警信息及相关舆情，才能做到及时、主动引导舆论，实现和谐的社会控制。

（一）信息收集工作的构成要素

公安机关的信息收集工作是一项系统的工程，由不同层次的要素构成。主要包括：信息收集的主体、信息收集的客体、信息收集的方法和渠道、信息收集的技术手段等。因此，构建公安机关信息收集的工作机制需要从以下方面入手：首先，确定公安机关内部由谁或者由哪个部门负责信息的收集并加强队伍的建设；其次，明确信息收集的内容和范围；再次，研究涉警信息收集的方法和渠道；最后，提高信息收集手段的科技含量。在上述各方面中，研究确定公安机关信息收集的内容和方法是完善信息收集机制的重点和关键。

（二）信息收集的内容和范围

（1）涉警舆情信息。涉警舆情是社会公众对公安机关执法行为的反应的集合体。公安机关加强舆论引导的前提是了解社情民意，了解公众思想动态。因此，信息收集的必要内容便是存在于媒介载体上的公众对公安机关工作的评论，以及针对各类案（事）件尤其是重大案（事）件的意见表达。通过对涉警舆情信息的收集，公安机关可以了解到当前公众对于公安工作的态度，从而依此反省自身队伍建设和执法过程中存在的问题，为公安工作的改革和完善指引方向。（2）公众对社会热点、焦点问题的意见和看法。公安信息收集工作的目的是知民情、晓民意、了民心，在舆情危机爆发之前掌握民众关注、关切的问题，通过对问题的解决将可能发生的社会矛盾化解在无声之下。因此，民众声音的大小，成为信息收集最主要的依据，民众特别关注、反应特别强烈的问题，要纳入信息收集的重点范畴。例如，公众对于当地社会治安状况的评价，农民工对于拖欠工资问题的反映，市民对于居高不下的房价问题的呼声。（3）各路媒体普遍关注的社会事件、问题。一个小事件经过媒体的普遍关注、争相报道就有可能会演变成大事件。因此，公安机关必须提高敏感度，时刻把握媒体动态，只要是媒体特别关注的事件就必须成为信息收集的对象。（4）涉及政治、经济、科技、文化、国家安全等领域的敏感信息和境外涉华舆论动态。

（三）信息收集的原则

（1）准确性原则。公安机关收集到的信息首先要确保真实、可靠，这是收集信息工作的最基本的要求，也是做出正确决策的重要保障。为达到这样的要求，公安机关须对收集到的信息进行反复核实，力求把误差减少到最低限度。并且在信息收集过程中，信息收集队伍必须秉持严肃认真的工作作风，实事求是的科学态度，科学严谨的收集方法，去粗取精，去伪存真。

（2）全面性原则。公安机关收集到的舆情信息要广泛、全面、完整。只有广泛、全面地收集信息，才能完整地反映社情民意，才能为公安机关的科学决策提供依据。

（3）时效性原则。当今社会，信息高速传播，信息的利用价值很大程度上取决于其时效性。公安机关只有及时、迅速收集信息，才能掌握舆情的实时动态。而对于用来作为决策依据的信息，更要强调它是"事前"的消息和情报，而不是"马后炮"。所以，只有信息是事前的，对决策才是有效的。这就要求，信息收集人员在工作中要积极主动，时刻保持高度警惕，及时发现、捕捉和获取有关信息。

（4）适度性原则。现代社会信息纷繁复杂，多种多样，如果没有限制地滥采滥用，不仅会造成人力、财力及物力的浪费，更会使有用的信息与无用的信息混杂，真实的信息与虚假的信息混杂。因此，在信息的收集过程中，必须坚持适度性原则。据此，要求信息收集人员注意研究涉警信息的分布规律，有选择、有重点地采集信息，多关注主流媒体发布的新闻信息，提高信息采集工作的经济效益和社会效益。

（四）畅通信息收集渠道

1. 确立固定的信息源

公安机关收集涉警信息需要首先确定广泛的、固定的信息源。主要包括：

（1）网络平台中的涉警信息。当前，网络已经成为第四大媒体，而且网络所承载的信息量远远多于其他媒体。更重要的是，在整个网络平台中还分布着各种形式的信息源，主要有：①普通网络站点。包括：官方性质的新闻网站，如人民网、新华网，各政府机关、司法机关的官方网站；商业性质的新闻网站，如新浪网、腾讯网、网易网等；以及其他不属于以上性质的网站，如凤凰资讯网。上述网络均为知名网站，信息更新速度快，覆盖面广，网民访问量也较高，是舆情信息收集的首要之选。②网络论坛、博客网络等平台。论坛和博客是目前公众自由发表评论，表述观点的平台，由于网络匿名制和较松的网络管制，这类媒体上存在着大量各种各样的信息。③QQ、MSN等通信工具。这类通信工具拥有大量用户，言论表达自由，信息传播迅速，传播面广，影响较大。④微博、微信。这是近年来新晋的热门网络媒体，方便、快捷、活跃、无障碍使其成为很多网民及手机用户发表观点、交流沟通的首要之选。并且，越来越多的政务机关也正在成为微博、微信的使用者，他们通过微博、微信公布政务信息，与公众互动，了解公众需求。因此，当前公安机关在收集信息时，应给予微博、微信平台以特殊关注。

（2）报纸、杂志中的信息。报纸、杂志作为传统的宣传、传播工具仍然是目前我国影响力最深的新闻媒体，其新闻信息的真实性也是网络媒体无法比拟的。公安机关在收集信息时应广泛关注各地区、各领域主流报纸杂志所刊载的相关信息，对于销售量较大的报纸、杂志更应该做到期期必读，角角落落必看。

（3）公众直接反映的信息。公众不经过任何媒介直接表达出的信息是最真实、最直观的信息，公安机关可以通过主动与公众沟通、交流获得这类信息，或者建立相关信息举报机制，完善信访机制，鼓励公众积极主动提供信息。

2. 积极与媒体沟通、交流，进行信息共享

新闻媒体作为专业的信息采编队伍，掌握着最新、最全面的信息，公安机关通过积极与媒体交流、沟通，与媒体形成良好的互动进而共享信息，这无疑是收集信息的捷径之一。充分发挥各种渠道，发挥敏锐的观察和分析能力，收集、接收各种显现的、潜在的信息资料。公关人员可以通过阅读报纸、杂志资料，收听、收看电台、电视，参加各种警察会议以及相互交谈等，了解警察组织的各种信息，及时反馈给公安机关决策者。公关人员还应当善于从众多的信息中发现问题，从相对稳定的现象中发现潜在的变化因素，及时把握信息。

3. 与其他部门建立信息共享机制

所谓的其他部门是指那些关注、重视舆情信息并掌握着大量社会舆情信息的组织，主要有国家安全部门、政府宣传部门、信息产业主管部门、新闻出版主管部门、信访部门、文化部门、工商税务及司法部门等。通过建立共享与协作机制，扩大舆情信息来源。此外，还有一类机构需要予以重视，即社会上各类商业性的信息服务提供商，如大型图书馆、情报中心、网络信息监测机构、情报调查机构、信息咨询公司、网络数据库服务提供商以及其他各类互联网络信息服务机构。与它们建立良好的关系，不仅可获得有价值的舆情信息，而且能获取先进的信息收集方法、技术与经验。

4. 积极发挥综合分析和逻辑推理能力，对信息进行二次整理

公安机关公关人员对收集来的各种信息进行筛选、加工、综合，从而去伪存真，去粗存精，保证信息的真实性、可靠性及可用性。为了获取重要的信息资料，尤其是第一手的资料，公安机关公关人员必须以极强的调研能力为后盾。只有通过到基层调查，才能了解信息资料的本来目的；只有通过研究，才能合理推理出科学的结论。

5. 发挥对收集来的信息的比较、鉴别和判断能力，对加工过的信息进行仔细分析

例如，对警察组织面临的情况、相关公安决策会带来的结果、公众的心理和反应、具体的公关环境等，通过对信息的编写，研究分析信息的价值所在，用恰当的形式和方式及时反馈，以便决策者使用。公关人员及时有效地选择已经过综合加工的有价值信息为警察公共关系服务。这些信息可以成为有用的证据，可以是佐证的材料，可以是设计方案的重要参考，也可以是公共关系策划的重要议题。

二、信息发布

信息收集的目的一方面是为决策提供依据，另一方面便是为信息的发布提供材料。社会运行需要信息，公众生活需要信息，"社会不仅是由于传递、由于传播而得以存在，而且完全可以说是在传递、传播之中存在着"。社会运行的依据是所有信息的交互传播，因此，信息的拥有者积极主动地发布信息是保障社会正常运行的必要环节。

公安机关作为社会公共事务的管理者，法律法规的执行者，掌握着大量新闻媒体和社会公众所不知但需知的信息，只有将这部分信息通过各种渠道公之于众，才能保证社会的有序运行，才能保证公众知情权的实现，才能保证公安机关的行政工作在新闻媒体和舆论的监督下进行。坚持正确导向、有序开放、有效管理，及时准确、公开透明地发布权威信息，及时主动回应人民群众的关切，有效化解人民群众的思想疑虑，是增强公安机关舆情引导力、掌握主动权、赢得话语权的重要原则。因此，发布信息不仅是公安机关履行职责的表现，更是进行宣传和舆论引导工作的必要步骤。

公安机关将通过各种途径收集来的信息进行分析、整理，集中处理相关信息后，应当及时地将信息公开发布。信息发布主要是指公安机关组织公关人员，将有效的信息通过各种途径和媒介向社会公众进行发表和宣传，以此达到特定公共关系目的活动。

（一）信息发布的必要性

（1）信息发布是保障公民知情权的必然选择。一个国家的公民是否

拥有知情权，以及权利实现的程度是衡量这个国家民主政治建设进程的重要因素。政府的信息公开程度直接决定着公民知情权的实现程度。当今社会，随着民主意识、监督意识、公民意识的增强，公众对公安机关执法信息的公开程度提出了更高的要求。

（2）信息发布是阻却谣言传播，避免爆发舆情危机的必要手段。在网络化、信息化的大背景下，谣言的传播速度和传播范围难以预料，难以控制，且谣言很容易激起群众的愤怒，进而容易导致大规模群体性事件或者舆情危机的爆发。而事件的真相是击破谣言，阻断谣言传播的最有效工具。因此，公安机关及时发布其所掌握的事件或者案件信息，是遏制谣言传播，避免矛盾激化的最直接、最有效手段。

（3）信息发布是公安机关自觉接受舆论监督的表现。舆论监督是确保公安机关公平、公正执法，合法、合规办事的最有效外部监督体系，公安机关主动发布警务信息表明其愿意接受舆论的监督，愿意将进行社会管理工作的过程与结果置于新闻媒体和社会公众的视野之下。

（二）信息发布的原则

1. 及时、准确发布信息原则

赢得时间就赢得了话语权，就赢得了舆论引导的主动权。信息不仅要发布，还要在保证准确的前提下及时发布，只有具有时效性的信息才是有用的信息，才能引起舆论关注。这就要求公安机关时刻关注舆情动态，时刻收集舆情信息，保持高度警惕，尽量做到"先入为主"，一旦出现舆情危机的苗头就及时公布相关信息，在第一时间作出反应，表达警方的原则、立场，掌握舆论的主导权，占领话语的制高点。

从近几年的社会现实状况来看，涉警舆情危机频频发生，其中一个重要的原因就在于公安机关没有及时主动做出反应，对于涉及案件或者事件的信息不能做到及时公布，最终导致矛盾扩大，危机蔓延。就拿2008年发生于贵州的"瓮安事件"来说，该事件的起因仅是一件情节简单的自杀案件，而最终却演变成一场造成重大人员伤亡和财产损失的群体性事件。事后在分析该起事件的经验教训时，我们发现公安机关没有在案件发生之初，及时将案件调查过程和结果进行相应的公开是造成事件扩大的关键因素。这起群体性事件的起因是一个14岁初中生被发现溺死于河中，当地公安机关的调查结果是该案件属于自杀，没有犯罪嫌疑人存在，但死者亲属对此表示质疑，多次向公安机关要求说明情况。与此同时，当地谣言四起，有谣言称死者生前被强奸，且该事件与当地县委书记及副县长的亲属有关，还有谣言称死者的亲属在与公安机关交涉中有的被公安机关非法羁押，有的被公安机关打伤。当地公安机关对这些谣言充耳不闻，既不澄清事实也不阻断谣言，为谣言的滋生蔓延提供了空间，最终导致群体性事件的突发。

谣言止于事实，公安机关针对涉警舆情、涉警事件的爆发，第一反应必须是主动应对，及时介入，第一时间发布权威信息，力争在最短的时间内将事件或者案件的真相告知公众。在"瓮安事件"中，公安机关如果及时公布案件侦查过程中获取的证据材料，讲明案件调查的情况，并就谣言中所涉及的"官二代"的具体身份予以查明、公布，那么，公众就不会轻易地被煽动，群体性事件自然也能避免。信息发布一旦失去有利的时机，无论事后做出何种解释，拿出何种证据，都会被认为是借口或者虚假信息，因为此时公安机关的可信度已大打折扣。

2. 有针对性原则

公安机关进行信息发布并不意味着所有信息都要公布，而应是有限度的、有针对性的发布，这样既能节约信息发布的成本也能提高发布效率。因此，涉警信息的监测人员需要具有较高的政治敏锐性，能够分析判断出当前舆情关注的热点、焦点，当前公众需要获得的信息资源，从而适时、适度地进行动态披露，以正确的方式方法及时地满足公众的知情权。

3. 分阶段、分层次公布原则

这一原则主要是针对有涉警事件发生时，短时间内可能很难搞清楚事件的来龙去脉的情况。这种情况下就可以分阶段、分层次地发布，而不是等待事件处理完后再一次性地发布新闻，那时单是信息发布可能已无法消除事件扩大带来的不良影响。分阶段、分层次公布原则可以使民众随时、及时地了解事件信息，将负面影响降至最低。

（三）构建信息的发布机制

1. 加强信息发布阵地建设，充分发挥新兴媒体的优势

影响力大、覆盖面广、关注度高的信息发布平台是增强发表信息的

影响力，有效实现发布目的的重要因素。因此，公安机关构建信息发布机制的首要任务便是加强信息发布的阵地建设。

21世纪是信息化、网络化和数字化时代，在传统媒介的影响力继续扩大的背景下，网络媒体已跻身成为第四大媒体，以其高速、自由的独特优势影响着当前的信息传播。因此，公安机关在保持原有信息发布平台不减的前提下，应开始重点构建公安机关网络信息发布平台。我们发现，通过网络发布的信息具有以下优势：（1）图、文、声并茂。通过网络发布的信息可以图、文、声并茂，使新闻宣传更为直观、生动、形象。（2）传播速度快、范围广，不受时间及空间的限制。（3）形式灵活多样。互联网有着各种各样的交流形式，如网页、论坛、博客、e-mail、QQ、MSN、FLASH、网络视频等。公安机关可以采用这些灵活多样的形式对外进行信息发布，从而弥补传统宣传工作中形式单调的缺点。（4）具有可检索性和重复阅读性，信息保留时间较长。（5）可在线进行互动交流。与传统的宣传媒体相比，网络宣传更多的是提供给大家一个可以在线交流的机会，这就调动了受众的积极性，使很大一部分人参与进来。比如当某人看到一条自己感兴趣或者和自己生活相关的信息后，他可能会对这条信息内容加以评论，然后转发到在线的好友群中，供大家浏览或讨论。这样一条简单的新闻就会通过转发的形式传播开来。

2. 完善公安机关的新闻发言人制度

新闻发言人制度是公安机关贯彻社会管理创新理念以及现代传播理念的表现。新闻发言人代表公安机关将其掌握的警务舆情信息最大限度地公开，主动与媒体、公众进行交流沟通，对提升公安维稳能力和舆论引导能力有显著的作用。李长春同志曾强调指出："新闻发布和新闻发言人制度，是社会主义民主政治建设的重要内容，是引导舆论、创造良好的舆论环境的重要手段。十六大以来，这方面的工作不断取得新进展。希望继续在规范化、制度化上不断完善、提高。"由于我国公安机关新闻发言人制度起步较晚，目前在实施和运行过程中还存在较多的问题。对新闻发言人制度而言，如何从更深远、更现实的角度去考量公安新闻发言人制度在提高政府执政水平、树立公安机关的形象等方面的重要作用和不可或缺性，以及如何提高公安新闻发言人的素质等，是工作的重点和难点。

3. 确定信息发布的目标和主题

公共关系实施是把公共关系计划具体落实、付诸实践的过程。警察公共关系信息发布的目标，是经过组织收集各种信息，开展各种类型公关活动所追求和期望达到的一种状态或标准。也就是明确信息发布做什么，达到什么程度和目的。警察公共关系实务工作的过程，实际上就是警察公共关系信息发布的关键步骤。目标一错，一错百错。而没有目标，警察公共关系信息发布的实际作用也就无从谈起。对公共关系策划者而言，信息发布所要确定的目标是指在一定的环境和条件下，通过信息的发布实施所希望达到的理想结果。在具体的信息发布过程中，公共关系目标以目标有效期限区分，可分为长期目标和近期目标。总体目标，又称公共关系战略目标。它与组织的整体目标相一致，以塑造组织的总体形象为参照，一般比较抽象地反映组织在公众中应有的形象以及能够对社会所起的作用，是组织理想的信条，组织需长期不懈地为之努力的目标。具体目标，又称公共关系战术目标，它服务于总体目标，有确定内容，通过一段时间的公共关系活动有望实现的理想结果。

4. 正确分析信息受众群体，拟定信息发布计划

公安机关发布的任何信息都有其特定的相关公众，公共关系活动是以不同的方式针对相应的公众展开的，而非单纯的像广告那样通过传播媒介把各种信息传播给大众。因此，公关人员一进入信息发布的实质程序时，首要解决的问题就是分析公众，找出信息发布的主要受众群体，分析特定公众的特点与需求，从而有针对性地设计信息发布的方式方法，并展开信息发布的各个步骤。只有确定了相关公众，才能设计出满足特定公众需求的传播主题，才能保证围绕这一主题而展开的信息能够得到公众的认可，保证整个过程的成功。

警察公共关系的信息发布过程要明确公众的权利要求，对公众的各种权利要求进行概括和分析，找出各类公众权利要求中的共同点和共性问题，把满足各类公众的共同权利要求作为研究公安机关和警察总体形象的基础。

当信息发布的主题和侧重点设计妥当、传播媒介也妥为选择之后，警察公共关系策划者所面临的工作便是为整个警察公共关系活动进行深化思考，使总体构想——细化、有序化，且具有可行性，即富有可操作性，这个过程就完成了信息发布的计划。

5. 注意合理地利用媒介和预算经费

在设计好警察公共关系主体后，公共关系领导就要考虑选择与目标公众相沟通的最合适的媒体。习惯上，人们通常把"媒介"理解为报纸、杂志、电视、广播这四大大众传播媒介。而我们在实际的警察公共关系活动中的信息传播，所借用的媒介物远远超出前面所概括的范围和种类，比如展厅媒体、户外媒体、交通媒体等。

公安机关在发布信息的过程中，离不开对预算经费的合理规划和利用。可以根据人力、物力、财力，并结合每一个警察公共关系项目、活动的轻重缓急，事先统筹兼顾、全面安排，使资金的投入产生最佳的效益。通过对公共关系活动经费的预算，还可以给警察公共关系费用的分配提供一个好的标尺，可以知道哪些是必须花费的，哪些是多余的、应严格控制的，要把资金花在关键的地方。

三、信息反馈

公关实施中的反馈过程对于公共关系活动的推进和目标的顺利实现非常重要。传播学理论认为，所谓反馈是指传播者和传播对象在传播活动中相互接收到对方信息后的互动式反应。之所以对反馈这样界定是因为：新科技在传播中的应用，传播者和受传者在主次地位上并没有明显的区分，两者都是传播的主体，都对传播过程起着重要的影响。传播者传递信息符号给受传者，而受传者接到这些符号后，将其转化为信息，连同受传者从其他方面接收到的信息，进行选择，做出推论和反应，同时又把这一反应作为新的信息，对其进行编码，然后传递给传播者，这样又引起了传播者新的反应，以调整其下一轮的信息传播活动。运用这一原理来解释公安机关的信息反馈机制，便可得出这样的结论：公安机关和社会公众都是传播的主体，在一个完整的信息传播过程中，社会公众并不只是一味地接受信息，相反，他们也是信息的传播者。

所谓信息反馈是指在信息发表实施过程中，要做到不断地把公关计划实施的结果与计划目标相对照，如果发现偏差，则应及时对计划、行动和目标作出相应的调整。事实上，整个实施过程中，这种信息的反馈是始终不断进行着，直到实施结束。公安机关在发表信息后并不能代表其宣传和舆论引导工作的完成，它还应继续接收公众针对其发表的信息所反馈回来的信息，所以，这应是一个永无止境的循环过程。

（一）信息反馈的分类

警察公共关系活动进行信息反馈的目的在于测定公共关系工作目标的实现程度，它是一种系统性的反馈，主要是围绕着每一类目标公众的影响方向和程度，具体包括以下几个方面。

1. 信息传递效果的反馈

警察公共关系可以理解为通过信息传递影响公众的一个过程，那么，在公关工作中，有多少公众接触到公安机关传递的信息、他们是否有效地记住了这些信息，公安机关选择的传播媒介与传播途径对其选定的目标公众、信息传递的到达率是否理想。

2. 公众影响效果的反馈

警察公共关系工作是组织与公众的一个相互作用的过程，公安机关希望通过自身的努力影响公众的态度、转变公众的行为。态度的形成需要较长的时间，一旦形成便具有相对稳定性，因而公安机关有必要评估公关工作使公众产生了多少态度的转变，又有多少公众发生了行为的转变。当然，评估一项公关活动在改变人们长期态度和行为方面所取得的成果，需要较长时间的反馈和观察。

3. 目标达成程度的反馈

在警察公共关系建设过程中，一般需要确认公关目标，通过实施之后，有多少目标已经达成、达成的程度怎样是检验警察公共关系活动效果的最高标准。一个全面的目标体系除了涉及组织自身之外往往还包括其对社会的影响，也即社会效果目标。因而，在对目标达成程度评估时，还要对为社会和文化带来的影响以及影响的程度进行反馈。

（二）构建信息的反馈机制

1. 在观念上，公安机关和社会公众都应树立"双向传播"的意识，

即应认清在信息反馈过程中二者的地位是平等的

公安机关与社会公众都是传播的主体，二者之间是一种"共生"和"互构"的关系，而不是"主客体"的关系。在接受信息反馈过程中，公安机关要完全抛弃"官本位"的思想，树立"平等互信"的理念，不能再将公众视为管理的对象，而应将其视为信息传播的主体。面对公众所反馈的信息，即便是对公安工作的不满和批评，也应该坦诚接受，认真悔过，有则改之，无则加勉。对于社会公众而言，要认识到自己是信息传播活动的主动参与者，在信息传播层面上与公安机关处于同等位置，应该积极地表达自己的意愿，或者是对公安机关执法行为的意见、建议甚至是批评。公安机关和社会公众只有在观念上树立平等意识，才能建立一个互通有无、公平公开的信息反馈机制，才能为公安宣传和舆论引导工作获取最真实可靠的信息材料。

2. 疏通信息反馈渠道，为公众反馈信息提供便利

主要可以从以下几方面入手。

（1）对于纸质媒体，即报纸、杂志、书籍等，可以通过增加专门接收公众信息反馈的版面，同时增加编写反馈信息的人员，主动引导信息的接收者进行反馈。

（2）利用网络平台，接受信息反馈。网络的高速便捷和高度开放有助于提高公众反馈信息的积极性。网络上多种接受反馈信息的方式会大大提高公众的参与性，比如网页、论坛、聊天室、QQ、MSN 等方式，都是公众日常生活中经常使用的沟通工具。而且，网络媒介的使用可以避免信息反馈的间接性和延时性，通过利用网络平台，公安机关和社会公众可以进行直接的信息交流，公安机关利用网络可以收集到公众的原始反馈信息，而公众则可通过网络直抒胸臆，直言进谏，从而避免了传统媒介传播的间接性和延时性。

（3）公安机关内部设立专门的接收反馈信息的人员或者部门。公安机关可以通过开辟热线电话、开展问卷调查、接受公众来访等方式，直接、主动接收反馈信息。通过这一渠道接收到的反馈信息较之其他渠道在真实性、时效性上更胜一筹，但是，这种方式也会增加公安机关的工作内容和工作压力。

3. 信息反馈的运作应该经常性并形成制度化体制

公安机关积极主动接收社会公众的信息反馈，不能只是在一段时间或部分空间范围内进行，而应该作为一项长期的工作来抓。公安机关应该开展定期调查，长期跟踪公众对于发布信息的反应，安排专门人员负责反馈信息的收集，使反馈机制可以长期有效运行，且逐渐在完善中形成制度化的信息反馈运作机制。

四、信息处理

信息处理是整个工作流程的最后一个步骤，是将收集、发表、反馈来的信息进行最后的整理、编辑、删减或者采用的过程。公安机关所获得的信息并不一定都是具有使用价值的，或者具有使用价值的信息，其价值大小也都是参差不齐的，这就需要在最后环节中对信息进行再分类、再处理。

（一）信息处理工作的内容

（1）判断信息的利用价值。由于信息收集及反馈渠道多种多样，水平不一，所得信息的价值含量和真假程度难以辨别，为方便信息使用，需要对所用信息的真假及利用价值大小进行判断。具体到公安工作中来，在面对收集到的纷繁复杂的舆情信息，公安工作人员应结合自身工作范围、工作任务和当前大政方针，综合分析舆情信息的价值含量，不能一概引用，也不能一概抛弃。

（2）进行信息的储存。信息的储存是对收集到的或加工后的信息进行存储，在保证可以迅速查阅的同时也可避免再使用时因重新收集而浪费人力、物力。当然，公安工作所依据的舆情信息有实效性的要求，即必须属于当前社会实时的舆论动态，由此，信息处理人员对于存储的信息应及时更新，对于已属于陈旧的舆情动态可以删除，及时增加新的舆情分析。

（3）进行信息的报送。信息的报送应严格按照程序，按照所收集信息的种类、范围、影响力大小，选择不同机关进行报送。属于本地方或行业性舆情信息一般要报同级党委领导。社会性问题或全局性舆情要统一上报上级党委、政府和公安机关。要坚持稳妥及时的原则，所有上报的舆情信息要经过相关领导的审核和签发，"第一时间"上报。

（二）信息处理中应注意的问题

（1）信息处理人员要有敏锐的舆情意识。敏锐的舆情意识，是公安机关信息工作者必备的素质。在实践中培养和提高舆情意识，是一名信息工作者做好本职工作的前提。舆情意识集中反映在对舆情的敏感度上，一名合格的舆情信息员能够从微小的信息感应出大的舆论方向，可以从纷杂的信息中抓住主要矛盾，能够从舆情走向中预测出以后可能发生的舆情，从日常生活中总结出民心、民意、民情。

（2）信息处理人员要有严格的保密意识。涉警信息一般都具有较高的保密级别，信息处理人员在信息未经处理完毕之前应按规定保持其秘密性。因此，信息公开不是每个公安工作者的任务，而应是符合程序、符合制度的公开。

（3）信息处理属于专业的技术工作范畴，应通过学习培训等方式提高公安机关信息处理人员的专业技能。公安机关内部的信息工作者并不是专业的进行信息工作的人员，在业务技巧上不能达到专业水准，因此，可以通过聘请专业技术能手，加强对信息工作者信息处理工作流程的培训，增强其分析、处理信息的能力。

第三节　警察公共关系的过程模型

公安机关公共关系活动工作是公安工作的重要组成部分。新形势下，加强公安机关公共关系工作创新，是构建和谐警民关系、推动公安工作科学发展的重要手段。因此，如何进一步加强和改进公安机关公共关系工作，全面提升公安机关公共关系过程工作科学化水平，已成为各级公安机关认真研究和积极探索的重要课题。

一、单向的公安机关主导型公关关系过程

在我国计划经济时代，行政机关信息发布相对封闭，加上公安工作

的特殊性，很多警务工作信息都具有保密性。受这种体制和观念的影响，传统公安机关公共关系工作主要是以公安机关为主导，单向发布警务信息，塑造宣传警务形象，公安舆论引导方式方法也较为单一，缺乏与公众和社会交流、互动、沟通。

传统公安公共关系过程有以下特点。

一是公安机关主导，公众被动接受。传统的公安机关公共关系活动，多将相关工作的范畴局限在对内开展思想政治教育，对外通过新闻媒体进行公安机关正面宣传上。从形式上来看，公安机关新闻宣传工作多通过电视、报刊等传统媒体编发、制作反映公安机关侦查破案、治安行政管理、服务群众以及公安民警无私无畏、默默奉献的新闻稿件、宣传报道、影视作品等。在对外宣传过程中，公安机关新闻宣传和舆论引导部门主观意识较强，重新闻宣传和舆论引导工作的单向宣传，轻宣传对象反馈和接受程度，使公安机关新闻宣传和舆论引导部门与媒体、社会公众之间缺乏有效沟通和互动，制约了公安机关公共关系活动的开展。

二是多采用单向的新闻宣传和舆论引导方式。在传统公安机关新闻宣传和舆论引导机制下，公安机关新闻宣传和舆论引导部门与媒体、公众的关系主要是一种单向的线性关系，警务信息是否公开、公开的程度如何等以公安机关为导向。在当时静态的社会环境下，这种单向公关关系一定程度上适应了经济社会发展的需求。但是，随着社会的流动性加强，信息化程度越来越高，公安机关单向新闻宣传和舆论引导方式已经不能满足公众日益增长的物质文化需要和各类媒体快速发展的要求。

三是传播方式较为粗放。传统公安宣传与舆论引导采用粗放的传播形式，有时对要发布的信息不加以区分，没有针对性；传达的信息不够严谨、准确，容易产生歧义。很多公安机关没有专业性的新闻发布人员和专门的新闻发布机制。在社会管理创新的时代背景下，公安新闻宣传工作要得到发展和完善，公安新闻宣传部门必须认真研究不同媒体的规律、特点和不同类型受众的特点，了解受众对公安信息的需求，分门别类，区别对待，使新闻媒体传达的公安信息能够准确地被受众接受，避免新闻资源的浪费，增强新闻宣传的针对性和实效性。

四是被动应对舆论。公安工作公开程度以及发布信息的内容、对象等直接关系到群众对公安工作的了解程度和社会舆论氛围。传统的公安机关新闻宣传和舆论引导工作很多是在舆论形成之后，才手忙脚乱地通过围堵信息等硬性的手段、方式应对负面社会舆论，导致公安机关新闻宣传和舆论引导效果不佳。因此，在新形势下，公安机关新闻宣传和舆论引导工作的关键是要主动引导。主动引导要求公安机关在舆论尚未形成或形成之初，进行积极、有的放矢的引导，使其朝着有利的方向发展和演化；另外，要求公安机关把处理舆论工作和引导工作相结合。这样才能使公安机关新闻宣传和舆论引导由传统的被动模式向主动引导模式转变。

传统的单向的公安机关主导型模式，在相对封闭、静态的经济社会环境下，发挥了一定的积极作用，但是，随着经济社会逐渐开放化、动态化发展，要从根本上推动公安机关新闻宣传和舆论引导工作上水平、上档次，必须打破传统的工作理念和工作套路，建立行之有效的运行机制和保障机制，切实增强公安宣传的效果。

二、公众导向的公安机关公共关系过程

（一）公众导向的公安机关公关活动背景

随着经济社会的发展，社会主义民主与法制建设和公民法律意识的不断加强，公众参与、监督社会管理的意识不断增强，传统的公安机关新闻宣传和舆论引导模式已经不能适应社会发展的需要。人们对社会治安和公安机关执法活动的关注程度也越来越高，尤其是在治安、户政、交通和出入境管理等与日常生活密切相关的行政管理法规和办事程序等方面，群众需要了解的情况更多。因此，公安机关新闻宣传和舆论引导必须树立服务意识，通过多种渠道让民众了解警务信息，公安机关也需要借助媒体传播公共安全信息，需要运用各种传播和沟通手段经常将涉及群众切身利益的法律法规、安全知识、预防和打击犯罪的信息晓喻社会、告知群众，为公民行使知情权、参与权和监督权创造更多的渠道和机会，为公安机关各项执法活动创造良好的群众基础和社会环境。

（二）公众导向的公安机关公共关系活动的方式

传统的公安机关新闻宣传和舆论引导模式存在的局限性，使公安机

关新闻宣传和舆论引导部门开始转变思路，致力于寻找一种新的宣传模式以改善警察与民众的关系，保障公民的知情权、参与权、监督权，更好地主动引导舆论的方向，为公安机关开展工作创造了良好的新闻宣传和舆论环境。现代的公安宣传方式不只是被动地针对发生的案件给予报道，而是一种主动地发布相关警务信息，拓展群众参与渠道，让民众广泛参与，让民众及时了解公安工作的动态宣传模式，从而发挥民众的积极性，创造一个有利于公安机关工作的和谐的人际环境和舆论环境。

为改进公安机关新闻宣传和舆论引导工作，各级公安机关新闻宣传和舆论引导部门特别是领导同志必须深刻认识信息化条件下维护社会稳定工作所面临的前所未有的挑战，增强责任感和紧迫感，进一步树立现代传播理念，努力拓展民意沟通渠道，积极探索与社会公众增进沟通、理解的新途径、新方法，切实提高公安机关社会管理服务的能力和水平，确保社会稳定。为此，各地公安机关新闻宣传和舆论引导十分有必要探索现代的公安宣传与舆论引导的方式：一是更加注重主动地、全身心地听取群众的呼声，满足群众的需求；二是更加注重拓宽公安机关新闻宣传和舆论引导工作的渠道，满足群众日益增长的参与、监督公安工作的需要；三是更加注重扩大警务信息的范围，夯实公安机关群众工作的基础，吸引更广泛的群众参与到公安工作中来，形成更为强大的合力；四是更加注重主动引导公众舆论的导向，确保社会舆论导向平稳可控，减少不和谐的社会舆论因素，维护社会稳定；五是更加注重建立健全新闻宣传和舆论引导相关的体制机制，加强和媒体之间的合作，多渠道多方法引导，营造健康、和谐的新闻舆论环境。

三、互动导向的公安机关公共关系过程

由于单向的新闻宣传和舆论引导缺少组织和公众、媒体的互动，公众导向的新闻宣传和舆论引导无法有效发挥组织的主观能动性，在新闻学、传播学、舆论学上，出现了综合导向的新闻宣传和舆论引导模式。该模式为公安机关新闻宣传和舆论引导提出了一种兼具公安导向与公众导向的模式，其在注重公安机关新闻宣传和舆论引导工作，充分发挥公安机关作为精英团体的优势的同时，也注重公安机关新闻宣传和舆论引

导部门与媒体和公众之间的双向良性互动，确保公安机关新闻宣传和舆论引导部门、媒体、公众之间在相互交流、沟通的过程中，既充分发挥公安机关的职能作用，又保障了媒体、公众参与、监督警务活动的权利，实现了信息的及时性、畅通性，有利于构建和谐的警媒、警民关系。

在社会管理创新的大时代背景下，综合的、双向的互动交流模式，符合社会发展的需要，满足了人民的需求，充分发挥了警方和公众的作用。公安机关是政府的重要组成部分，担负着重要的社会管理职能。建设服务型政府要积极回应社会需求和公众诉求，坚持以人为本，着力解决民生问题，从源头上减少和化解矛盾。需要综合运用多种管理手段，采用多种方式，激励公民参与社会管理活动。同时，我国是政府主导型国家，要充分发挥公安机关精英团体的作用。

互动导向的公安机关新闻宣传和舆论引导工作下，能够实现公安机关新闻宣传和舆论引导部门向公众的传播沟通以及公众向公安机关的传播沟通。公安机关向公众的传播沟通可以帮助公安机关建立和谐的内部环境，整合最优的内部资源，然后通过媒介把公安机关的真实信息适时地传递给公众。其主要内容：一是内部沟通，增强组织凝聚力；二是对外传播，提高美誉度。公众向公安机关的沟通是通过反馈的方式来实现的。传播是传播者与受传者之间相互交流、沟通信息的双向互动过程。公安机关向公众传播信息的同时，公众也向公安机关传递信息。反馈有利于评估传播效果，离开了信息反馈公安机关就无法了解公众对信息的要求、希望、评价等。

第四节　我国警察公共关系过程模型的现状和建设

一、警察公共关系活动的主要模型

（一）拉斯韦尔的 5W 模式

美国政治学家拉斯韦尔在其 1948 年发表的《传播在社会中的结构与功能》一文中，最早以建立模式的方法对人类社会的传播活动进行了分析，这便是著名的"5W"模式。"5W"模式界定传播学的研究范围和基本内容，影响极为深远，甚至时至今日，拉斯韦尔模式仍是引导人们研究传播过程的一种方便的综合性方法。

"5W"模式，即谁（Who）、说什么（Says What）、通过什么渠道（In Which Channel）、对谁（To Whom）、产生什么效果（With What Effect）。其称谓来自模式中5个要素相同的首字母"W"。这五个要素又构成了后来传播学研究的5个基本内容，即控制研究、内容分析、媒介研究、受众研究和效果研究。这五个要素各有其自身的特点。"谁"就是传播者，在传播过程中担负着信息的收集、加工和传递的任务。传播者既可以是单个的人，也可以是集体或专门的机构。"说什么"是指信息传播的内容，它是由一组有意义的符号组成的信息组合。符号包括语言符号和非语言符号。"渠道"是信息传递所必须经过的中介或借助的物质载体，它可以是诸如信件、电话等人际之间的媒介，也可以是报纸、广播、电视等大众传播媒介。"对谁"是受传者或受众，受众是所有受传者（如读者、听众、观众等）的总称，它是传播的最终对象和目的地。"效果"是信息到达受众后在其认知、情感、行为各层面所引起的反应，它是检验传播活动是否成功的重要标尺。

5W模式从理论的角度概括了传播过程的基本因素，并且相对应地限定了5个研究领域，有效地描述、传播、规划了传播学的研究，为公共关系传播理论的研究奠定了基础。遗憾的是，5W模式将传播视作劝服性过程，认为传播是传播者打算影响受传者，并且总能取得一定效果的过程，忽略了信息的反馈；将传播划分为5个部分，忽略了传播行为的复杂性，忽略了相互之间的关联——事实上，传播在不断进行，很难独立出一个具体和单一的传播行为。公安机关新闻宣传和舆论引导工作可以把握传播过程的基本要素，为有效传播做好准备，应该注意传播的多样性以及公安机关与公众之间的互动交流。

（二）香农—韦弗模式

香农—韦弗模式又称传播的数学模式。1949年由美国数学家C. E. 香农和W. 韦弗提出。在这个模式中，传播被描述为一种直线性的单向过程，包括信息源、发射器、信道、接收器、信息接受者以及噪声六个因素，这里的发射器和接收器起到了编码和译码的功能。第一个环节是资讯来源，它发出一个信息或一组信息供传播。下一步由传送器将信息转换成信号，这些信号应当适宜于通向接收器的通道。接收器的功能与传送器的功能相反，接收器将信号还原成信息。然后，将接收器的信息传送至目的地。由于可能受到噪声的干扰，信号是不稳定的。

"噪声"概念的引入，是这一模式的一大优点。它指的是一切传播者意图以外的、对正常信息传递的干扰。构成噪声的原因既可能是机器本身的故障，也可能是来自外界的干扰。例如，在收看广播电视节目时，天线接收功能不好，造成图像不清晰，这可以看作是噪声的影响。克服噪声的方法是重复某些重要的信息。这样，传播的信息中就不仅仅包括"有效信息"，还包括重复的那部分信息，即"冗余"。传播过程中出现噪声时，要力争处理好有效信息和冗余信息之间的平衡。冗余信息的出现会使一定时间内所传递的有效信息有所减少。

但是，人际传播的信息内容、社会环境和传播效果并不能直接在这一模式里找到，而且这一模式仍然是单向直线的，因而不能用它来解释人的全部社会传播行为。数学模式虽然为传播学研究带来了一种全新的视角，但它并不完全适用于人类社会的传播过程。它将传播者和受传者的角色固定化，忽视了人类社会传播过程中二者之间的转化；它未能注意到反馈这一人类传播活动中极为常见的因素，因而也就忽视了人类传播的互动性质。这些缺点同时也是直线传播模式所共有的。

（三）德弗勒互动模式

德弗勒对香农—韦弗模式作了进一步的重要补充，增加了另一组因素，以显示信息源是如何获得反馈的。德弗勒互动模式的基本观点是：显示信息源是如何获得反馈的大众传播是构成社会系统的一个有机组成部分。德弗勒是从社会学角度切入对大众传播体系进行描述，并运用系统科学的方法对这一模式进行分析。该模式最为明显的优点是：突出了整体与部分、部分与部分之间的有机联系。就传播来说，社会是整体，而传播组织、政府机构、文化环境、利益团体等是部分，作为一个组成部分，传播组织活动必然要受到社会整体及其他各部分的影响。从这一观点出发，组成社会系统的政治、经济、文化等各部分都必然会成为影响大众传播过程的因素，大众传播过程是作为一个多变量的系统而存在的。

（四）整体互动模式

整体互动模式不仅要充分考虑本系统与外部世界的复杂联系，而且要重视传播过程中各种要素共同构成的整体关系以及人类传播的全部现象。就是说，它的基本任务始终是再现整体，始终把各种要素有意识地归并到整体之中，努力找出传播的本质和规律，同时再进一步"认识"它，"适应"它，"支配"它。而被割断联系的游离于整体之外的孤立的传播因素是无法被认识、把握和支配的。因此，整体互动模式要求传播学者在研究中要自觉和正确地将整体和局部、要素和因素、内在结构与外在关系等有机结合起来，不能忽视问题的任何一个方面。整体互动模式包括了三个系统，即人际传播系统、大众传播系统和网络传播系统。这三个系统不存在谁取代谁的问题，它们将协同并存、互动互进。

整体互动模式具有四个特点：（1）它强调整体性和全面性，即它是对人类全部传播现象的整体反映，既包括大众传播，也包括人际传播和网络传播；既客观地再现了各个传播要素的活动特征，也真实地凸显了人类传播活动的基本过程和内外联系。（2）它强调辩证性和互动性。模式中的各要素并不是各自独立、不相往来的。它们是双向交流、多向沟通的，也是相互作用、相互影响、共同发挥效应的。（3）它强调动态性和发展性。该模式往复循环、生生不息，富有动态性和发展性。它不是固定不变、不可更改的框框，它随着现实传播活动的变化而变化，随着人们认识的发展而发展。它也没有确定的不可变更的传者与受者、起点与终点，因为传播的角色是不断变化的，传播的线路是经常更改的。（4）它强调实用性和非秩序性，该模式不像其他模式那样具有理想化色彩，它密切关注现实，紧密联系实际，并从现实传播活动中抽取出来，又为实践活动服务。不过，它虽从实用的角度勾画了传播活动的过程或步骤，但在实际执行中并不一定要以精确的秩序正规地执行模式标明的所有步骤，决策者和传播者也无须对所有步骤给予同样的重视，因为，它可以越过一个或几个要素将信息直送特定的受传者或实施者。

整体互动宣传模式更加注重各要素之间的交流沟通，实现整体完美的目标。公安新闻宣传要综合考虑多方面的因素，采用多种方式，反映人民的需要，达到良好的宣传效果。

二、我国警察公共关系模型的现状

由于我国警察公共关系研究起步晚，研究时间短，因此，我们在警察公共关系模型的研究上存在一些具有自身国情特点的问题。

第一，警察公共关系模型单一，不成系统。我国警察公共关系发展的不均衡，导致我国在开展警察公共关系活动中仍然主要坚持采用自上而下的单项主导式的公共关系模型，因此在开展工作的过程中无法全面地看到问题的存在，也就导致了我国在公共关系过程中解决问题能力的不足和滞后。

第二，一味地照搬照用，缺乏实施操作的灵活性。由于我国开展警察公共关系模型研究晚，在利用和借鉴相关经验的时候，没有深刻地结合我国自身的国情和公共关系的特点，在实际运用中一味地照搬照抄，这就导致警察公共关系模型很难发挥实际效果。

第三，与媒介、公众结合失位，实际作用力降低。由于当前警察公共关系模型的研究主要是为公安机关自身服务，这也就在一定程度上忽略了媒体和公众对公共关系活动的诉求，最终都会影响实施过程中公共关系模型的作用。

三、我国警察公共关系模型建设策略与方法

警察公共关系工作作为公安机关有计划、有安排的活动，其所面对的活动对象多元、范围广泛、环境多变。因此，在开展公安机关公共关系模型工作中讲究策略与技巧就显得非常重要。

（一）以人为本，积极主动

公安机关新闻宣传和舆论引导工作，一要宣传"人民警察为人民"的理念，宣传人民警察理性、和平、规范执法和热心为民服务的事迹。结合实施依法治国基本方略，大力传播法律知识、安全防范知识，宣传见义勇为的社会正气，鼓励人民群众参与维护社会治安、共建美好家园

的积极性。二要合理满足人民群众的知情权。公安机关新闻宣传和舆论引导工作就是保障人民群众的知情权。公安机关新闻宣传和舆论引导部门要突破封闭式的"体内循环"形态，开始面向整个社会，联系千家万户，宣传与广大人民群众的生活、与各行各业的工作密切联系的警务信息。要合理地提高警务信息的透明度，凡是能让人民群众知道的，都要让人民群众知晓。公安机关新闻宣传和舆论引导工作要以人为本，把实现最广大人民的根本利益作为出发点和落脚点，尊重人、理解人、关心人。

此外，公安机关新闻宣传和舆论引导工作还要注意把握积极主动的动态效果。公安机关新闻宣传和舆论引导工作的积极主动主要体现在时间上和质量上。在时间上，是指在新闻舆论尚未形成或形成之初就积极地、有的放矢地做好公安机关新闻宣传和舆论引导工作，使其朝着有利的方向发展和演化；在质量上，是指把公安机关的态度和处理方法等贯彻到公安机关新闻宣传和舆论引导工作中去，确保新闻宣传和舆论引导的准确权威。为切实提升公安机关新闻宣传和舆论引导部门对公安机关中心工作、社会突发事件、群体事件或负面影响事件进行处理和引导的能力，应该把公安机关新闻宣传和舆论引导工作作为公安机关的一项常态工作，建立、健全新闻、舆情收集、分析、研判和预警等工作机制，健全新闻发布和新闻危机处理机制，强化新闻宣传和舆论引导专门队伍。

（二）团结鼓励，适度把关

公安机关在新闻宣传和舆论引导工作中要善于坚持团结、稳定、鼓励和以正面宣传为主。公安机关新闻宣传和舆论引导就是要让中心工作深入人心，使公安形象不断增值，让先进典型层出不穷。坚持团结、稳定、鼓励和以正面宣传为主就是要宣传公安工作成果，宣传公安队伍亲民爱民，是一支值得党和人民信赖的队伍；就是要对人民群众关心的社会生活和公安工作中的热点、难点问题，从积极的、建设性的角度进行宣传；对敏感的报道要严格掌握宣传口径，对可能引发社会不稳定、民心不安定的问题注意做好疏导工作，因势利导，顺势而为，对队伍中存在的一些问题可以适当予以披露。对问题的披露和批评有利于问题的解决，能有效地推动工作，也给人民群众以客观评价的机会，让公众信服。要密切注意新闻媒体播发的容易引起不良影响的负面报道，通过建立科学的舆论引导机制把负面影响减少到最小程度。

此外，要把好关、把好度。把好关，就是在公安新闻宣传和舆论引导工作中，要坚持正确的政治方向，坚持党的路线方针政策，维护公安机关的良好形象；把好度，是要掌握分寸，把握时机，防止片面性，避免夸大或绝对化等失误。特别是在热点新闻宣传和舆论引导上把好关、把好度，对待热点要政治敏锐，头脑清醒，分析正确，善于引导；要在新闻宣传和舆论引导的监督上把好关、把好度，做到事实准确，结论正确，出于公心，有利稳定，有利工作；要在新闻宣传和舆论引导格调上把好关、把好度，坚持思想性、艺术性、观赏性相统一。

（三）树立意识，准确定位

（1）树立较好的服务、形象、沟通意识。公安机关新闻宣传和舆论引导部门要充分认识新闻宣传和舆论引导工作的重要战略地位，并将其上升为一种价值观和管理哲学，渗透到新闻宣传和舆论引导人民警察的日常行为中，使每一名警察具备良好的新闻宣传和舆论引导意识。一是树立服务意识，坚持决策和行动均以公共利益、人民利益为前提，积极开展多方面的爱民、便民、利民、助民活动，将其贯穿于公安的专门工作之中，使其成为公安工作的一部分；二是形象意识，群众对警察形象好坏的判断主要是依据警察的一言一行做出的，良好的形象是取得群众对公安工作肯定的重要条件，是衡量警察队伍的重要标志；三是沟通意识，积极运用各种传播媒介与公众进行广泛、平等的沟通，不仅要说给群众听，还要广开言路，倾听群众的呼声，才能取得群众真正的理解和信任。

（2）准确定位公安机关新闻宣传和舆论引导机构及其职能。公安机关新闻宣传和舆论引导工作的目标是塑造良好的组织形象，赢得良好的生存环境，促进组织的生存与发展，使组织在激烈的竞争中取胜。一是要统一公安机关新闻宣传和舆论引导机构及其职能，力求形成整体公关态势。从内部公关与外部公关相结合的角度考虑，队伍教育管理、对外新闻宣传、公共关系活动设置在一个机构里，确保内外公关步调一致，形成良好的公关态势；二是要确保公安机关新闻宣传和舆论引导部门的事权、职责。公安机关新闻宣传和舆论引导部门要具备采集信息、监测环境，咨询建议、参与决策，传播推广、塑造形象，协调沟通、平衡利益，教育引导、培育市场，科学预警、危机管理六个方面的职能，充分发挥社会耳目和喉舌作用、鼓手和号角作用、桥梁和纽带作用；三是要加强公安机关新闻宣传和舆论引导队伍建设。公安机关新闻宣传和舆论引导工作不能仅仅以公安机关新闻宣传和舆论引导部门为主，要抓好全体公安民警的新闻宣传和舆论引导培训、实践，使其具有较好的公关意识和能力，形成强大的新闻宣传和舆论引导合力。

（四）注重创新，完善机制

（1）强化创新意识，积极探索公安宣传新办法。一要创新理念。尊重新闻客观规律，树立服务媒体、善用媒体理念，主动顺应现代媒体在实现公众知情权、监督权等方面的客观需求，充分调动社会媒体的积极性，形成以公安机关新闻宣传和舆论引导为主导，社会媒体积极配合，多方良性互动协作式新闻宣传和舆论引导模式。二要创新内容。新闻宣传内容要与时俱进，树立的典型要可亲、可敬、可爱、可学，鲜活具体、生动感人，切忌一好百好、脱离实际，要有群众基础而非只有领导基础，要贴近实际而非可望不可及。三要创新形式。公安机关新闻宣传和舆论引导形式和手段一定要实事求是，要让群众喜闻乐见。要注意内外区别，特别是对外新闻宣传，要定位于面向大众而非人民警察，充分考虑人民群众的接受度和感受度。可以采取邀请社会媒体采访、公安机关给予配合的方式，还可采取网络、短信、报纸、投票等互动问卷调查的形式，多渠道征求人民群众的意见，将话语权和评判权交给群众，焕发出公安机关新闻宣传和舆论引导工作的生命力和感染力。

（2）建立完善的新闻宣传和舆论引导机制。在当前新闻宣传和舆论引导工作呈现出新情况的形势下，各地公安机关要进一步提高对新闻宣传和舆论引导重要性的认识，强化信息传播的正面效应，弱化其负面效应，妥善处理负面报道，切实提高舆论引导水平，牢牢把握公安机关新闻宣传和舆论引导工作的主动权。要及时、有序、准确地发布权威信息，抢占新闻、舆论先机和制高点，把握正确导向，形成行之有效的新闻传播常态机制。要形成立足公安，面向社会，充分地反映公安工作发展的新思路、改革的新突破、工作的新举措的宣传机制。要切实建立和各类媒介之间的互动协作机制，要通过新闻发布、警营开放、联合报道等加强与媒体的主动沟通，增加了解，加深感情；要始终本着诚恳务实的态度与媒体合作；要坚持以我为主的原则，"强化信息、优化信息"，吸引媒体，让他们成为警民关系的桥梁、扩音器，公安机关的代言人，形成以"我"为主，制造信息，让"你"替"我"说，占据媒体传播空间的格局。在媒体可能会有对警察组织做出不利的消息报道时，要保持冷静，认真核实情况，及时调整组织的行为，降低危害性。

第十章 警察公共关系的策略和技巧

第一节 警察公共关系的策略

警察公共关系作为警察组织面对人民群众和社会公众的一个桥梁，在当前的警务活动中已经越来越凸显其价值和能动性。例如，香港在1997年回归之后专门设立了警察公共关系科，并且以海报、宣传短片的形式展示香港警察的独特之处，这也是香港地区继续成为全球最安全的原因之一。如何处理警察公共关系，如何利用公共关系更好地解决和化解问题，是当下研究警察公共关系策略的又一个重要的问题。

一、组织内警察公共关系的策略

组织内的警察公共关系是指警察组织内部的各机构和成员或者警察组织内部各种公共关系的总称。组织内警察既是内部公共关系的对象，又是外部公共关系的主体，故而加强警察组织内部公共关系尤为重要。这不仅关系到警察组织内部的发展，同时又关系到警察组织外部公共关系的顺利进行。因此，警察组织应当有一套相应的内部公共关系的策略以区别于外部公共关系，以达到组织内团结，组织外发展的理想状态。

（一）全员公关

警察组织内部的全员公关就是针对警察组织内部的全体工作人员，无论自己的工作是何种性质，无论处在何种岗位上，都必须按照组织内公共关系的要求规范自己的行为。警察组织作为一个特殊的部门，时时刻刻都在与公众打交道，这就要求全体警察的行为都要渗透和体现公共关系的精神。全体警察都要从本职出发，把公共关系贯彻到自己的工作中去，从点点滴滴维护和塑造良好的警察形象。在日常生活中，个别警察形象不佳、工作态度不端会直接引发公众对警察整体的不满。要克服这样的问题就要使每一个警察都成为公共关系的主体，在工作岗位上把自己的一言一行都看做是构成警察整体形象的基石。

应当注意以下几点。

（1）培养警察的公关意识。首先，就要提高警察的形象意识，建立一个良好的形象意识，这与每个警察都是息息相关的。警察在公众心中良好的形象来之不易，但是却可能因为一个警察的不良形象摧毁整个警察队伍的形象。所以警察个体都是警察形象的载体，都应当具备良好的形象。其次，就是努力培养警察的公关意识，好的社会形象不是仅仅依靠对外的公关得来的，更多是源于警察的日常警务活动，只有将这种公关意识深刻地贯彻到每个警察的身体力行中，才可以在公众中树立良好的形象，获得好的口碑。最后，还要强化每个警察的整体意识和全局意识。警察部门在进行业务活动的时候都必须要有统筹全局的考虑，尽量与各个部门相互协调、支持，避免因扯皮等问题引发公众不满。只有这样才能够保持良性的警察活动机能，从整体上保持一致性。

（2）营造警察组织内部的公关文化。组织文化是全体成员所普遍认可和遵循的价值观、行为规范及思维方式的总和。营造一个和谐的组织文化，有助于将警察培养成一个良性的职业共同体，趋向于一个共同的目标和期望。组织文化是一个组织的灵魂，是一个组织发展方向的引领者。营造警察组织内部的公关文化，需要着重打造的是警察组织内部的公关氛围和环境，在警察组织内部，要把作为警察公共关系的一些核心的价值观传递给每一个警察个体。例如，在宣传栏、警察网站、活动中心等地方都应当渗透和包涵公共关系的理念和思想，对警察公共关系作出一个正确的引领，使警察组织内部达成一个文化认同，使警察队伍形成一个统一的警察价值观。在警务活动的时候，如果警察组织内部形成了统一的价值观，那么，这个价值观就会成为日常工作的行为指南，这对警察形象的塑造和组织的生存发展都具有重要作用。

（3）提供组织支持和制度保障。组织支持和制度保障在任何组织内部都是必不可缺的，在警察组织内部光进行文化建设是远远不够的，还必须提供组织上的支持及制度上的保障。如何提供组织支持和制度保障呢？首先，我们要给警察的公关工作提供充足的人力、物力和财力，为警察公关工作的顺利进行提供充足的资源保障。其次，要注重培养警察内部公关人才，多多听取公关专家的意见，为警察的公关工作提供正确的方向、科学的策略。再次，建立科学的考核奖惩制度，增强警察个体投身于警察事业的积极性和热情度，并且使所有警察都参与公关、维护警察形象。最后，还要建立一个良好的内部监督管理体系，对所有的警察进行巡查、监督和管理。

（4）发挥警察领导层的带头作用。所谓警察领导层的带头作用，是指警察领导层在一些正式的场合应当鲜明地表明自己支持公关的立场，带头学习公关知识，参与公关的培训，提升自身的公关能力和水平。另外就是指警察领导层要在实务中积极地投身到公关中去，积极地带动下属参与公关，起到模范作用。最重要的一点就是，警察的领导层应当积极地将公关的思维引导到警察活动的各项决策中，尤其是与公众紧密联系的事宜。在这种时候就需要警察的领导者从公关的角度考虑决策可能产生的影响和后果。

（二）需要公关

每个人都有需要，尊重警察的合理需求，建立行之有效的激励机制是激发警察潜力的有效方式。美国哈佛大学教授威廉·詹姆士研究发现，一个人在缺乏激励的情况下，潜力仅能发挥到20%～30%，但是如果受到充分的激励，他们的能力可以发挥到80%～90%。满足每个警察的需要，充分调动警察的积极性、主动性和创造性。美国著名的行为学家和心理学家马斯洛提出的需要层次理论将人类的需求按照高低分为5个层次，分别是：生理需要、安全需要、归属和爱的需要、尊重需要、自我实现的需要。如图10-1所示。

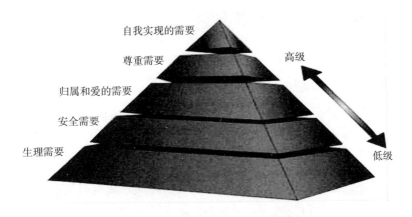

图 10 - 1　马斯洛需要层次理论模型图

从马斯洛的需要层次可以看出，人都是从低级层次到高级层次，逐项地去追逐自己的需求并以此获得满足，不同的需要是不可能在同一层次内全部被激发的。在不同时期，某种层次的需求会起着主导的作用。如果警察组织可以抓住时期，在人们强烈追逐那种层次的时候给予激励，那么这种激励效果是巨大的。

从图 10 - 1 可以看出，首先，生理需要是最基本的需要，在警察组织内部对薪水、福利、良好的工作环境等的需要便是最基本、最低等次的生理需要。内部公共关系的需要公关实际上就是指对内部警察人员需要的满足，这就需要结合各警察部门的实际情况适当地增加收入、定期地安排身体检查及改善福利等。其次，对警察而言，安全需要也是必需的，警察的职业具有危险性，应当建立相应的职业保障制度，并且参照劳动法的规定，建立完善的劳动保险制度和离休制度。再次，还应开展各种文娱活动，使警察获得满足。为了使警察获得尊重需要，应当建立健全的晋升制度、奖励考核和人事考核制度，使警察在工作中对未来充满信心，同时又可以获得外界的尊重。最后，就是自我实现的需要，这就需要根据时间情况为其提供适时的工作岗位和培训，及深造的机会，使其自我实现的需要获得满足。在这个激励的过程中需要做的是：

首先，要使得警察组织的目标与警察个人的目标达到统一。一种激励有效与否，关键在于这种激励所产生的积极性是否有利于警察保质保量地完成工作。只有将警察组织的目标与警察个人的目标完全地融合在一起，警察个体的目标实现才会和组织的目标完全挂钩，才可能取得双赢的结果。

其次，物质激励与精神激励相结合。人的最基本的需求就是物质。生理需求就是属于物质需求的范畴。而属于金字塔顶端的需要就是属于精神需求的范畴，人只有在物质满足，在追逐精神的过程中也获得满足，才是一个最完整的激励。

最后，奖励与惩罚相结合。古语有云"赏罚分明"说的便是这个原则。在警察组织中当警察个体有良好表现的时候，就应当获得肯定和奖励，使这种正强化得到进一步的巩固；所谓的惩罚就是应当在给予惩罚的时候严惩不贷，以使这种错误不再发生，在警察组织中就是要坚持奖励与惩罚相结合，奖励为主，惩罚为辅。

（三）文化公关

文化对一个组织内部而言意义重大，警察组织应当重视内部的文化构建，使组织文化为警察组织内部服务。毛主席说："没有文化的军队是愚蠢的军队，而愚蠢的军队是不能打胜仗的。"这句话中也含有对警察组织文化的启示，一支警察队伍，没有先进警察文化的推进和支持是没有灵魂的，警察文化不是一个概念，而是一种传承、一种活力、一种风貌，是警察内在精神与外在形象的有机统一。

组织文化主要是通过物质、制度和精神等方面对警察组织内部的公关起推动作用。组织文化对物质方面的作用体现在对警察工作环境、工作场所及建筑风格设计的改变，这是警察组织文化的外在表现。组织文化对制度方面的作用体现在制定和完善各种工作制度、管理制度和责任制度等。组织文化对精神方面作用的体现是它强调整个警察组织的整体目标，宣传和培养整个警察组织的优良观念习俗等，倡导规范的行为准则和组织道德。在组织文化对物质、制度和精神的影响中，精神层面的作用是最为重要的。有人这样说精神层面的地位，"精神层面是组织文化的核心和灵魂"。

文化培养的过程实际上增强了组织内部的凝聚力和向心力，使所有警察组织内部成员都培养相似的观念、信条、价值和规范。文化公关还有一个重要的作用就是对警察组织内成员凝聚力的培养，反映到警察的实际工作中就是各个部门的无间合作及融洽的关系。通过内部文化的培养，可以加强成员间的沟通，打破各方的心理隔阂，统一思想，集中认识，使警察组织的整体目标与个体目标达成共识。

二、组织外警察公共关系的策略

通俗地讲，组织外的公共关系就是对社会公众的公共关系，这些社会公众较为分散，他们并不像媒体或者企业公众一样固定在一定的范围之内，他们也不具有组织性，只是在某种事件突发的时候会聚集在一起，但之后又会各自散开。一般意义上的社会公众的特点就是人数众多、分布广泛、流动性大、目标与需求多元化。警察组织外的公关关系对象，一般都会出现利益分配多元化、参与意识强烈、心理冲突明显及精神困惑巨大等特点，了解和分析社会公众的这些特点，有助于警察组织对外制定出更好的策略。

（一）新闻发布策略

伴随着时代的发展，公众对信息的需求不断增加。现代媒体的快速发展，新闻媒体已经变成了我们生活中必不可少的东西。公众在这之中也对现代社会中治安案件的报道产生浓厚的兴趣，如何在此类型的新闻发布中把握度，保障警察公共关系的良好形象？

1. 由被动发布转变为现在的主动发布

过去当发生重大案件的时候，公安机关总是埋头破案，对公共关系的新闻发布总是忽视，但社会公众对这些案件往往有着浓厚的兴趣，许多媒体的报道又往往将案件新闻化，使得报道的内容缺乏客观性和真实性。媒体将案件新闻化的问题早已不在少数，这使公众对警察的认识出现偏差，更严重的会导致民众对警察失去信心，还将扭曲警察的形象。

在现在，应当转变曾经的这种被动的新闻发布模式，即只有在媒体披露之后才会应对。为了满足社会公众的好奇心，警察的公共关系部门应当积极与媒体合作，对那些可以公开的案件和警务情况，要主动地在第一时间发布，并且秉持客观、实事求是的态度，不偏差地发布，无论是正面的或者负面的都需要在第一时间主动地作出表率。警察与媒体本身是相互独立的，但现在警察公共关系却可以很好地利用媒体进行自身的形象建设，在新闻发布上要始终坚持以正面宣传为主的方针，大力地宣传警察队伍中的英雄模范人物，使社会公众认识到警察队伍的主流是优秀的，对于那些负面的新闻要及时主动出击，将那些不良的舆论扼杀在摇篮里，万万不可采取回避的态度，否则只会让媒体使事件更加新闻化，警察的形象更难恢复。

2013年3月15日的浙江余杭杀人案件，警方向社会公众披露了案件情况，并向社会收集各种破案信息，这样的做法突破了以往封闭破案的神秘色彩，使案件的真实情况为公众获悉。在这之后，专案组每天收到2000多条信息，《都市快报》帮忙刊出协查后，案件马上得到了全国民众的关注，央视新闻也在官方微博上进行了转发，引起了一场大推理、大讨论。在后续报道中，登出了由警方提供的女子衣物详图，图上可以看出，女子的外套是"鑫雨"牌的，尺码是175/95A，XL。衣服的洗涤说明小标签已经被血染红，上面有圆珠笔写的两个数字"18"。警方推测，这个数字18，可能是干洗店所写，于是排查了大片区域内的干洗店。这个细节登出的第二天，记者接到数十位从事服装行业读者的来电，他们都共同指出了一点：洗涤标签上写数字，在杭州很多小型的制衣作坊里非常普遍。这个编号就是制衣工的代号，写上去是为了出现质量问题时方便追责。警方的后续调查也印证了这一点。"鑫雨"的确是几年前活跃在杭州九堡一带的一家制衣作坊，但已倒闭多年，员工也已经分散在五湖四海……除了对案件细节的讨论，很多读者也对死者身份展开推测（大部分人都推理得出，她是娱乐场所或地下赌场的工作人员），甚至还有读者提供了一些很具体的线索，如4月3日，滨江西兴街道的一位读者来电说，自己的一个房客上月开始失踪，这个房客从年纪到失踪时间，都和3·15案中的死者相吻合，更巧的是，这个房客的虎口上也有纹身……不过，经这位读者辨认，死者和自己的那位房客，在长相上相差很大。40多天里，专案组人民警察每天都能收到2000多条热心群众提供的信息。在群众的帮助下，案件终于获得重大突破，抓获了犯罪嫌疑人。

这个案例中，警察的主动新闻发布获得了良好的社会效果，不仅使案件的侦破获得了大量的群众信息，同时也使警察的形象进行了一次大洗牌。从案例中公众的反应来看，很明显对警察的态度是积极的支持和全力的配合。这与之前媒体报道某些案件时，公众指责警察无能形成了强烈的反差。在法治建设愈来愈健全的今天，人们需要获取真实的信息，警察公共关系敢于直面问题，主动发布新闻，是给社会公众一个认识真实警察的视角和机会。[①]

在这方面，香港警察公共关系科的做法值得我们学习，香港地区警方为了树立警察的正面形象，与媒体建立长期的建设性合作关系，警察的公共关系委员会定期召开媒体见面会。警察公共关系科设 24 小时运作的新闻室以及全日提供实时报道的警队信息网，每天提供 800 次到 900 次的查询，能够迅速且准确地向媒体传达正确的信息，解释相关的政策及消除公众的误解。另外，新加坡警察与媒体的关系被称为一种"共存关系"。在遇到疑难案件的时候，媒体协助警方：呼吁公众提供线索，呼吁目击证人挺身作证，避免不负责的报道和不实报道。警方又协助媒体，为媒体及时提供信息。在这方面，设置媒体联络员，365 天 24 小时随时可以与媒体联络员沟通。因此，要使公众对警察真正地了解，并且对警察全力地支持，警察与媒体建立良性的关系，主动发布信息是必要的。

2. 良好的传播

良好的传播就是要用令人信服的传播者来传播信息，传播者既是传播的起点又是传播信息能否获得良好社会效果的关键。传播者的自身条件和声誉也是相当重要的。在新闻发言人的人选上，一般 35 岁以上较为合适，这个年纪的人说话给人的信服力较好，同时要求形象良好、态度端正以使接受信息者可以有一种平和心态去接受该发布者提供的信息。在这里比较经典的就是霍夫兰的"说服模式"。

"二战"期间霍夫兰做了一个实验：将群众分为三组，然后让三个人分别在各个小组就一个少年犯的题目进行演说。这三名演说者身份分别为"法官""普通听众""品质低劣的人"。演说结束后，三组的人分

---

① 徐海晋主编：《警察公共关系理论与实践》，中国人民公安大学出版社，2007 年 3 月。

别为演说者打分。结果，法官得了"正"分，普通听众得了"中"分，品质低劣的人却得了"负"分。三种不同身份的人对同一题目进行演说，却有三种截然不同的结果。这个实验表明：一个对某问题享有声誉的人比无声誉的人能使更多的人改变态度。这个实验还体现了一个声誉问题，享有声誉最重要的成分是拥有专门知识和超然的态度，"意见领袖"必须是一个身份明确的权威，超然的态度也是劝服者的声誉之一。

霍夫兰认为，如果公众本来就赞同说服者的意见，那么只需要对他们提供正面的理由就可以使他们坚定态度；如果公众本身就反对说服者的主张，那么无论是正面的还是反面的理由都变得必要。如果是受教育程度较好的公众，说出正反两方面的理由更为有效；如果是受教育程度较低的公众，那么只说一方面的理由较好。对于原先就赞同说服者主张，但是受教育程度较低的公众，只说正面理由会更具说服力，如果提及反面的理由反而极易引起原先赞同者产生犹豫不决的态度。因此在警察公共关系中，面对不同文化程度的群体时，应当适宜地采用不同的宣传方式。当然，说服者的"意见领袖"地位依然具有超然作用，只有拥有良好声誉才能使说服者的信息更具可信度。

就我国目前的情况来看，我国警方的新闻发言人多是由副局长担任，但是实际上应当根据案件实际情况的特点选用相应的人作为新闻发言人，因为如此更加具有针对性、专业性。另外，在传播的过程中，必须做到客观、公正、不邀功、不护短、态度亲和、尽量缩小与群众的心理距离，要更多地考虑公众的接受程度，不能以一个仅为警察组织利益而急不可耐的形象出现在公众面前。警察必须要端正自己的位置，以平等的态度来展开传播活动，这在调节纠纷、建立良好的警民关系上显得尤为重要。

传播者在传播的过程中还要特别注意传播的技巧和规律，传播的信息既要简洁易懂，又要考虑公众的感受，使公众产生兴趣。同时，在传播的过程中，还要善于营造一个良好的传播背景，这些背景要考虑物质、文化、宗教信仰等问题，要做到针对性强又不失真实性。大卫·阿什德在其《传播生态学——控制的文化范式》中指出，"公共秩序是由主要的新闻媒介作中介或由传播的方式所塑造和转化。就正义与非正义的问题而言，这意味着促进公共秩序的努力至少需要结合两种成分：正义的观念，包括克服违背正义原则的良方，以及一种传播手段。结果是，有能力利用大众媒介来帮助把背景、事件和问题界定为某件事情而不是另一件事情——如对社会秩序是一种威胁还是补救社会秩序的一种方法——是一种重要的权利行为，它具有非常深远的意义"。其实就是说，传播是一个双向的行为，传播者占了主导地位，传播者选取何种传播内容，采取何种态度，对传播结果都对会产生深远的影响。那么在警察公共关系传播的过程中，就需要去处理传播、控制、权利与正义的关系。警察公共关系更重要的是体现警察与公众的和谐和社会的公正。①

（二）舆论导向策略

现如今我们已经全面进入网络时代，网络已经成为各种舆论的发源地，各种舆论影响着社会，但是值得注意的是那些偏激的，特别是针对警察组织的负面舆论传播迅速。当前我国警察在舆论中很多情况下都是处在特别被动的位置，这主要是因为各种舆论对警察的评价普遍都是负面的，警察组织在对舆论的引导上往往是被动的，一些警察的执法事故如果放入网络成为舆论焦点的时候，警察往往都是错误的一方，似乎是没有任何理由，这是因为公众对警察的不信任和不认同。就警察组织自身而言，他们没有对这些舆论进行积极引导，也缺乏一个健全的应对舆论的机制。面对这些舆论的时候，长期处在被动地位的警察组织应该怎样进行舆论引导呢？

1. 舆论引导

古语有云"防民之口，甚于防川"，宜疏导，不宜堵塞。现实证明公众舆论已经越来越重要，很多都涉及国家的监督机制，最典型的就是重庆的周克华案件。周克华系重庆市沙坪坝人，自 2004 年以来先后在南京、湖南、重庆等地多次作案抢劫巨额现金，枪杀人数达 11 人之多，是全国 A 级通缉犯。2012 年 8 月 14 日凌晨 6 时 50 分，在公安部统一指挥下，重庆市公安局全警动员、全警参战，并广泛发动人民群众提供线索，经过连续数日艰苦奋战，犯下累累罪行的公安部 A 级通缉犯周克华在重庆沙坪坝区童家桥被公安民警成功击毙。这次通过警民合作成功破获重特大案件的经典之作本该完美落幕了。警方却没能利用这次机会树立正面形象，反而在事后引发了民众新一轮的质疑。众多民众普遍质疑周克华还没有死，在童家桥被警方击毙的根本就不是周克华本人。面对民众这样的质疑，重庆警方依然没有公布被击毙者的正面照片，也未在第一时间公布周克华被击毙的细节，这使得周克华未死的谣言被传得沸沸扬扬。本该是对警方十分有利的一次公关机会，却在警方信息披露不及时、不全面的情况下演变成了对警察形象新一轮的创伤，所以说在警察公共关系处理中舆论引导对警察正面形象的树立起着决定性的作用。这要求警察部门要注重舆论引导在警察公共关系中的作用，善于抓住机遇，引导舆论走向，而不能被动地让舆论"牵着鼻子走"。

从这个案件可以看出舆论的作用，在当下重视舆论的力量是必要也是必须的。转移到警察组织来看，如何在第一时间对舆论作出一个正确的引导？当面对舆论压力的时候，最不可行的就是强行地堵住信息，这样只会使公众产生更多的遐想，产生更多的不良舆论。当网络出现各种不良舆论的时候，应当在分散的言论环境中建立各种具有权威和信誉的言论中心，使盲目跟随舆论的公众有一个不同的认识，并有相信这种权威信息的意图。这种时候，警察公共关系需要在第一时间提供新闻发言人，虽然媒体对舆论言论的公信力日渐下降，但是警察组织的新闻发言人制度却可以对这种公信力下降的局面提供有力的修补。新闻发言人的权威发布，是引导的活源头。英国危机公共关系专家里杰斯特曾经提出著名的危机沟通"3T"原则。

第一，以我为主提供情况"Tell your own tale"。

第二，提供全部情况"Tell it all"。

第三，尽快提供情况"Tell it fast"。

在新闻传播学中有这样的规律：没有你的声音就会有别人的声音，以你为主提供情况，你就成了信息的主渠道，公众就会把你作为主要的信息来源，别人的声音就无足轻重了；你提供了全部情况，即使有人想造谣也找不到素材；你在第一时间很快提供了情况，你就能先声夺人，而不会在不利信息满天飞的时候再不利地辟谣。当进行新闻发布的时候，需要提供明确的答复，并且对舆论中讨论的各种疑团都应该给出一个明朗的回应，以免造成欲盖弥彰，舆论愈演愈烈的趋势。为使公众对这些回应都能够接受和相信，这种时候必要的证据提供和实物展示都是必需的，这些证据的证明力明显是高过言论的。众所周知，实物证据比证人证言更具证明力，证人证言不可以单独作为定案的根据，故可以借鉴这点，在进行新闻发布的时候，借助于各种证据作为佐证来提高发言的公信力，分解不利舆论。

同时，警察公共关系组织在引导舆论的过程中，还需要主动出击，主动建立一些网站，积极走访一些主流的网站，主动与这些网站的人员沟通交流，建立稳定的关系。在制定警察公关方案的时候，除了需要在主流媒体报道之外，还要主动让社会公众更多地参与进来，有意识地进行舆论的正面引导，提高警察队伍的公信力和公众对其认可度。有人推算，我国一名警察的工作量是标准工作量的 2.5 倍，一名警察工作 1 年相当于其他公务员工作 2 年。与国外警察相比，我国一名警察的工作量是国外警察的 3 倍。改革开放以来，我国警察死亡达 6000 人，负伤达10 万人，可以说警察是和平时期最危险的职业之一。这些警察的正面信息有必要让公众了解，以消除公众对警察的负面评价。另外，推出一些亲民的活动，使公众参与其中，例如，浙江宁波建立的网上警务室，积极与民众沟通，为其排忧解难，获得了当地百姓的一致好评。总之，就是要以亲身感受、现场对话、专题讨论等形式，增强对舆论的正确引导，使警察公共关系组织可以引导舆论朝着有利于警察自身的方向发展。

最后，警察组织通过新闻媒体引导公众舆论。罗伯特·马可说："在一个自由的社会中，警察是否能被社会接受，关键在于我们是否愿意成为公开管理的队伍，一个自由而公开的媒体关系最好地证明了这一点。"① 新闻媒体作为现代社会舆论的枢纽，在公众舆论中占据着重要的位置，并且这种位置具有双重性，一方面，新闻媒体是公众舆论的主体

---

① Rob C. Mawby, Policing images: policing, communication and legitimacy, London: Willan publishing, 2002.

与领导者；另一方面，新闻媒体又是警察组织引导与调控公众舆论的重要手段与工具。媒体引领着公众的观念导向，大众媒体通过信息发布和传播促使人们认识世界，勾画和修改人们头脑中对世界的映像。媒体引领公众舆论的方式多种多样。首先，媒体率先获得信息并对信息作出选择，引导社会热点话题和公众的关注点。在现实生活中，公众本身能够得到的信息十分有限，并且公众传播信息的渠道和能力更加有限，加之公众自身经验素质和客观认识能力的局限，他们对社会话题的认识和选择必然受到各种限制。在这种情况之下，新闻媒体对信息的操控就对公众在认知方面形成了舆论导向，使得公众在新闻舆论的同化下与媒体之间形成趋同意见。其次，新闻媒体通过意见表达，直接形成某种舆论。新闻媒体直接发表的言论、评论等，将对公众的舆论产生直接的导向作用。最后，新闻媒体往往借助于典型报道，为社会树立典型。在公众的意识中，榜样就是力量。比如对先进人物、模范代表的塑造，为公众引领精神力量，为社会形成积极、健康、向上的公众舆论氛围。所以，当前新闻媒体的报道要重视对典型的树立，在报道中要更加倾向于平民化和人情味，让这类报道更贴近生活、涉及面更宽、更容易引起人们的共鸣。新闻媒体对舆论引导起着举足轻重的作用，警察组织应当积极与各主流媒体进行沟通合作，对涉及影响警察组织的各项问题及时作出回应，充分地重视和尊重媒体人，与媒体形成一个良性互助的合作机制。

2. 舆情调控

成都市公安局宣传处从 1999 年开始就逐步建立了一套"舆情动态"调控机制，其调控对象从主流媒体到非主流媒体，从传统媒体到互联网，对那些只要涉及成都公安机关的舆情都要进行收集、分析和调控。并且在这个过程中实行了全程的数据采集、储存、分析和传送，有效地运用"舆情动态"调控机制。

通过这一系列的舆情调控机制，成都市公安局在舆论引导上占了先机。通过成都公安局这一成功实践可以看出，首先要对舆情进行疏导，不能迎合公众的猎奇心理，要认真选择典型案例，在进行报道的时候，对某些犯罪细节和侦破细节是需要保密的。对舆论的引导必须要抓住重点，循循善诱，切不可处在一个高高在上的位置，这样只会引起公众更多的反感和排斥，非但不能起到舆论引导的作用反而会使舆情愈演愈烈。在舆情调控的过程中还需要监控一些媒体为了达到新闻效果，对案件进行不实的报道。这类报道直接损害了警察的职业形象。这些扭曲的报道一方面满足了公众猎奇的心理，使其对警察队伍充满了怀疑和不信任，另一方面，又会直接挫伤警察对工作的积极性和热情。对于这些扭曲事实的报道，警察公共关系机关应当积极应对，多渠道收集信息，扫清与公众的沟通障碍，澄清事实，维护形象。

警察公共关系组织在进行舆情调控的过程中，最终目的是要实现舆论引导的科学化、民主化和法治化。必须要注意的是这种舆论引导必须要以警方为主，在处理舆情的过程中要与媒体进行有效的沟通，实现警方与媒体的良性互动，使舆论朝着良性的方向发展。

3. 建立舆情研究机制

警察公共关系组织在收集各种舆情的时候，应当聘请或雇佣专门的舆情专家、媒体人、社会学专家组成专业团队对收集到的舆情进行对比分析，为建立专门的舆情研究机制提供依据。拥有这样一支专业的团队，在发生危机事件的时候就可以在第一时间理智地发布准确、权威的信息，稳定公众的情绪，掌握舆情引导的主动权。

健全警察组织舆情研究机制，必须要保障在发生舆情的时候有一支专业的舆情研究团队及一套行之有效的处置方案。这不仅有利于避免因警察部门间相互扯皮而耽误了舆情处理的最佳时期，同时还可以为以后的舆情处理提供实践经验。还需要注意的是，在舆情研究机制的前提下可以建立一支专门的舆情处理小组，这个小组专门负责通过媒体发布信息，对舆情进行监控，协调与舆论引导有关的事宜。通过对舆情的监控及舆论专家团队的出谋划策，舆情处理小组准确地判断事态，并在第一时间作出反应，牢牢掌握舆情引导主动权。

（三）警务活动策略

警务活动与警察组织对外的公共关系建设息息相关，警察组织的对外公共关系建设不仅要靠在新闻发布及舆论导向上掌握主动权，还需要在自身的警务活动中将自己的良好形象展示给公众，使公众可以实实在在地感受到警察队伍的正能量。警务活动对警察对外公共关系建设方面的作用，主要体现为警务活动的形象建设。

1. 警务活动的精神品质建设

警务活动的精神品质主要是指在长期生存发展中通过一系列警务活动凝结而成的生存法则和理念，这是警察形象的根本。我国警察组织长期奉行的宗旨是全心全意为人民服务。在新的时期又提出"立警为公、执法为民"的新理念，这是对我国警务活动警察品质的最高概括。这些理念既是对我国警察组织的整体要求，也是现阶段警务活动中必须遵循的行为准则，在警务活动中只有将这些理念融入到工作中，才能够树立良好的警察形象，警察对外公共关系建设才能拥有扎实的群众基础。无论任何组织，良好的声誉都是宝贵的，所以当进行警务活动的时候必须清楚地认识到活动带来的后果，常言道"理论先行"指的就是在进行某种活动的时候，必须要有理论的支撑，大方向才不会出现偏差。在进行警务活动的时候将这些警察的精神品质牢记在心，并作为行动的指南，方能取得好的结果，获得公众的支持。

2. 警务活动的外貌建设

警务活动的外貌建设不仅仅是指在警务活动中每名警察的外在精气神，更多的是指公众可以直接感知到的警察组织的各种物质因素和精神因素的合成。

物质因素体现在警务活动的装备、规模等方面，强大的警察组织、精良的装备、充足的警力，这些都可以在无形中让公众产生安全感。精神因素则体现在警务活动的警容、警风及警用风格等方面。严谨的警容是国家正义的象征，在警务活动中良好的警风、热情的服务形象是建立良好警民关系的桥梁和纽带，也为警察公共关系建设打下良好的群众基础。警用风格或许很多人会觉得不那么重要，但是在警务活动中，警用建筑风格在公众意识中留有深刻印象。比如，现阶段派出所的建筑风格都是一样的，公众潜意识里就会知道，看见这种建筑就会有警察，犯罪分子也会有所畏惧，这也是良好的警察形象和社会秩序稳定的标志。

3. 警务活动的行为建设

每个组织都有一套自己的行为风格，包括管理模式、人才机制、工作作风和文化仪式等。现在我国处在社会转型期，各种社会问题高发，就警务活动而言，难度也是越来越大，各种情况也是更加复杂。面对这些情况，在警务活动中树立一套警察行为风格显然是必要的，警察在警务活动中以什么样的行为展示警察的形象，以什么样的风格处理警察事务，这些都与公众密切相关，不得不说的是这些看似表面的行为风格，却深深地影响着警察公共关系建设中公众对警察的认同感。例如，警务活动中"以人为本"，要求警察"人要精神，说话要和气"，还要进行一系列的警民共建活动，典型的就是"爱民月"活动及警务宣传模式、警察节、警营"五小"工程等。

针对我国的警察公共关系建设而言，警务活动的警察行为建设，归根结底就是要将过去的官僚式的工作行为转变为服务型的警察工作风格。新加坡警察的警务活动方式是提倡"让我们从最基本开始，无论好事与否，都不加以掩饰"。

三、警察组织与政府部门间公共关系的策略

警察组织作为一个特殊的国家机关，是具有武装性质的、维护社会秩序的国家行政机关，是阶级专政的工具，是国家机器。它与其他政府部门有着千丝万缕的联系，一方面，其他政府部门的工作要进行，必须依靠警察为其提供良好的社会环境，换言之，警察是其他政府部门工作得以顺利进行的保障；另一方面，警察的警务活动得以顺利进行又需要其他政府部门的配合和协助。二者之间相辅相成，互相影响。警察组织与其他政府部门间保持友好的关系，取得其他政府部门的支持和理解，淡化和调解与其他政府部门的矛盾，也是警察公共关系建设的重要课题。①

（一）加强沟通交流

警察组织与其他政府部门的沟通与交流是一种双向的交流。沟通不仅可以消除隔阂和矛盾，还可以方便警务工作的展开。在处理警察组织与政府的沟通与交流的时候，重点就是要加强信息和业务的沟通交流以

---

① 唐均主编：《政府公共关系策略与实务》，中国传媒大学出版社，2008 年 6 月。

及与其他政府部门建立联席会议制度。

1. 与其他政府部门的信息沟通

如何加强与其他政府部门的信息沟通，这需要警察与其他政府部门双方相互理解，具备畅通的信息沟通渠道。一方面，警察组织公共关系部门对关于警察组织新的国家法令、政策的信息及时向其他政府部门沟通。密切关注有关于警察组织的政策、法令的发展动向和变化趋势，提供给其他政府部门作参考，使警察组织在进行精神活动的时候可以得到其他政府部门的支持与理解。另一方面，警察组织公共关系部门也要及时到其他政府部门收集关于这些部门的最新法律、政策，使以后的警务活动不触及其他政府部门的权限，避免扯皮事件。

2. 加强警察组织与其他政府部门间的业务往来

搞好与其他政府部门间的关系，其中很重要的一件事就是与其他政府部门建立密切联系，加深他们对警察组织的理解和支持。为了使业务来往可以畅通无阻，警察组织中的人员应当熟悉其他政府部门的内部层次、工作范围和办事程序，同其他政府部门的领导及办事员保持密切的联系，对其他政府部门领导人的办事作风、环境状况、学识水平都应当予以了解，确保办事顺畅。

3. 与其他政府部门建立联席会议制度

到底什么是联席会议，目前的解释很少，在认识上也不统一，因而没有一个统一规范的概念。从司法实践看，联席会议可定义为：没有隶属关系但有工作联系的司法机关，为了解决法律没有规定或规定不够明确的问题，由一方或多方牵头，以召开会议的形式，在充分发扬民主的基础上，达成共识，形成具有约束力的规范性意见，用以指导工作，解决问题。从监所检察实践看，派出检察机构与监所的联席会议作为检察机关实现法律监督的一种有效手段，主要由检察机关及其派出机构召集，参加会议的有各监管单位及有关单位，意在研究解决监所检察工作中遇到的各种新情况、新问题，使参加联席会议的各方达成共识并组织实施。

当面对重大疑难问题，需要与其他政府部门协调配合时，需要建立联席会议制度，以加强警察组织与其他政府部门在打击刑事犯罪活动中的协调配合，加强对重大问题和重大事项的沟通协调，加强对政策和法律认识的统一，加强对执法活动的监督，确保执法的法律效果和社会效果，维护社会的公平和正义。

（二）积极寻求支持

加强警察组织的建设乃至在警察公共关系的处理上，仅凭警察组织自身的努力和能力是不够的，还要取得各级党委、政府各部门的支持。在与政府的公共关系处理中，政府在执法上往往会借助警察组织的力量而警察组织在人事、财政、制度建设等方面都需要借助政府的帮助，在应对公共关系上也不例外。警察组织作为政府机关的职能部门之一，积极寻求政府的支持是必然也是必需的。

公安机关在日常工作、队伍建设中都要接受政府部门的监督，比如人大、政协和政府部门等。这是公安队伍正规化建设的需要，要求公安机关妥善地解决好与政府之间的公共关系。在当前警察队伍的建设中，更应积极地寻求政府的支持。现今警察队伍的建设面临着的一系列困境的解决都需要得到政府部门的积极支持。如解决警力不足问题必须得到人事编制部门的支持，要提拔中层干部则必须要得到组织部门的支持，要解决经费问题则必须要得到各级政府部门的帮助，在这一方面不仅要做到主动配合也要积极与政府部门协调。

（1）注重称呼。

在政府部门中每个人都有不同的职务和职称，在公共关系的礼节中这都是最先需要注重的地方，称谓是体现对他人尊重的第一反映。同时在与政府部门人员打交道过程中也要注意其他常规性的礼节，像主动给级别高的人员让座、不要走在级别高的人员前面等。

（2）注意言辞。

公安机关在与政府人员公关中要时刻注意自己的言辞，公关不是讨好不是取悦，讲话要有条理性，切忌一味地谄媚，要做到恭而不媚，敬而不卑。警察要时刻注意自己的言辞，要懂得什么时候该说话、该怎么说，在什么场合下说什么话，不要随意地插话，更不要打断他人的谈话。不仅要尊重对方更要让对方从你的言辞中真切地感受到尊重和信任，这样才能与政府部门做好交流工作。

（3）做好本职工作。

每一个政府部门都会多多少少地与公安机关发生联系，在警务活动中快速反应并妥善处置好每一次警务工作本身就是做好与政府部门的公关工作。因此在日常警务工作中要把来自政府部门的警务需求当做一种机会，妥善处理好与政府机关之间的关系，形成一种良性合作的状态。

当然在与政府部门的交流过程中，切记不是为了自身利益，而是为了警察组织本身，最终是为了人民群众的利益在进行必要的公关。最重要的是在积极寻求支持的过程中一定要坚持自己的立场。现阶段关于警察的诸多负面消息，很多都是关于一些地区的警察在政府征地的过程中充当了不太光彩的角色。这样的情况在政府与警察组织间时有发生，导致了公众对警察的不信任。因此，警察在处理与政府间关系的时候必须摆正姿态，认清自己的使命和宗旨，在积极获得政府支持的过程中，坚持自己的立场和地位。

第二节　警察公共关系的技巧

建立一个良好的公共关系环境是警察组织发展的必要条件。在现代这个信息交流频繁的社会，任何一个组织都不可能是一个封闭的系统，它必须是开放式的，能与外界进行有效沟通的组织。在与外界沟通的过程中，任何组织之间都可能会发生竞争和冲突，警察组织也不例外。为了避免与外部之间的冲突和摩擦，就需要依靠公共关系的技巧来巧妙地应对外部环境，协调与外部组织之间的关系，从而为组织的生存和发展创造良好的外部环境。

一、区别对待、突出重点

在处理公共关系上，一定要做到主次有别、权衡利弊、突出重点。像警察公共关系中，与上级机关之间、同级之间、社会公众之间都要区别对待，分清主次，将与警察组织关系密切、影响明显的群体作为重点交往对象。在制定公共关系计划或应对公共关系危机时，各项目标计划、步骤都要根据其轻重缓急有所取舍，有轻重之别，注意计划的平衡性，做到既突出重点，又兼顾其他，避免过于宽泛和绝对细致。过于宽泛容易分散有限的人力和财力，使公关工作陷入进退维谷的境地，导致计划落空。绝对细致的计划又常难以实施。但突出重点并不等于放弃其他目标，公共关系工作要注重长远利益。因此，既要兼顾到与重点目标相关的次要目标，还要兼顾到与长远目标有关的重要问题。

比如，根据公众对警察组织重要性的程度不同，警察组织可以将他们划分为首要公众、次要公众、边缘公众。对于将直接影响警察组织生存和发展的首要公众，警察组织应当投入更多的时间、人力和财力重点协调好与这些群体的关系。对公众重要性的划分，可以帮助警察组织在资源利用上分清轻重缓急，合理调配资源，将有限的时间和精力，投入到对警察组织真正有影响、有作用的地方，以最小的投入获得最大的收益，达到事半功倍的效果。这不仅是对警察组织资源的有效利用，也是警察组织在处理公共关系上的重要技巧之一。

二、有礼有节

在与外部公众交流的过程中，公安机关是这对关系中的交流主体。在应对危机公关的过程中，公安机关应当始终掌握住主动权，在直面公众的交流中应当保持有礼有节的应对方式。例如，在与媒体之间的公关中，一方面公安机关应当保持与媒体间良好的互信互助关系，使媒体能够理解和支持公安工作，尤其是公安机关在面临危机公关的紧要时机，更应该巧妙地利用媒体在公众舆论、信息传播上的优势，利用媒体澄清事实真相，化解公众对公安机关的误解，将对公安机关组织形象产生不良影响的信息剥离出公众的视线，使公安机关可以平稳地度过公关危机。在公安机关面临公共关系危机的情势下，如果得不到媒体的理解和支持，那么后果将是不可设想的，媒体对公众意识具有较大的引导性，如果媒体站在了公安机关的对立面进行宣传，那么公众舆论大致会出现对公安机关形象不利的一边倒现象。因此公安机关在与媒体的公共关系中，应当始终与媒体保持友好的合作关系。但另一方面，如果媒体恶意地做出一些失实的、含中伤内容的新闻报道，损害公安机关良好组织形象时，公安机关则应当及时地采取措施，予以澄清和严正地反击。应对媒体暴力，公安机关应当严阵以待、积极维护自身名誉，对于一些性质恶劣、严重侵害公安机关权益的不良媒体，公安机关也可以寻求司法的救济手段，通过法律的手段来解决问题，在公共关系处理中始终采取有礼有节的应对方式。

在应对媒体时，也要注意说话的技巧。首先，得说真话，注意用词，说话的态度要温和，每句话都要有事实作为根据。网络上时常出现一些官员的"雷人语录"，这严重损害了政府部门在民众心目中的形象。所以注重说话技巧是警察组织在公关时必要的技巧。其次，公安机关在公布信息时，应当注意对信息的斟酌，能公开的信息要公开，不能公开的信息就不能公开，要注重保密，更要对公布的信息负责。一旦公安机关公布一些不该公布的信息，极易引起民众猜测，或其他不可控的情形，可能会导致事态向更加恶劣的态势发展。最后，公安机关在与媒体沟通的时候，要注重所公布信息的新闻价值，切忌公布的信息、所说的话给媒体留下遐想的空间，也不可让他们做道德的判断。

三、坚持原则性与灵活性相结合

原则性是指在做事情时必须要坚持的规矩和准则，而灵活性则是指在工作中应当从客观实际出发，针对不同的情形、不同的对象，因时制宜、随机应变，更加卓有成效地完成各项工作。马克思辩证唯物主义的观点认为，任何事物都具有双重性。原则性和灵活性也是事物的两个方面，将原则性和灵活性相结合是马克思主义一种重要的思想和工作方法。警察公共关系同样也是具有原则性和灵活性的，原则性和灵活性相统一是一条客观规律。在处理事物的过程中，光讲原则性，不讲灵活性，就会陷入教条主义；光讲灵活性，不讲原则性，就会陷入修正主义。将原则性和灵活性相统一是按照客观规律办事的结果，在警察公共关系的技巧中，也只有将两者更好地结合起来才能将各项公关工作做得更好。

在如今日新月异的社会变革中，警察工作也要不断地解放思想，开拓创新，在把握大原则的前提下，学会变通，灵活地处理问题。比如，应对犯罪嫌疑人的时候，在坚持警察组织基本职责的前提下，有时候也应当考虑犯罪嫌疑人的一些特殊情况，不能采用"一刀切"的方式。完全不顾他人的特殊情况，反而容易引起公众对警察组织的误解。像在公布一些案件信息的时候，根据法律的规定确实属于其他可以不公开的情况时，公安机关应当充分考虑实际情况，灵活地处理问题，充分考虑公众对该信息的关注度与情绪，将原则性与灵活性相结合，不能以一句"法律规定不予公开"为理由对公众敷衍了事。否则将极大地引发公众对公安机关工作的质疑，对公众的情绪将产生巨大的不良影响，所以在警察公共关系中原则性与灵活性相结合是一项必备的技巧。

四、可散不可聚，可顺不可激，可解不可结

诱发公安机关公共关系危机的原因可能是多样的，具有一定的突发性和复杂性，但也绝不是完全无章可循的。因此，在公安工作中，公安机关应当广泛地深入到群众的生活中去，及时了解发现社会中存在的各种情况，及时化解可能引起不稳定事态的矛盾和问题。当公共关系交流出现问题时，公安机关要及时采取控制事态延伸的紧急措施，稳定群众的情绪，避免事态的进一步扩大，损害公安机关良好形象。具体到应对事件中的群体时，一要"正面引导，分散矛盾"；二要"正视事态发生的原因，化解矛盾"，要熟练地运用"可散不可聚，可顺不可激，可解不可结"的技巧。

"可散不可聚，可顺不可激，可解不可结"的策略原则是说，对于可能引发事故的群众要加以疏散，而不可集聚；对于有情绪的人要顺势引导，而不可进一步刺激他、激怒他；对于有了矛盾可能诱发事故的各方，要努力化解矛盾，而不可使其再结疙瘩。"可散不可聚"是指在发生公共危机时，公安机关应对过激群体采取措施及时将他们分散开来，切不可聚拢，群体的聚拢也就是情绪的聚拢，群众之间就容易产生感染，群众情绪在相互感染后会更加高涨，不满情绪将会进一步扩散和传播，那样事态将更加不可控，所以应当想尽一切办法将群体分散开来，让个体在单独的情况下得到冷静，同时使事态也得到冷却。如，某些案件，地点是公共场合，或是消息传得很快，引得许多群众围观，此时赶到现场的人民警察就要对围拢的群众加以疏散，防止集聚，以免影响办

案与交通，防止暴力问题的出现。"可顺不可激"是说当面对公共危机时，公安机关应当和善地对待群众，切不可在面对群众的过激行为时，采用暴力压制或恶言相对的方式进一步刺激群众的神经，而是应当采取安抚的方式，顺着群众的情绪和要求，注重方式方法将群众情绪安抚下来，对群众提出的合理要求进行协调，防止进一步过激行为的发生，防止双方对峙局势上升。中国有句俗话"冤家宜解不宜结"，平常百姓之间都明白不应形成冤家的关系，和睦相处是中国人追求的和谐状态。而公安机关和人民群众之间并不是冤家的关系，公安机关是为人民服务的，冤家之间尚且不宜结，何况是旨在为人民服务的公安机关和群众之间呢？"可解不可结"是指在处理和群体的公共关系危机时，公安机关应当积极寻求方式方法去化解与民众之间的矛盾和问题，不应与群众站在对立面，和群众结下不可解的矛盾。首先，公安机关与人民群众之间没有根本上的利益冲突，他们之间没有形成可结矛盾的本质原因。其次，公安机关要树立良好的组织形象、实现其组织职能价值，在工作上离不开人民群众的支持和配合。我国公安工作一直强调"走群众路线"，公安机关与群众之间是鱼水之情，离了谁都无法生存。所以"可解不可结"，公安机关与群众之间的矛盾应当及时化解，切不可结成"冤家对头"。

五、分化、争取多数，孤立、打击少数

中国共产党在长期的对敌斗争和军事斗争中，曾多次运用矛盾，巧借争取多数、打击少数的技巧取得胜利。在现如今的警察公共关系中，我们依然可以运用这样的技巧来应对公共关系的危机。分化、争取多数，孤立、打击少数，这两者的关系是互为条件，互为目的的。在公共危机的群体中应当将大部分随从性的群体区别于那些首要的、严重的破坏性分子，争取使他们回归于警察的同一阵营，化解他们的矛盾和怨言，使他们理解和支持警察工作。唯此，才有利于把极少数行为严重、态度恶劣的极端分子孤立起来，才能集中力量对其予以有力的打击。对事件中极少数行为严重、态度恶劣的首要分子、顽固分子予以孤立，从严打击，才能促成大多数一般分子的分化、动摇，争取更多数群体成员

对警察工作的理解和支持，只有这样事态才能得到进一步解决。争取大多数，镇压极少数；改造多数人，分化群体粘合度，是这一技巧的关键目的。

　　采取这样的政策和策略的意义在于：分化公共危机过程中群体的粘合度，有利于彻底消除具体事件的不良影响。将左右摇摆的群体、一般的追随性群体尽可能地争取过来，扩大公安机关的阵营，使局势向有利于公安机关的方向发展，最终让不安分子势单力薄、孤掌难鸣。孤立打击小部分顽固分子和招摇生事者，摆明公安机关的态度，给事件的引导者以警醒，将不利于公安机关的言行和信息的影响度和恶劣性缩小。因此，在处理公共关系危机过程中必要的打击也是必不可少的。

第十一章　我国警察公共关系基本制度

第一节　新闻发言人制度

一、新闻发言人制度概述

新闻发言人制度，是指"由指定的授权代言人，在一定时间内就某一事件或时局问题，代表政府部门或者个人举行新闻发布会或约见个别记者，发布有关新闻或阐述政府、本部门的观点立场并回答提问的一种新闻发布机制"。

我国于1990年开始实行公安机关的新闻发言人制度，公安部专门成立了新闻发言人办公室。2004年，公安部发布《关于在全国公安机关实行定期新闻发布制度的有关规定》，决定自该年起正式确定公安机关新闻发言人制度。其主要内容有，在公安部和各省、自治区、直辖市公安厅、局以及省会市、副省级市公安局普遍建立、健全新闻发言人制度，实行定期新闻发布。原则上，公安部和省、自治区公安厅每一个月举行一次新闻发布活动；直辖市、省会市、副省级市公安局每半个月举行一次，也可以根据需要每周举行一次。此外，根据"二十公"会议"加强公安工作透明度，自觉接受社会监督"的精神，为了顺应形势，全国各地公安机关也陆续建立了新闻发言人制度。我国公安机关新闻发布的主要形式分为两类：日常新闻发布与突发事件新闻发布。新闻发布的主要形式有举行新闻发布会、组织新闻通报会、发布新闻通告、接受记者采访等。

公安机关新闻发言人制度的建立具有重要意义。它符合时代发展要求，有利于推进政务公开和实行透明行政，促进政治文明的进步。具体来说，公安机关新闻发言人制度的意义主要体现在：第一，使公众的知情权得到尊重与保障；第二，顺应了当今社会媒体化迅速发展的需求。

公安机关新闻发言人制度由如下四个要素构成：基本原则，组织机构，工作职责，新闻发布的形式、内容、权限。

二、新闻发言人制度的基本原则

基本原则是由公安机关的职责和任务所决定的，对公安机关新闻发布活动具有全程指导意义的总体要求。总的来说，公安机关新闻发布应该坚持以下原则。

（1）服从大局，服务中心。公安机关的新闻发布工作，必须坚决服从于党委、政府的中心工作，必须坚持服务于公安机关的主业。

（2）归口管理，统一领导。公安机关的新闻发布工作，必须由统一的部门领导、组织、开展，确保信息统一、准确、权威。

（3）全面准确，主动及时。公安机关新闻发言人发布新闻，应严格防止因信息片面、内容不实而引发舆论炒作的现象发生，从而保证信息的全面、准确。对社会关注的涉警热点问题和关涉民生的重要公安信息，要主动、及时公开。

（4）内外有别，科学适度。公安机关新闻发言人在发布新闻时，对法律、法规规定应该公开的信息要及时发布，不得迟延。对暂时不宜发布或发布会产生负面影响的公安信息，要适当控制，寻找合适时机再发布。

（5）规范有序，严守纪律。公安机关新闻发言人发布新闻，要严格按照既定的工作程序报审、组织、实施，既要满足公众的知情权与监督权，又不能对外泄露保密事项。

三、新闻发言人制度的组织机构

组织机构的核心任务是明确新闻发言人制度的领导架构和具体的新

闻发言人。目前公安机关新闻发言人制度的领导架构主要为：省级公安机关成立专门的领导小组，由相关的厅领导及部门负责人分别担任领导小组组长、副组长及成员；领导小组下设办公室，根据各地工作实际，办公室一般设在新闻和舆论引导部门。地市级公安机关新闻发言人制度工作负责人为省公安厅领导小组办公室的日常联络员，地市级公安机关新闻发言人制度的领导架构照此延伸。由此，一个纵向由省、市、县相连，横向到各个警种（部门）的新闻发言人工作领导体系形成。

确定具体的新闻发言人有两种模式。一种为单一新闻发言人模式，即确定单一固定的人员为本单位的发言人，全面负责对外新闻发布工作。该模式的主要优势在于口径统一，不会出现推诿扯皮现象，但这对发言人的个人素质要求极高。另一种为集体发言人模式，即经集体研判后在集体的授权与安排下，相关领导或人员均可以发言人的身份对外发布信息。这种模式有利于贯彻民主集中制，扬长避短，采众家之所长，又可利用个体优势分管自己熟悉的业务领域，新闻发布质量较高，但有可能出现相互推诿、策应不够等问题，特别是在涉及多部门、多业务、内容庞杂的新闻发布活动中尤其如此。

四、新闻发言人的工作职责

工作职责，即新闻发言人所承担的职能与责任，它是新闻发言人相关组织机构的行动指南。按照新闻发布的流程，职责主要包括：领导小组确定发言人的职责，办公室对新闻发布的策划职责、应急预案制定的职责以及与相关单位部门的联络职责，新闻发言人进行信息发布的职责。只有在都恪尽职守的前提下，新闻发言人制度才能顺利、高效运行。

五、新闻发布的形式、内容、权限

（1）新闻发布的形式。目前新闻发布的形式主要有组织并召开新闻发布会与新闻吹风会，"以我为中心"发布新闻通稿，接受媒体采访，答复记者询问，发出采访邀请等。至于具体采取什么方式，应根据发布内容与预期效果进行合理选择。

（2）新闻发布的内容。新闻发布的内容应该是结合公安工作实际，对《中华人民共和国政府信息公开条例》及公安部有关文件规定的信息公开范围的具体化，以期具有实操性。一般来说，对于信息发布的范围边界，一般采"列举式"与"排除式"相结合。采用列举式，主要是为了对重点的新闻发布内容进行着重强调，而采用"排除式"，则是为了确保新闻发布范围最大限度地延伸，最大限度保障公众知情权。

（3）新闻发布的权限。在目前的格局下，新闻发布的主体主要遵循以属地管辖为主，指定管辖为辅的原则。所谓指定管辖，即在跨地区、跨级别、跨警种以及复杂特殊情形下的新闻发布由上级机关新闻发言人组织机构发布，或者指定某个机关发布。在发布的内容上，应严格按照程序报批并获得授权，防止新闻活动出现随意性。同时，应规定不同层级的公安机关新闻发布的范围和重点。值得一提的是，新闻发布权限下移由于符合基层警务活动的客观规律与实际，成为公安机关全警公关和舆论引导的新动向。

六、新闻发布的流程

成功组织一场新闻发布活动，一般来说，有如下几个环节：

（1）拟定计划。各层级公安机关及其职能部门如果需要发布新闻，就要提前研究，制定发布工作计划。

（2）做好发布准备。拟定计划后，发布主体单位要认真准备发布请示、新闻发布稿、背景资料等材料，精心布置会场，研判舆情发展态势，商讨备答参考口径，制定媒体记者现场管理措施等，积极做好发布准备。

（3）发布新闻。新闻发布主体单位要严格按照各类新闻发布形式的程序要求，开展组织记者、资料发放、新闻发布和答记者问等工作。

（4）效果评估。新闻发布后，发布主体单位要密切关注新闻媒体的报道效果和舆论反应，对发布效果进行评估，对效果良好的要总结经验进行推广，对效果不佳的要及时查找原因并妥善加以改进。对发布失误、造成负面影响的要集中商议，采取补救措施消除负面影响。

不容否认的是，新闻发言人制度作为一项刚刚起步的新制度，还存在着诸多不足，尚不能完全适应公安工作不断涌现的新情况与新问题，制度建设亟待完善。对此，可以从加快新闻发言人制度立法，对重大、突发敏感事件的新闻发布进行规范，正确处理警察与媒体关系以及提高新闻发言人的能力和素质等方面加以完善。

第二节　舆论引导制度

一、舆论引导概论

舆论引导，是指对社会舆情的引领和疏导。在我国当代社会的政治语境中，舆论引导既包括通过传播手段来控制社会舆情的流向，也包括运用舆论手段对人们的思想和言行进行疏导，实现对社会舆情方向的控制。

舆论引导是新时期关系国家政治稳定、社会和谐安宁和精神文明建设的重要工作。舆论引导主体通过对事实的报道、对政策的宣传以及对社会的评说，表现出是非评判的倾向，其所倡导的总是被其认为是正确或有利的那种舆论，而被其认为是错误或消极的舆论，则采取拟制或排斥的态度。一项政策、一种主张经过新闻媒介的宣传解释，会逐渐被越来越多的人接受。于是，经过新闻媒介广为传播的意见往往成为社会舆论的主流。

舆论引导从本质上说是一种社会控制行为，它的主要功能是通过对社会群体和个体心理的调节，达到社会意识形态整体的动态平衡。因此，舆论引导在满足人的需要，坚定或改变人的价值观上显得十分重要。因而有的新闻宣传工作者提出要引导有方、引导有力、引导有效，有的人提出舆论引导要"看得下去""听得进去""跟得上去"。

当前我国公安舆论引导工作面临严峻的形势。主要表现在如下几个方面：第一，社会日益开放透明，公安机关面对的舆论监督环境更加复杂，压力不断加大；第二，社会矛盾不断凸显，公安机关容易成为舆论关注的焦点；第三，公众法制观念相较以往有所提高，公安机关承受着来自多方的舆论压力；第四，社会公众对公安机关职能的理解、定位不准确，公安机关"被万能"的倾向越来越明显；第五，媒体格局发生深刻变化，社会舆论特别是媒体的某些功能和作用被少数群众无限夸大；第六，高速便捷的信息传递方式对公安工作产生了强大的舆论监督压力，媒体也越来越强调满足社会公众知情权的重要性。这些通通都是公安机关面临的舆论新形势，可以预计的是，今后形势还会发生速变。

二、当前我国公安舆论引导工作面临的问题

在严峻的形势下，当前我国公安舆论引导工作存在着诸多问题。这些问题如果没有得到足够的重视并得以解决，会对公安工作带来不良影响。

（1）思想认识不到位。一是在公安工作中存在重新闻宣传轻舆论引导的情形；二是部分公安机关和人民警察疏于网络，对网上出现的涉警负面信息重视不够；三是部分公安机关和人民警察对网络意见领袖的作用认识有限，常自以为是；四是对新媒体的传播规律不熟悉，不了解；五是有些公安机关缺乏从战略的高度对涉警舆情进行整体上的引导和塑造。

（2）缺乏健全完善的公安舆论引导工作机制。一是涉警舆情信息研判机制不健全；二是各层级公安机关在涉警舆情处置工作中反应滞后，主动介入不够；三是缺乏必要的涉警舆情应急处理机制，对重大、突发敏感事件的舆论引导特别是网络炒作回应乏力。

（3）公安机关危机管理能力欠缺。一是有些媒体为了片面追求看点和独家发布效应，违反新闻职业道德；二是公安机关的危机应对机制和公关机制尚不规范、不完备，处理危机缺乏政策性的法规和依据，特别是对新媒体的涉警负面炒作应对乏力，易错失良机。

（4）公安舆论引导工作制度贯彻落实不到位。一是涉警舆情信息报送不及时，贻误战机；二是工作中不懂得遵守新闻宣传纪律；三是公安新闻宣传基本业务知识欠缺，细节把握不够；四是方法不当或新闻素材把关不严，导致正面宣传素材被负面解读。

（5）公安舆论引导队伍建设滞后。公安机关的基层一线单位，特别

是基层科、所、队，是应对新闻媒体的第一线和主战场，但现实情况是绝大部分公安基层科、所、队缺乏必要的舆论引导专业人才。

（6）公安舆论引导能力普遍不高。一是思维定式，不会因时制宜，麻痹大意；二是我行我素，不尊重媒体，不把媒体当回事；三是对媒体的炒作、公众的批评，有些基层公安机关举棋不定，反应迟钝；四是部分警察行为失当，缺乏与媒体的交流经验和沟通技巧，易引发对立情绪；五是透过护短，面对自身存在的问题，寻找借口，极力否认，越辩越黑；六是定性不准，部分警察由于缺乏应对媒体的经验，在对相关案件进行表述时，容易出现定位不准和乱用语词等情况，引发公众不满；七是随意发布涉警舆情信息，基层公安机关常出现"该说的人不来说，不该说的人都来说；该说的内容不说，不该说的内容乱说"的问题，授人以柄。

（7）主导舆论的意识不强。基层公安机关还没有充分认识到公安新闻宣传和舆论引导对公安工作的巨大作用，致使当前公安宣传工作面临着人才引进难、稿件发稿难、案件报道管理难、负面报道应对难的"四难"问题。由于没有建立警媒信息交流平台，出现涉警负面舆情时大多采取事后补救的办法，延误战机，耗时费力。

（8）危机公关失策。一是有的公安机关不具备应对媒体的基本常识和经验，缺乏加强公安舆论引导工作的意识；二是目前大多数公安机关缺乏一个专门承担应对突发性形象危机任务的部门；三是公安机关内部也缺乏相应的危机预警处置机制。

三、公安舆论引导的方法

公安新闻舆论引导方法，是作为引导主体的公安机关舆论引导部门为营造良好的舆论环境，实现公安机关的职能，针对受众的心理、诉求而采用的相应的舆论引导手段。公安舆论引导的方法主要有：

（1）主动设置议程引导法。即直接探讨公安机关如何利用媒介引导公众形成舆论或转变已有的舆论。其中心思想是，公众通过媒介知晓事件或问题，依媒介提示的角度思考，按照媒介对各种问题的重视程度来调整自己对这些问题重要性的看法，或者说媒介对某一事物的强调程度同公众对同一事物的重视程度构成正比关系。媒介为影响舆论的形成而将一些公众尚未注意到的问题提上日程，引起公众的兴趣，展开讨论，从而逐渐形成公众与媒介倾向一致的舆论。

（2）"沉默的螺旋"引导法。诺埃勒·诺依曼的"沉默的螺旋"理论，是从社会心理学角度对舆论形成的研究。她以人害怕在社会中孤立的心理为主要依据，认为为了防止自己被孤立和受到社会制裁，一般人在表明自己的观点之前首先要感觉一下"意见气候"，如果自己的意见与多数人的意见相同或相近，便会较为大胆、积极地发表；如果发现自己属于少数，便会迫于无形的舆论压力而趋向于保持沉默。于是舆论的形成，便产生了一个"一方越来越大声疾呼，而另一方越来越沉默下去的螺旋式过程"。"沉默的螺旋"理论对舆论引导具有重要意义，为公安机关舆论引导部门提供了一种引导非主流舆论转向主流舆论的范式。但是，"沉默的螺旋"是基于社会心理学中"从众"的大众心理现象而成立的，从众虽然广泛发生，但是不同的个体会有不同的反应，比如对于受教育程度较高、自主意识较强的个体，以这种方式进行引导，效果可能不会太好。而且也可能虽然在短期内取得了表面的一致，但由于个体感到"受压迫"，为未来更大的冲突埋下了隐患。

（3）社会模仿（典型引导）法。在现实社会生活中，人们通常通过观察社会情境中其他人的行为来决定自己的行为方式。榜样是社会模仿的核心，因而在公安机关舆论引导工作中，可以使用典型法进行正面宣传报道以引导舆论。所谓典型，是指在社会生活中具有代表性的人或事。典型报道具有十分重要的意义，能够引导受众从对一个典型的认识形成对大量同类事物的统一、正面意见，从而去赞扬、支持典型人、事、物，批评、指责危害社会的行为，进而形成以典型报道的价值取向为导向的强大舆论"磁场"。这种"辐射"的舆论指向的功能必须通过新闻媒体的作用才能发挥得淋漓尽致，才能从正面有效地增强对广大受众"眼球"的吸引，进而达到典型新闻报道引导社会舆论的效果。

四、公安舆论引导的具体措施

加强公安机关舆论引导工作，必须建立健全舆论引导的管理体系，从组织体系和管理制度上保证舆论引导工作有序进行。

（1）加强涉警舆情的防范。公安机关及人民警察要牢固树立"舆情就是警情"的理念和"监督无处不在"的危机感，正确处理公安业务工作、队伍建设和舆论引导工作之间的关系，全面加强和推进公安队伍的"全警触网"进程。

（2）加强涉警舆情的应急处置。公安机关要建立科学完善的公安舆论引导组织体系，建立与媒体的日常沟通协作机制，提高同媒体打交道的能力。同时还要完善公安机关新闻发布制度，提高应对媒体的能力以及建立健全舆情收集与应急处置机制。

（3）加强涉警舆情的善后总结工作。具体来说，就是要做好事件跟踪、总结评估、责任人处理以及整改提高这几个方面的工作。

第三节　全员公关制度

公安机关建设警察公共关系的目的是塑造组织形象，而组织形象是公众从接触组织中的成员开始形成的，而且形象一旦形成就很难改变。所以，为了保持组织的良好形象，在警察公共关系建设实践中就离不开全员公关。

一、全员公关的含义

全员公关被称为"警察公共关系的理想模式"，它既是警察危机公关的一个阶段，又是警察危机公关的一项原则。所谓"全员公关"，是指组织中的全体成员以及所有部门同心协力，把专业技术、经营管理、科学方法和组织文化结合起来，形成人人关心组织形象、事事有利组织形象的公关氛围，从而建立、塑造和维护组织的良好形象。全员公关包括如下内容：

（1）组织中的全体成员要有公关意识，这是全员公关的核心。它要求组织中的全体成员要树立公关意识，并将其融入到日常的工作中；要明确其工作的基本职责是为公众服务并塑造和维护好组织的形象。

（2）组织中的全体成员都要参与公共关系工作，即公关工作全员化。上至组织中的最高领导，下至最底层的工作人员，都应该行动起来。但公关工作全员化并不是说组织中的专门公关部门就没有存在的必要了，而是两者应该结合起来，更好地为组织中的公关目的服务，完成公关任务。

（3）组织应该使用一切合理的方法来进行公关工作。现代组织公关工作的内容越来越复杂，这就使得公安机关不能使用单一的方法开展公关工作，应该为促进公关目的的实现而使用多种多样的方法，如电视、广播、报纸、网络、公益广告、信息发布会等。

二、公安机关全员公关的意义与作用

公安机关全员公关，是指公安机关全体警察必须不断努力提高自身的警察公关意识、素质和能力，在工作中切实维护公众的利益，增强警民之间的联系和沟通，全心全意为人民服务，从而提升公安机关的形象。公安机关全员公关有十分重大的意义和作用。

（1）实行公安机关全员公关是完善现代警务机制，提高警察队伍执法能力的有效途径。随着我国法律法规的逐步健全以及我国公民法律意识的不断增强，公众对公安机关的执法能力越来越关注，公安机关只有建立和完善与社会组织、公众的公共关系，积极运用各种传播手段，为公众行使知情权创造条件和机会，才能为其执法活动打牢坚实的群众基础。

（2）实行公安机关全员公关是提升警察素质和公安机关形象的有效手段。警察公共关系工作的对象是社会公众，为了在公众面前树立良好的形象，公安机关应注重公共关系建设，通过与公众的交流沟通，听取公众的意见和建议，密切警民关系，树立公安机关的威信。

（3）实行公安机关全员公关可以有效沟通公安机关与公众、社会组织的关系，提升公安机关自身的影响力，优化社会环境。警察公共关系强调"公众至上"。当公众的问题得到解决、意见得到重视时，就会唤起他们对社会事务的主动参与，形成一种良好的社会舆论环境。

三、公安机关实现全员公关的途径

（1）公关工作始于领导者。美国现代公共关系之父艾维·李提出公共关系始于最高管理层论，也就是说，公共关系工作应该得到组织中最高领导人的支持和理解。公安机关要实现全员公关也应从管理层开始。这是因为公共关系工作是一项综合性的、事关公安机关全局性的工作，公安机关公关部门的设置、人员的安排、公关经费以及决策等都需要得到领导层的认可和支持。公安公关工作始于领导者，与公安机关领导的工作性质有关。公安机关的领导者经常参加各种会议，接受新闻媒体的采访，发布各种重大事件、突发事件的消息，是公众关注的对象。而且在公安机关内部，普通警察也会听从领导号召，以领导为榜样。可以说，公安机关领导者的一言一行，对公众、社会组织以及广大警察都有很大的引领和示范作用。在很大程度上，他们就是公安机关的形象代言人。

（2）公关工作需要全体警察参与。要塑造公安机关的良好形象，除了需要公安机关的领导积极参与外，也需要全体警察共同参与。全体警察应努力调整自己的行为，时刻注意自身形象与公安机关形象的统一。为此，全体警察要做好以下几方面的工作。第一，要树立公关意识。公安机关形象的塑造需要全体警察的共同努力，需要每个警察都树立公关意识，积极主动地参与公关工作。第二，一切工作公关化。一切工作公关化，并不是要公安机关把所有工作都变成公关工作，而是要求公安工作应体现公关工作的精神，应营造公关工作的氛围，让警察感觉到公关工作人人有责。第三，要明确每位警察的公关责任。不同的工作部门都从不同层面反映着公安机关的形象，这就要求每位警察在自己负责的工作范围内要维护好公安机关的形象。公安机关要加强对警察的公关教育和培训，让他们明白如何在自己的岗位上来维护组织的形象。

（3）把公关工作渗透到公安机关的每一个部门。做好公关工作不仅是公关部门的责任，公安机关每一个部门都应成为公安机关形象的承载者，要做好以下两方面的工作：第一，在警务战略计划和年度规划中体现公共关系的思想，制定明确的警察公共关系目标，通过公安机关和警察创造性的工作来促进公关工作目标的实现；第二，尽可能地考虑公众的利益，彻底贯彻全心全意为人民服务的宗旨，体现公关精神。

第四节　危机公关制度

警察组织危机公关，即警察组织面对影响或可能影响警察组织形象的事件，采取及时、有效、科学的公关手段和应对措施来解决问题，以减少损害，维护形象。毫无疑问，警察危机具有突发性与破坏性，影响力大，冲击性强，容易成为媒体关注的焦点。如果处理不当，对警察组织的形象、信誉、对内凝集力、对外感召力、效力以及警力和战斗力都会带来难以估量的损失。根源性问题相较原因性问题而言，是深层次的，也是不容易解决的。原因性问题的解决多涉及具体操作层面。因此期望通过某些技术性手段来解决问题成为可能。现代社会，媒体宣传也是生产力，如果能够利用媒体的力量进行新闻宣传与舆论引导以便危机公关，不仅是一种可能比较经济的选择，而且还能够期望达到减少损失、维护形象、增进团结、扩大影响、化危为机、提升警察组织软实力的效果。

警察组织的危机公关体现在以下三个阶段。

一、事前能量储备阶段

传统观点认为，当危机发生时需要投入大部分精力到事件的回应中去，即将解决问题的核心定位于手提灭火器，哪里烧起来就赶紧前去灭火的被动反应过程，也即对"察"有所偏重。然而晚近兴起的社区警务、第三方警务、问题导向警务以及信息导向警务等以主动先发为特征的警务模式实践的兴起却让人们知道了预防预控在治安管理中起着不可替代的作用，甚至比对事件的单纯回应更重要。高风险社会呼唤着创新型的社会管理，冲击—回应式问题解决方式已远不能满足这个危机四伏的社会的要求。警务活动的制定与实施已不能只着眼于治"已病"和"将病"，还要将目光触及"未病"的范围，是为"警"。这对警察和警察组织的概念化能力要求极高，以期当社会出现微弱或不明显的失范征兆时能捕捉到信号，继而探究失范的深层次原因并对事件发展趋势做出正确预测，提出合适的因应对策。而媒体无疑是展示信号的一个很好的窗口。

在"有变就有危机"的事实面前，公安机关需要培养危机预警意识，做好防控预案是获得警察组织内外一致认同的。而广泛地收集相关信息是做好预警的前提。信息收集的途径有多种，既包括传统大众传媒、互联网，也包括警察组织业务数据、内部信息沟通、专题调查，还包括相关利益公众的意见。这里只讨论前两者。传统大众传媒包括报纸、杂志、电视、广播，通过这些渠道，警察组织可以了解警察的公众形象、警务活动的公众满意度以及社会大众的安全感如何。互联网的蓬勃发展，不仅拓宽了警察组织获取信息的渠道，而且使信息搜寻和传输的成本降低。网上信息平台如论坛、专题网站、微博日益受到公安机关宣传部门的重视。警察组织可以设置关键词通过搜索引擎展开搜索，收集到充分的信息后，要对信息的真实性进行甄别，剔除虚假信息，保证作为决策依据的信息是客观真实的。然后在此基础上进行归纳、分析与评估，得出一个倾向性结论。这些工作被重复了很多遍后，会形成类型化危机的解决模式，而这种模式为最佳的危机防控预案。

二、事中回应阶段

在危机公关的第二阶段，即事中回应阶段，首先需要解决的是危机的定性问题。按严重程度分类的话，危机可分为可修补、可挽回的危机以及不可修补的危机。这两种危机的因应对策有所不同。前者可以通过技术和专业手段去修补和完善，而后者则是从本质上就有先天的缺陷，任何方式和手段其实都是徒劳。在后者这种情形下，诚恳地认错，及时地改正并且面对现实是最好的危机解决方案。许多案例的经验也告诉我们，往往是最简单直接回归本源的真善美化解了误解、平息了愤怒、达成了谅解、减少了损失、美化了形象，最后化危机为转机。由于不可修补的危机具有极端性以及解决方式的局限性，将其作为危机解决的标本进行截面分析与介绍并不科学。因此，适宜将可修补的危机作为解剖的对象，以探求在其解决过程中如何与媒体沟通以及需要注意哪些问题。

首先，有选择地公开信息。危机处理中信息公开原则包括三个"度"，即真诚开放的态度、第一时间的速度以及实言相告的尺度。这告诉我们在态度真诚和快速反应的前提下需要把握信息公开的尺度，而不是一味追求事件的透明度。如果教条地按照教科书上提供的 3T 原则（Tell your own tale，以我为主提供情况；Tell it fast，尽快提供情况；Tell it all，提供全部情况），虽说能够避免陷入被动，但不一定能够产生良好的效果。这是因为危机发生肯定是有做得不好的地方，一旦将全部真相如实相告，警察组织的形象将面临严重毁损，危机公关也会因此显得多余。有选择地公开信息，让公开的那部分信息能够自圆其说。有论者将其形象地比喻为危机发生时"关闭聚光灯，打开大部分场灯"。关闭聚光灯，可以在舆论的风口浪尖上暂时淡化焦点，避开媒体对核心问题的聚焦；而打开大部分场灯的作用在于展现事件全貌，以一种外观上的自然姿态面对公众，保住公众的信任。这是传播的技巧而非欺诈。这样做的好处在于既能满足媒体的报道欲，又能巧妙引导舆论方向。因为"公众对事件的认知往往来源于媒体对事实的剪裁。完全客观的素材，不同的选择和剪辑会引导公众得出完全不同的结论"。可以设想，如果在关闭聚光灯的同时却不打开场灯，任凭媒体自己在漆黑的舞台上打着手电筒摸索，那就是放任媒体寻找小道消息且为它传播小道消息提供口实。即如果警察组织拒绝提供任何信息给媒体，媒体会饥不择食，甚至连与事件本身关系不大的发现都有可能被无限放大，等到那些被刻意隐瞒的信息被挖掘出来后，警察组织将丧失其信用，从而丢失话语主导权，因此是不可取的。"亮开那一排场灯"满足媒体对新闻素材的旺盛欲求后，受到新闻周期（一般是两周）的作用，媒体开始转移话题，该危机事件也逐渐淡出公众视野，从而使危机报道平稳结束，警察组织巧妙避开了风头。

其次，要合理使用新闻发言人。一方面，新闻发言人应多发布具有新闻价值的舆情信息，避免甚或不发教条化、程式化的内容；另一方面，公安机关兼有信息源和受众双重身份，不能坐等被动接受新闻发布而应该主动与新闻发言人交流问题，盘活舆情信息资源，深化新闻发布内容。具体来说，就是要做到以下三点：第一，利用公安机关收集、获取舆情的天然优势尽早得到相关内容以保证发布的新闻具有时效性和针对性。确保信息渠道畅通，保证新闻发布机构始终能得到最新的信息以及警察组织为了化解危机而正在采取的措施；第二，迅速对外公布权威信息，先入为主、先声夺人，利用新闻媒体传播口径一致的信息，统一舆论，积极表达官方立场，客观回应谣言和失实报道，将有利于警察组织的信息的传播范围最大化，从而牢牢把握正确的舆论导向，有效避免媒体猜测、误导和炒作；第三，充分利用媒体"无冕之王"的作用，对新闻发言人制度中的发布主体、发布内容、发布规范以及运行程序进行全程监督，促进公安机关新闻发言人制度的健康可持续发展。

再者，援引第三方话语寻求支持。在公众普遍对公安机关存有偏见和怀疑时，援引第三方权威机构或人士于己有利的言论观点，不仅显得客观、中立、公正，还能带来更多的科学知识，从而引导公众走出警方的对立面，甚至将其转变为于己有利的传播第三方言论观点的工具。对于媒体来说，第三方言论给予了媒体更大的发挥空间，"大大拓宽了新闻来源，更容易帮助它实现通过裁剪事实来引导结论的天性，否则由于媒体无法准确交代某些观点的溯源，将不得不放弃那些可能对警察组织有正面意义的言辞"。在大部分情况下，媒体并不是刻意与警方作对，而只是想展现事件的全貌。因此，第三方言论有助于媒体完成新闻报道，并将舆论导向警方所期望的方向。

当然，警察组织还可以利用前述与媒体建立的良好关系，在危机发生后，为了防止不利于组织的信息向外传播将危机扩大化，为解决危机争取时间，将危机爆发期向后推延，可以采取"堵"的办法。比如接到投诉后如果能够及时处理并答复，使投诉者满意，他自然不会找媒体披露使事件扩大化。

三、事后重建与复原阶段

警察危机事件得到妥善回应，并不等于危机处理的结束。因为，只有警察组织的良好社会形象重新得以建立，警察组织的公共关系状态才能谈得上真正的转危为安，危机处理才能谈得上真正的完结。善后工作如果做不好，危机处理的遗留问题和影响会随时席卷而来。所以，在危机化解的第三阶段即事后重建与复原阶段，需要重点解决的问题有两个：第一，个案善后以及警察组织形象的修补；第二，如何构建危机解决的长效机制。面对这两个问题，对承担新闻宣传与舆论引导的媒体该有何关怀呢？

首先，警察组织应抓住主流媒体和强势媒体，根据它们的不同特点，开展不同形式的合作，利用它们的资源加强对危机事件处理的后续报道，取得新闻宣传报道的主动权。如邀请记者再访、发布加强危机事件防范的主要工作和措施等，让公众及时知晓警察组织的真实做法，将警察重塑自身形象的努力和实际行动以及客观效果真实地表现出来，消除危机事件的恶劣影响，重新获得公众对警察工作的关心与支持，提升警民关系融洽度。

其次，利用危机事件给公众造成的心理冲击的余波，顺势进行一系列有针对性的、具有轰动效应的弥补形象缺损的公关活动。这些活动通过媒体进行宣传的聚焦效应和扩大效应，形成整体推进之势。以媒体为渠道，使警察与社会公众保持着广泛的接触和交往，促进了警察与社会各阶层的双向沟通，可以比在常态下更为有效地提升警察组织的知名度与美誉度，成为一次化危为机，提升公众形象的好机会。

第五节　警察组织内公关制度

一、认识"组织内公关制度"

公关活动，并不是一味地"向外看"，公共关系并不等于仅同外界处理好关系。组织所面临的公众可分为内部公众和外部公众，因此组织的公共关系可以相应地划分为"内部公共关系"和"外部公共关系"。如果说公共关系的基本职能是"内求祥和（团结），外求拓展"，那么，外部公共关系则是外求发展的工作，而内部公共关系就是内求团结的工作。只有做好组织内部的公共关系工作，组织的对外发展才有坚实牢靠的基础。

任何一个社会组织要建立自身良好的形象和声誉，首先得从内部公共关系做起。内部公共关系是各类组织有效开展全方位公共关系工作的基础和出发点。良好的内部公共关系状态对组织的正常运转十分有利。

所谓内部公共关系，是一个社会组织内部横向的公众关系与纵向的公众关系的总和。组织内部纵向的公众关系包括一个组织机构里上下级（即领导与员工）之间的关系，横向的公众关系则包括一个组织机构中各个职能部门、科室、班组之间和内部员工之间的关系。内部公共关系既是组织公共关系的重要组成部分，又是组织开展各类公共关系活动的基础。

二、内部公共关系的功能

（1）导向功能。内部公关活动反映了广大职员共同的价值观念，共同的追求目标和共同的利益宗旨，它必然对组织内部的全体公众有一种强烈的感召力，能把众多员工的言行引导到组织既定的公关目标上来。

（2）规范和约束功能。内部公关往往是通过一些无形的、非正式的、非强制性和不成文的行为准则起作用的，它虽然不见诸文字却由于约定俗成而对每一位员工的思想观念和举止行为都起着规范约束作用。在一个组织特定的环境氛围中，人们由于合乎组织特定准则的行为受到肯定和赞扬而获得身心的平衡与满足，反之，则会产生失落感和挫折感。因此，在内部公关活动中，作为组织的一员往往会自觉地服从那些根据组织成员的根本意志和利益愿望制定的行为准则，产生"从众行为"。内部公关工作在尊重个人情感的基础上，引导人们为实现组织共同的价值观念进行自我控制，自我约束。

（3）凝聚功能。内部公关活动使人们在个人目标与组织目标高度一致的基础上树立一种以组织为中心的群体意识，从而潜意识地对组织集体产生强大的向心力。在内部公共关系实践中所确定的价值观念和行为准则，是广大员工共同意志的集中反映，为大家所认可、理解和接受，使组织内部上下左右各方面"心往一处想，劲往一处使"，成为一个协调和谐、配合默契的高效率的集体。

（4）激励功能。所谓激励功能就是通过各种形式的外部刺激使组织内部的个体成员产生一种士气高昂、发奋进取的精神状态。在一个"人人受到栽培，个个得到尊重"的组织环境中，每个成员的进步和贡献都会及时得到领导的赞赏、同事的夸奖和集体的褒扬，从而诱导和刺激人们潜在的热忱和干劲。

（5）辐射功能。内部公关能够使组织内的资源得到优化组合和合理配置，发挥组织的整体优势和特长。同时内部公关活动也是一种自我表现活动，它向社会展示组织的形象，包括组织成员的精神风貌、管理风格和特色、价值观念、行为准则和产品、服务与标识，不断向外界广大公众提供有关本组织在各界公众心目中的知名度和美誉度，给广大公众留下良好的印象。

三、警察组织进行内部公关的方法

警察组织内部结构复杂，警员众多，难免存在着组织与各职能部门以及警员之间的误解或冲突。警察组织内部公关的有效开展，有助于加强组织与部门，警察与党委等内部公众之间的信息沟通，协调彼此之间的关系，把职能部门和普通警员的具体目标与警察组织的整体目标统一起来，彼此步调一致，这无疑有利于增加组织的凝聚力和战斗力。

（1）造就警察的价值观念。警察的价值观念是决定警察组织成败荣衰的一个根本问题。在内部公关中，培养警察的价值观念对于警察组织形象的塑造及组织的生存发展具有重要作用。它能赋予内部公众的日常工作以崇高的意义；赋予警察组织以重大社会责任和神圣使命；为广大普通警员提供了日常行动的指南；能够协调和改善组织内部的人群关系。

（2）培养组织内部"家庭式氛围"。每一个组织成员都有经济的、社会的、心理的、精神的不同方面不同层次的内在需求。警察组织内部的公共关系工作应包括使普通警察的种种需求在组织内部得到基本满足，使警察感到置身于组织集体之中犹如置身于自己的家庭之中。这种家庭式的情感需求的满足必然促使警察队伍形成强大的工作动力和为事业献身的奋斗精神。

（3）满足组织成员的期望与要求。实证研究表明，普通警察对警察组织至少存在以下几方面的期望与要求：工资报酬、奖金福利、工作环境、领导素质、民主管理、人事制度、财政状况以及事业规划。

（4）承认和尊重警察的个人价值。管理心理学家贝克发现，每个人的人性中都具备两种矛盾的欲望，即希望自己成为优秀团体或杰出组织中的一分子，融化在杰出的组织之中，又希望有自我表现的机会。这是人的一种普遍心理。只有个人的价值得到尊重，才可能自觉地将自己的利益和组织的利益融为一体。警察组织的领导可以从以下几点进行考虑：平等待人、宽容大度以及尊重警察的意见和自尊。

（5）尊重警察的民主权利。普通警察参与组织决策的权利、自主管理的权利、建议制度的权利、民主对话的权利、监督领导的权利都应该得到尊重。

（6）启发警察进行自我教育。警察组织可以通过种种途径，启发警察进行自我教育，以解决和协调他们彼此之间的关系，这不仅能使他们提高工作效率，还能在背负重大工作压力的情况下进行理性的宣泄保证心理健康。

（7）感情投资。感情投资实际上就是关心组织成员的生活，为他们创造良好的工作环境和生活条件。安全、整洁、舒适的工作环境和良好的生活环境，不仅可以减轻工作的疲劳，保证工作效率，而且还可以使警员感到心情舒畅。对当前一时无法改变的情况，警察组织应及时予以说明，争取谅解和支持，以达到双向沟通的目的。这个过程即联络感情的过程。

第六节　警媒关系制度

当今社会，公安机关可以通过媒体广泛联系社会各界，建立良好的警察公共关系；可以将公安工作的意图传向社会公众；还可以通过媒体看到自己的不足从而加以改进。因此，没有现代意义上的媒体就没有现代意义上的警务工作，也没有实质意义上的警察公关工作。

一、警媒关系辨析

我们应该将公安机关和媒体之间的这种关系称为"伙伴关系"，因为二者之间互相需要、互相依存，尽管分工不同，但二者都是为了一个共同的目标，都是为了社会稳定，都是为了关注民生，都是为了使社会更加和谐。

一方面，公安机关掌握大量的新闻宣传资源，如果这些新闻宣传资源不经过新闻媒体加工、发布，就不会产生应有的社会效果，这些新闻资源的价值就不能发挥；另一方面，新闻媒体掌握着重要的新闻传播平台和手段，如果新闻媒体不对警察工作进行宣传报道，警察组织就难以获得广大群众的理解和支持，警察工作和队伍建设势必受到影响。只有警察组织和新闻媒体"强强联合"、资源共享，才能达到"双赢"的结果。

由此可见，公安机关与新闻媒体的良性关系应该是以"互利、合作、共赢"为核心的合作伙伴关系。

二、和谐警媒关系的内涵

（1）加强合作。警媒之间要加强交流合作，明确双方共同的社会责任，以"互信、共荣、发展"为共同目标，增进双方的互信、互谅和理解、支持。

（2）善待批评。警察组织应欢迎媒体对工作中存在的问题和不足提出善意的批评和监督，勇于接受媒体质疑，虚心接受媒体批评，并对存在的问题和不足及时加以整改。

（3）互相理解。警察组织在充分尊重、理解、支持和保障媒体行使正当的采访报道权利的同时，媒体也要充分理解、支持警察组织依法行使各项服务、管理和执法的职能，牢牢把握正确的舆论导向，坚持以正面宣传和鼓励为原则，客观公正地报道公安机关的工作，杜绝虚假报道和恶意炒作。

三、和谐警媒关系的建构

（1）要理解媒体，尊重媒体。如实报道是媒体的职责。警察组织应以积极的心态把媒体记者当做工作伙伴，尊重、理解、支持他们的工作。警察组织尊重记者和他们的采访权和报道权，实质上就是尊重公众的知情权，遵循公共关系管理的原则与规律。

（2）要加强与媒体的日常联系和沟通交流。警察组织可以通过走访、座谈、"警察开放日""警民恳谈会""警媒联谊会"等形式，一方面，让警察走进新闻媒体机构，主动为媒体提供新闻信息和新闻线索，并在不违反保密原则的前提下对媒体记者的采访报道工作给予配合和帮助；另一方面，将媒体记者邀请至警察组织，诚恳交流，并让媒体记者对警察工作有全新的了解和认识，引导媒体记者客观、公正地刊发涉警报道。

（3）要加强与新闻媒体的合作。目前，公安机关和媒体间的合作关系并没有完全理顺。一方面，虽然警察组织掌握着大量的新闻富矿，但是新闻媒体的占有率不高；另一方面，警察组织做了大量的工作，取得了许多可喜成绩，但警察组织的策划不够，宣传能力不强，宣传效果不明显。警察组织应本着互利共赢的原则，通过加强与新闻媒体的合作来解决这一矛盾，积极寻找合作载体和切入点，实现公安宣传资源与能力的最优合理配置，最大限度地扩大公安宣传的覆盖面和社会影响力。

（4）积极探索建立警媒和谐的协调机制。由于立场、角色和工作模式等的差异，警察与媒体之间不可避免地会出现分歧、矛盾甚至冲突。对此，应探索建立一套行之有效的警媒协调机制，及时化解误会和冲突，确保警媒关系良性、健康发展。特别是在处理新闻媒体的监督报道方面，这种关系协调机制显得尤为重要：一方面，警察组织要敢于面对媒体的质疑，真诚接受媒体的批评，虚心接受媒体的建议；另一方面，如果新闻媒体进行不实报道甚至虚假报道，警察组织要及时采取措施进行处置，以澄清事实，消除不良影响。

第七节　相关权利义务救济保障制度

相关权利义务救济保障制度包括警察合法权益的保障和警察公共关系的对象即公众权利义务救济保障制度两个面向的内容。

我国现有法律在维护警察合法权益方面主要有如下法律法规：《人民警察法》《中华人民共和国人民警察使用警械和武器条例》（以下简称《人民警察使用警械和武器条例》）《中华人民共和国刑法》（以下简称《刑法》）等。但是这些规范都有或多或少的缺陷，比如《人民警察法》第五章（警务保障）规定得过于模糊；《人民警察使用警械和武器条例》的高概括性规定，缺乏可操作性；《中华人民共和国刑法修正案（九）》虽然加入了对暴力袭警犯罪行为的相应规定，但仍有争议。因此，必须完善维护警察合法权益的法律保障制度。

具体来说，可以从如下几个方面进行安排：第一，转变立法观念，加强关于维护人民警察合法权益方面的立法工作；第二，在《中华人民共和国刑法修正案（九）》中加入"袭警罪"，为维护人民警察合法权益奠定重要基础；第三，弥补现行法律在维护警察合法权益方面的不足，制定专门法律保护警察合法权益。

《人民警察法》是公安法规体系的主体，可以考虑在《人民警察法》中增设维护人民警察合法权益的章节，将该法警务保障章节中关于对人民警察在执法活动中进行人格侮辱及人身侵害的相关处罚规定提炼出来，并进一步细化和完善形成独立的章节。此外，还要明确规定赋予人民警察更大的自卫权。

《人民警察使用警械和武器条例》的现有规定并没有与实际情况相结合，可操作性不强，有待进一步细化。可以考虑将《警察查缉战术教程》中的相关内容和《人民警察使用警械和武器条例》的有关规定相结合，使其在具体情况下具有可操作性，让人民警察在使用强制手段时有据可查、有法可依。这样更有利于公民和警察合法权益的保护。

认真分析暴力抗法和暴力袭警案件及其他侵害人民警察合法权益案件的特点，紧密遵循我国宪法的基本原则和立法精神，在使《刑法》和

《人民警察法》得以更加完善的同时，制定维护人民警察合法权益的专门性法律，这必将成为维护人民警察合法权益的最有效的途径。

我国宪法、刑法、行政法及公安法规对公民的合法权利进行了规定并赋予了相关的救济途径，可以说并不存在"规范饥渴"和"救济渠道不通畅"等问题。但是在实践当中有些却难以操作，可以考虑将这些权利加以细化，具体落实到警察部门，转化为警察的职责。如果警察部门没有履行这些职责，民众就可以通过上述已存在的渠道寻求救济。

第十二章　警察公共关系与警察政策

第一节　警察政策制定的基本模式

一、警察政策相关概念

（一）政策

自古以来，对于政策的确切含义众说纷纭。从词源上分析，在中国并没有"政策"一词，"政"与"策"是分开的词语。古人云："政者，正也。""正"的含义是"规范""规正"的意义。而"策"的含义是"计谋、谋划、策略"。在《人物志·接识》中有"术谋之人，以思谟为度，故能成策略之奇"。《战国策》就是用"策"为名。《吕氏春秋·简选》中解释："策，谋术也。"

关于现代词语"政策"一词的说法也各有不同。《牛津英汉词典》在定义政策的概念时，将它概括为："政府、政党、统治者和政治家等采取或追求的一系列行动；所采取的任何有价值的行动系列。"与《牛津英汉词典》的定义一样，海克劳（Heclo）对政策进行了界定，他强调："一项政策可以看成是一系列行动或不行动，而不是具体的决定或行动。"公共行政学的首创者之一，美国学者伍德罗·威尔逊（Woodrow Wilson）认为，政策是由政治家即具有立法权者制定的而由行政人员执行的法律和法规。① 希金森（M. Higginson）则下了个更加贴切的定义："政策是旨在付诸行动的一种指针。"

现代政策主要是指政府发挥其职能的重要手段，是以政府为主的公共机构为确保社会朝着政治系统所确定和承诺的正确方向前进，通过广泛参与的和连续的抉择以及具体实施产生效果的途径，通过利用公共资源来达到解决社会公共问题等公共管理活动的过程。政策是对社会的公私行为、价值及规范所做出的有选择性的约束和指引，它是通过法令、条例、规划、方案、措施和项目等形式表达出来的。

（二）警察政策

美籍加拿大学者戴维·伊斯顿（David Easton）认为，公共政策是政府对整个社会价值做的权威性的分配。② 这一界定突出了三个方面的思想：公共政策制定的目的是对社会价值的再分配；它所分配的范围包括了社会所有成员；分配的主体是诸如政府一样的社会公共权威，其分配的影响力是具有强制性的。因此，我们可以将警察政策理解为"权威的公安机关对全体公安资源展开的具有强制力的分配"。它是一种经过设计和论证的、具有明确的目标和正确的价值取向的行动计划，突出强调了警察政策的目标取向、价值取向和实践取向。

现阶段，警察政策主要是指警察组织在某一个特定的现实环境下，由警察决策机构有计划开展的，通过把握准确时机、克服相应阻力，以实现规划目标，或到达预先计划目地的方案和准则。这一方案从制定警察政策到警察政策绩效检验缺一不可。它具体表现为一系列的法令、策略、条例、措施等。现阶段的警察政策是公安机关制定相应的公安规范，以此来约束和管理社会团体及个人的规范准则，它的有效制定和实施有助于维护中国共产党的执政地位，巩固人民当家做主的地位，更好地预防整治犯罪，维护社会稳定。

---

① 张金马：《政策科学导论》，中国人民大学出版社，1992 年 8 月。
② David Easton, The Political System, New York：Knopf, 1953.

二、警察政策制定的特点

（一）警察政策制定具有阶级性

阶级性是警察政策的本质特征，这是由我国国家性质和公安机关职能所决定的。所谓阶级性是指公安决策者开展公安决策活动所体现的政治目的和阶级意义。警察政策是公安决策机关等权威机关为实现一定的社会目标、解决某一社会安全问题而制定或选择的行动方案和行为准则。公安机关作为政府机关的组成部分，是统治阶级行使国家权力、实现政治统治的有效工具。因此，警察政策具有鲜明的阶级性，一定的公安政策总是为一定的统治阶级的利益服务，我国的警察政策的制定，就是为实现我国绝大多数公民的最终利益，以此来打击犯罪，维护社会稳定。

（二）警察政策制定具有时效性

警察政策具有很强的时效性。所谓时效性是指警察政策制定者开展警察决策活动所必需的特定时间和应变能力。[①] 公安机关是处理危机警务的主力，这就要求警察在处理问题时要具有鲜明的时间观念。首先，公安机关的各级公安干警必须准确地把握警察政策的有效时间段，在最佳的时间做出最为合理和准确的处理，以此避免由于缺乏时间有效性而导致的违法违纪事件的发生。其次，也应当强调紧急政策的时效性，由于案件发生的突然性和偶然性，不可能计划与变化同步，这就要求公安机关政策制定者在临时制定政策时，准确地把握问题的突出节点，当机立断做出最有效的选择，在最大程度上维护社会稳定和人民的利益。

（三）警察政策制定具有强制性

众所周知，公安机关作为国家机关的一部分，始终以打击犯罪、保障人权为宗旨。所谓强制性是指警察政策制定者制定的公安政策在法律上所具备的强制遵守和服从的特性。从总体上看，强制性是国家政策中

---

① 林爵枢：《浅谈公安领导决策的特点和策略》，载《广西警官高等专科学校学报》2008年第1期。

一个显著的特点，而公安机关的性质和职能决定了警察政策的强制性更加突出。公安机关的政策制定机制和制定过程都离不开法律的强制性，在很多时候，警察决策的完成都有赖于这些法律规定的"命令"。各级公安机关和人民警察在具体的工作中，必须要始终做到令行禁止，一切行动听指挥，只有这样，才能从容面对各种各样的瞬息万变的新警情。如果警察决策缺乏必需的执行力，各个警种之间、各个部分之间就无法形成有效的合力，公安工作就会错失良机，很难开展，最终导致警察决策目标难以实现。因此，强制性和权威性的警察政策有助于更好地实现警察职能和任务。

（四）警察政策制定具有合法性

在法治社会，任何国家政策都具有其合法性，而警察政策由于其自身的特殊性，合法性的特点更为突出。所谓合法性是指警察政策制定必须在现有法律框架中开展，不得有违法律先例。警察政策直接关系到社会的稳定、群众的直接利益，因此必须依法作出。警察政策的依据和指导来自国家的政策和法律，它最根本的一个前提就是合法性。公安机关在决策的全过程中，不仅要保证决策在实体和程序上都要符合法律法规的要求，而且不同警种的调动和使用、公安机关实施的各种措施都必须按照法律的规定进行，不能超越我国法律规定的权限。因此，准确把握党的政策和国家的法律法规，是各级公安机关决策的基本要求，也是对决策制定者的基本要求。各级公安机关决策人员要认真学习并熟练掌握我国关于公安工作的政策、法规，不断增强法律意识，提高政策觉悟，不断提高公安机关依法决策的能力和水平。

三、警察政策制定的基本模式

随着改革开放的不断深入和社会主义市场经济的蓬勃发展，我国的社会生产力得到极大程度的解放，国家综合国力不断增强，人民生活水平得到普遍提高，社会安定团结。与此同时，经济体制的深刻变革和社会结构的复杂变化，导致社会管理存在的问题越来越充分地暴露出来。危害社会的现象不断涌现，呈现出复杂性、交织性、聚变性、多发性等新的特点。加快体制机制创新，应对经济转轨、社会转型的深刻变化，构建社会主义和谐社会，打造服务型政府已经成为当前政府社会管理创新的重大课题。公安机关作为政府的重要职能部分，迫切要求提高社会管理的能力和水平，适应经济社会发展现状和趋势。在当前公安工作面临的新形势下，科学有效的公安决策机制已经成为做好当前公安工作的重中之重。因此，准确把握当前警察政策制定的基本模式具有十分重要的指导意义。

当前，我国正面临着机遇与挑战并存的特殊的历史发展转型期，公安机关工作正处于关键的管理体制创新的新时期，各种警务工作的难度和强度日益加大，这些问题的存在都加重了我国公安政策制定工作的难度。因此，公安机关要实现决策的科学化，就必须不断探索和把握正确的决策方向和方法，形成符合现阶段社会发展和变革的新模式。目前，我国公安机关政策制定模式主要分为以下几个类型。

（一）自上而下的组织指导模式

它主要是从公安机关内部出发，通过警察组织的内部指导和沟通，建立一系列的公安新闻宣传和舆论引导工作决策模式，我们研究这种组织指导模式，主要研究以下几个方面。

1. 以情报为主导，明确政策目标

在我国，情报信息的收集和整理已经成为当前警务工作中的主导方向之一。① 任何公安决策的制定及实施都是集合了发现问题、确定决策目标、拟订决策方案、评估选优和及时反馈的动态过程，它们中的任何一个步骤都离不开信息。公安决策活动从根本上说，就是一个公安情报信息收集、处理、应用和反馈的动态过程。公安机关要牢固树立情报主导决策的先进理念，强化对情报信息工作的收集、分析、合理运用，充分发挥情报信息在公安决策中的积极性和方向性。现阶段，应对变幻莫测的社会新情况，维护当前社会政治安定，打击影响社会稳定的各类犯罪案件，消除各种社会治安存在的隐患，实现社会公共安全积极稳定的

---

① 林爵枢：《浅谈公安领导决策的特点和策略》，载《广西警官高等专科学校学报》2008年第1期。

良性发展，已经成为我国当前公安决策的预定目标。

2. 突出重点，科学制订政策方案

公安机关在获得足够的情报支持和明确的决策目标后，为实现决策目标需要设计制订工作方案。制订可行性的方案是公安决策过程的关键环节。只有通过方案的制订，才能够明确决策目标，提高决策实现的可能性。决策方案的制订要突出民主和科学的基调。首先，分析决策目标所面对的客观环境。公安决策机关为有效实现决策目的，必须充分了解当前公安工作所面临的新情况、新环境，提高决策方案的针对性和可行性。其次，决策方案要集思广益。① 决策者在开展决策工作时要大力发扬民主作风，时时刻刻突出人民的集体智慧，设计决策方案的过程中要强调民主和科学，倾听群众的意见和建议，充分交流观点和想法，实现决策的民主性，不断完善方案。最后，必须要正确区分两种不同的决策，将公安决策日常工作中经常遇到的一般性的决策定义为"规范性决策"，而将特殊的、无常态的偶发性决策定义为"非规范性决策"。因此，在决策工作中，要不断完善和建立一套全面的决策体制，按照严格的决策步骤，发挥各种决策力量，最终实现警察决策的正确性和科学化。

3. 统筹规划，实践验证决策方案

通常情况下，公安决策者在做出具体的决策方案后，就要进行统筹规划来验证决策方案的科学性。统筹规划是实施公安决策的重要原则。它是把各种权力进行系统的规划，以此来检验决策实施的效果。通过公安决策者的统一规划，把公安决策机关的组成人员工作进行系统的划分，明确各自的职责和任务，更好地在实践中检验公安决策实施的客观效果，只有系统规划才能确保公安机关高效有序运转，最大限度发挥公安决策机关集体效应。在实践验证中要强调两点：第一，完善公安机关统计数据，建立系统的信息统计数据库，保证数据的准确性和完整性，为以后的决策工作提供数据支持；第二，完善公安决策机关理论研究和

---

① 李俊逢：《公安决策民主化、科学化、法制化论略》，载《福建公安高等专科学校学报》1999 年第 6 期。

技术支持，通过对理论知识、法规法条、专业知识的不断研究和深入探讨，提出具有发展观点的决策建议，从而为以后开展决策工作提供必不可缺的推动力。

（二）自下而上的媒体舆论引导模式

主要是强调在制定公安决策时，要充分考虑到舆论媒体对公安新闻宣传和舆论引导工作的引导作用，从而更好地保证决策的科学性。我们对这种模式的研究主要包括以下几点。

1. 公安决策者的重要信息离不开媒体的舆论支持

公安决策所依据的信息一般包括上情、下情、敌情、我情、友情（相邻系统的信息）和社情。[①] 公安决策工作不是脱离社会而单独存在的，这就必不可少地需要借助其他媒介的帮助，在这其中，媒体舆论的信息收集和传播作用得到了有力地发挥，通过有效的媒体舆论引导，公安决策机关可以更好地收集社会方方面面的信息，从而能够更好地提出有针对性的决策。因此，在制定决策时，要充分吸收和借鉴媒体舆论导向。

2. 大众传媒有助于公安政策的顺利实施

良好的媒体舆论环境，可以更好地帮助人们去认可与支持公安机关的政策。推动公安机关决策层和公众之间的沟通和信息交流，从而营造出有利于公安决策实施的舆论环境。由于社会的不断发展，群众的认知能力和求知能力不断加强，这就要求公安决策机关在利用大众传媒的同时，要与民众建立一种互信互利的关系，只有这样才可以保证公安决策的民主性。

3. 有助于大众传媒发挥强大的监督力，促成良好的公安决策形象

大众媒体对于公安决策机关来说，就是一把双刃剑，好的媒体环境有助于良好的公安决策形象的养成，但是，如果公安决策者无法严格要求自己，无法与大众媒体建立良好的关系，导致公众的疑惑和不满，通过大众媒体的宣传，反而将在一定程度上阻碍公安决策活动的开展。因

---

① 王利斌：《论大众传媒对公安决策及执行的影响》，载《中国人民公安大学学报》2005年第6期。

此，积极发挥大众媒体的监督效能，有助于更好地开展公安决策工作。

（三）公众参与的综合决策模式

主要是建立公安决策的公众参与机制，通过公众的积极参与，保证公安新闻宣传和舆论引导工作和决策的客观公正和科学性。主要是强调公安决策的制定与公众的互动参与。

1. 建立舆论信息完善机制

公安机关要通过不同的媒体渠道，广泛听取公众对公安工作存在的问题所提出的意见和建议，耐心接受公众的监督和批评。把公众的意见作为重要的信息收集整理，为以后的公安决策工作提供宝贵建议。

2. 建立公安决策的参与机制

公安机关决策活动往往关系到公众的切身利益，因此有必要邀请部分人民代表参与决策讨论，一起分析和提出解决办法，运用集体智慧决策。对于涉及较高技术的决策，要聘请专家进行充分论证，从而避免主观武断和草率决策。

3. 建立政策执行的监督机制

公安决策的好与坏，离不开公众的监督。公安机关工作人员要时刻与公众保持紧密的联系，充分听取公众的意见和建议，对公众的意见应重点对待，对于错误要及时纠正，提高公众参与的积极性，提高决策的民主化。

综合以上的三种决策模式，不难看出，无论是自上而下、自下而上或者是综合决策的模式，都离不开政府、公安、公众的参与，这就要求公安机关要客观而深刻地处理好三者之间的相互关系。在这其中，公安机关要突出处理好以下几点问题。

第一，宽严相济需要怎么认定？在公安决策时，无论是政府、公安机关还是公众，都是不可忽视的一方力量。如何处理好三者之间的相互作用关系，已经处于十分突出的关键位置。宽严相济的决策模式关键是实现三者的利益统一，国家和公安机关通常作为维护国家稳定和实现职权的主体，要维护大多数人的权利和利益，然而这必然触及了小部分人的权利，因此小的摩擦和矛盾还是依然存在的，只有实现利益的平衡，才能更好地实现宽严相济的效果。

第二，公众维权参政意识增强，国家如何合理引导？随着社会转型的不断发展，公众的维权和议政意识日益增强，对政府和公安机关的决策产生分歧也是一种必然趋势。国家推进社会变革，重点在于保障和改善民生，集中力量解决公众最关心的问题。要始终保持与公众的血肉联系，保障公众的权利和利益，不断完善和发展民生。通过客观制度的不断完善，国家自然就会实现对公众的合理引导。[①]

第二节　警察公共关系中影响警察政策的因素

警察公共关系是公安机关长期注重并实施的战略行为，其着眼于公安机关的组织目标及自身良好形象的树立，期望通过宣传与沟通，赢得公众的认同与支持。警察政策的制定离不开警察公共关系的影响，深刻分析和正确处理警察公共关系有助于更好地开展警察政策制定活动。根据警察公共关系的构成，可以从以下几点来分析影响警察政策的因素。

一、受众群体的诉求

（一）坚持群众路线，养成为人民服务的意识

坚持走群众路线是我国警察组织的优良传统，实践表明，能否坚持公安工作走群众路线，是事关警察组织全局工作得失的大问题，是做好公安工作的一个基本前提。随着我国市场经济体制的逐步发展和完善，特别是入世之后政府的职能已由"管理"向"服务"转变，对公安机关来说，"服务"绝不是警务工作分外的负担，而是一种法定的、必须履行的职责，是应该提倡的职业精神和美德。因此，新时期的公安机关是集专政、打击、管理、服务于一身的多元职能的行政机关。只有树立"管理就是服务"的理念，寓管理于服务中，才能更好地履行自己的工作职责，让群众满意。

全心全意为人民服务是警察组织和全体公安民警的根本宗旨和行为

---

① 新华社："胡锦涛在庆祝中国共产党成立 90 周年大会上的讲话"，http：//cpc. people. com. cn/90nian/GB/224164/15052968. html，最后访问时间 2015 年 12 月 11 日。

准则，是警察组织一切职务活动的出发点和归宿。树立全心全意为人民服务的思想，是新形势下坚持群众路线，密切警民关系，树立警察组织良好形象的客观要求。人民是国家的主人，人民警察代表人民行使职权，维护人民的根本利益，是人民的公仆和卫士。因此，全体公安民警应恪尽职守，处处从人民利益出发，处处为人民着想，凡是对人民有利的事情，都要维护，凡是对人民不利的事情，都要坚决抵制。群众诉求的真正满足，正是全心全意为人民服务的最好体现。

一切为了群众，密切联系群众，想群众所想，急群众所急，在群众身上进行"感情投资"，做他们的知心人、贴心人，让群众既感受到人民警察的威严，又感受到人民警察的可爱可亲。只有把公安工作建立在扎扎实实的群众基础之上，接受群众广泛而实际的监督，公安工作才能避免错误或少犯错误。主动式的警务机制，要求公安民警努力关心群众疾苦，尽量为群众办好事、办实事。这是争取和赢得群众信任与密切警民关系的好方法。社区民警每天都生活、工作在群众之中，对群众的疾苦、困难、愿望和要求都比较了解，只要能够办到的，都应尽量帮助群众解决，人民警察自己解决不了的，应该及时向有关部门反映。这样做就会赢得群众的信任和尊重，群众就会主动地协助公安机关和人民警察搞好各项公安工作。

（二）利用信息沟通，增进相互理解

公共关系所讲的沟通是双向沟通。警察组织和警察加强与群众的沟通，一方面要认真、广泛地听取群众的呼声；另一方面要尽可能利用多种形式向群众宣传政策法规，公开警察组织的行为准则和规章制度。这样既便于群众了解和遵守法律法规，又可以使群众有目的地参与一些防范、打击犯罪的活动，还能够监督警察的活动，避免违法违纪和以权谋私行为的发生。

二、警察组织内部诉求

警察组织内部诉求如何，直接关系到警察公共关系目标的实现和警察组织形象的塑造。协调警察内部各个职能部门之间的诉求关系，培养

警察个体的认同感和归属感，增强警察组织的凝聚力和向心力，使警察组织内部共同为警察组织的使命而奋斗，这是警察内部公共关系工作的根本任务。良好的警察政策的制定离不开警察组织内部对于警察组织的诉求和认同。正确对待和分析警察组织内部相互关系和诉求，有助于更好地制定警察政策。

（一）树立正确的警察价值诉求

价值观是指一个人对周围事物的意义、重要性的总评和总看法。价值观是一个人日常行为的指南。不管是营造组织环境、打造组织影响力，还是引导内部公众的行为，都会受到组织价值观的影响。因而，开展警察政策制定活动时，一个首要的任务就是造就和培养一个共同的警察价值观念，并使其成为广大警察日常工作活动的共同指南。这对于警察组织制定正确的警察政策具有重要作用。

教育警察摆正人民公仆的位置，牢记全心全意为人民服务的宗旨，树立民主、法制、廉洁、高效的行政思想和价值观念，规范思想和行为，与组织保持一致；教育警察树立高尚的警察职业道德，使其在职业道德、职业责任和职业行为上把社会利益和公众利益放在第一位。

（二）增强警察个体对警察组织的认同感

警察能否将执法必严、违法必究的法治理念和全心全意为人民服务的宗旨作为制定警察政策的指南，以及贯彻的程度如何，取决于警察对警察组织的认同意识。警察组织内部公共关系的又一重要任务就是培养和增强全体警察对警察组织公共目标、共同信念、共同诉求的认同意识。心理学认为，认同意识的形成一般要经历服从到认同再到同化三个阶段。

（1）服从阶段。警察组织成员表面接受、服从组织的规则，仅仅是出于遵守组织规章制度、执行命令，避免处罚而表现出来的服从，但内心并不明确组织信念的具体内涵。

（2）认同阶段。组织成员对组织的规则的认同属于一种自觉接受、自愿进行的行为。对组织的目标和信念有了较深刻的认识和了解，从承担组织成员的义务出发，自觉地遵守组织规则。

（3）同化阶段。属于最高境界的认同，从内心深处理解并深信组织的目标和信念，将组织信念内化成自己的价值体系。这种认同是持久、稳定、不易改变的。无论是在什么形势下，都能永远坚持，即使牺牲自己的生命也在所不惜。

警察组织充分利用各种媒介和途径向全体警察宣传自己的主张和信念，进行深入细致的教育和疏导转化，达成一致的内部诉求，使全体警察克服服从阶段的被动性，推动警察从思想意识上统一到组织信念上来，尽快实现警察政策的有效执行。

（三）尊重警察的合理需求，建立有效的激励机制

激励简单讲就是激发鼓励，就是警察组织通过各种手段，使其成员产生一种士气高昂、奋发进取的精神状态，从而有助于警察政策的执行。激励是挖掘个人潜力的重要途径，也是提高警察政策执行效率的重要手段，工作效率的高低取决于两个因素：一是能不能干，二是干还是不干。激励就是充分调动人的积极性、主动性、创造性的主要手段。

由于人的行为是由动机支配的，而动机又是由需求引起的，因此，激励要发挥最佳效果必须以人的需求为基础，警察组织的各种激励手段必须针对警察个人的合理需求，才会产生积极的效果。警察政策的制定和实施，必须建立合理的激励机制，发挥激励的最大效用。

（1）实现警察组织目标与警察个人目标的结合。警察政策的有效制定与否，必须分析政策所产生的积极性是否有利于完成警察组织任务、实现组织目标。只有将警察组织目标与个人目标结合好，将个人目标融入组织目标中去，使个人目标的实现离不开为实现组织目标所做的努力，才会收到满意的效果。

（2）物质激励与精神激励相结合。人的需求本身就有物质和精神两个方面，只有将物质激励同精神激励相结合，才能真正调动警察的积极性。

（3）公平、公正原则。一个人对所取得的报酬是否满意，不仅取决于其绝对值，而且还取决于相对值。每个人都有把自己报酬与贡献同他人作比较，判断自己是否得到公平待遇，从而影响自己情绪，控制自己工作表现的行为。为体现公平、公正，必须反对平均主义的简单做法，

根据工作成果和贡献大小进行奖励。

（四）加强警察组织内部的双向信息交流，保证警务人员共享足够的组织信息

警察组织要想将警察政策落到实处，就需要争取警察的理解和支持，加强传播和沟通。警察组织内部的双向信息交流，是发扬民主作风，达成组织和警察之间相互了解和合作的重要一环。让警察共享组织信息，这不仅是警察的权利，而且也是对警察尊重、信任的体现，这本身也是做好警察工作的需求。如果警察对自己所在警察组织的信息应该知道的却一知半解甚至不解，就容易产生不信任感，甚至产生疑虑、烦恼、怨恨、对抗的心理行为，势必影响内部关系的和谐。因此，在警察组织内部必须建立信息沟通网络，及时搞好上情下达、下情上呈的信息传递工作。通过双向的信息交流，实现组织内部的信息共享，使警察的意见及时反馈给组织，使警察能充分感受到他们在警察组织中的重要性，这对调动警察的工作积极性和主动性具有特别的意义。

三、其他行政、司法部门的工作要求

开展好其他行政、司法部门的工作，可以为警察政策实施争取好的政治环境，获得人力、物力和财力各方面的政策支持。

（一）加强与行政、司法部门的联系与沟通，获得理解和支持

我国公安机关实行的"条块结合、以块为主"的管理体制，决定了警察组织存在着多重领导关系。除了存在党和政府的领导，还要注重与行政、司法机关的配合与协作。如何协调好彼此之间的相互关系，对于公安政策的有效执行具有十分重要的意义，在具体的警察工作中，要积极地加强公安机关与其他行政、司法机关的协作和配合，实现相互之间的有效协助，将公安政策的执行力落实到最大化。

（二）自觉接受相关行政、司法部门的监督和制约

国家的暴力手段，除军队的武装外主要集中在警察的权力之中，有的是依法限制公民的人身自由，有的是依法使用杀伤手段，有的是法律规定只允许警察行使的特殊手段和措施。警察只有正确无误地行使政策赋予的权力，才能有力地打击犯罪，保护人民。要做到有法可依、有法必依、执法必严、违法必究，光靠公安民警的法律意识和职业道德是不够的，还必须依赖有效的监督检查机制。警察组织必须自觉地接受相关组织和部门的监督和制约，防止和纠正工作中的违法现象，有效抑制腐败的发生。

（三）加强与其他行政、司法部门的双向信息沟通，及时调整警察政策实施

在维护社会治安工作中，坚持"打防结合，以防为主"的方针，尽量把社会隐患消灭在萌芽状态。这就要求警察组织必须密切保持与其他行政、司法机关的密切联系，发动各自力量，及时发现和调整警察政策实施中不稳定和不合理因素，了解其问题的所在，制定科学有效的应对和解决方案。同时，警察组织要注意及时将警察政策的调整计划通报给相关的行政、司法部门，加强彼此之间的交流和协作，形成群防群治的大好局面。警察组织要主动、自觉地接受其他行政、司法机关的监督。

（四）配合行政、司法部门组织有关宣传部门加强警察政策、法规的宣传教育工作

一个地区警察政策落实工作做得怎么样，法制教育工作做得如何，将直接关系到一个地区的和谐稳定。因此，警察组织要积极与相关行政、司法部门的宣传教育机构协作，做好警察政策与法规的教育工作，这是社会治安综合治理的一项重要工作，也是构建和谐社会的一条重要途径。例如，通过警察组织开展的警察政策宣传活动，警察和相关部门人员进行法制宣传、治安工作宣传，提供咨询帮助，为人们答疑解惑。

四、新闻宣传媒介的客观影响

公共关系的主要作用就是树立警察组织形象，取得公众的理解、信任和支持。警察政策能否完成好，一定程度上受到组织与新闻媒介关系的影响。警察组织需要新闻媒介向广大公众提供有关警察政策的信息，同时，也需要通过新闻媒介来了解民情和民意，以不断调整自己的行为。因此，警察组织要与新闻媒介建立良好的公共关系，成功地运用大众传媒，扩大公共关系活动的影响力，提高警察组织的美誉度。好的媒介关系，要做到以下几点。

（1）坚持职业道德，切忌不正之风。新闻媒介的宣传和警察组织的声誉密切相关，因而极易使双方因急功近利而陷入庸俗，从而助长不正之风。

（2）加强情感交流，着眼于长期关系。由于新闻媒介对警察组织公共关系极其重要，因此警察组织应着眼于长远，通过种种努力，密切双方的情感关系，从而长期合作。从新闻媒介来讲，媒介也愿意与警察组织保持密切交往和联系，从而更方便、更及时地获取有价值的新闻报道。

（3）深入了解新闻传播活动的特点、规律以及新闻媒介机构的工作方式，尊重新闻媒介的职业特点和权利，这将有助于警察组织更好地运用新闻媒介开展警察公共关系活动，执行警察政策。一方面，不同的新闻媒介级别不一样，传播的渠道不一样，对不同公众传播的效果也不一样；另一方面，警察组织总是希望以最小的投入成本，来获取最大的传播效果，为达到这一目的，就需要根据不同的内容、不同的公众，选择不同的传播媒介。

（4）正确对待新闻媒介对于警察组织的负面报道。新闻媒介对警察的负面报道，尤其是对警察政策的负面报道在一定程度上是公众关注的热点问题，有可能是警察自身工作中确实存在的问题，也可能是媒介为自身利益而进行的炒作，这必然影响到警察组织和警察的形象，甚至出现警察形象危机。

面对负面报道，首先，要采取正确的态度，从观念和心理上接受舆论监督，不能将其看做新闻媒介的无事生非。其次，要认真调查，如果确实是警察组织自身问题，要主动承担责任，接受舆论批评，及时纠正错误，以求公众的谅解。如果是报道失实，也要高度重视，选择合理的方法、正当的程序妥善处理。

第三节　警察公共关系与警察政策的制定

警察政策的制定离不开警察公共关系活动的影响，因此，在制定警察政策的同时，要密切借鉴警察公共关系的相关内容，实现警察政策制定效果的最佳化。

一、扩展渠道，改进警察政策制定模式

任何政策的制定都讲究相应的方式方法，对于警察政策的制定也不例外，在研究警察公共关系时，要积极地扩展渠道，完善警察政策制定的方式方法。

（一）完善警察政策制定监督制约机制，扩展监督渠道

警察政策的制定实施离不开社会各阶层的监督和制约。媒体组织的各种讨论，实际上是社会舆论的一种集中化反映，代表着社会各界的意见和看法，警察政策的制定应该及时地与这种社会舆论形成良性的互动。很多时候，媒体的功能就是在为决策机构提供各种参考、借鉴信息。通过媒体的宣传和民众的反映，可以对警察政策制定机关形成很好的监督和制约，从而形成更为有效的政策。完善的警察决策监督制约机制，对于改善公安机关与人民群众的关系也具有十分重要的作用。

此外，在公安机关内部，各公安决策参与职能部门之间，公安决策领导群体之间也应当加强彼此之间的制约和监督，形成相应有效的制约机制，通过彼此之间的相关制约，实现公安利益的最优化，保证警察政策制定的有效实施。

（二）完善政策制定信息的系统反馈机制，提高信息准确性

在警察政策制定过程中，各个程序和不同的决策阶段之间的关系密不可分，存在自身的复杂性和特殊性。开展警察政策制定工作，目的在于实施效果的实现。由于警察政策是一种具有特定目的性的政策，为了实现这一特定的目的，就必须有一套完善的信息反馈机制。通过来自不同社会团体和个人的反馈信息，公安决策机关领导可以不断地调整决策

的方向，以实现预定目的。

1. 警察政策由内及外的反馈系统

建立从全国人大——国务院——公安部——各省、市公安厅局、政府、人大——地市公安处、局——县、市公安局——公安局派出所等由内及外的反馈系统。目标形成以后，须经过设计方案、审计讨论、选择方案等几个阶段，才能决定最终达到这个目标。[①] 一旦方案被顺利通过，就进行下一阶段，即做出决策，通过方案。

2. 警察政策由外到内的反馈系统

警察政策的反馈离不开外部社会组织团体的影响，社会中的一些团体通过自身的一些反映和诉求，反馈到公安决策机关，从而直观地看到公安决策效能的发挥。通过由外到内的反馈系统，公安决策机关可以根据新情况及时地做出调整，从而保证政策的最有效化。

（三）改善单一的政策制定方式，充分发挥新闻媒介作用，加大政策的宣传力度

政策宣传不仅是警察政策执行的主要方法和手段，也是警察政策执行过程不可缺少的有机组成部分和重要环节。在警察政策本身能够符合和满足人们某种利益和需求的条件下，警察政策宣传的目的是要加深人们对警察政策的理解和认同，动员人们努力地按政策来规范、调整自己的行为，为执行警察政策提供外部条件。目前警察政策宣传应本着保真、有效的原则，根据公安政策宣传的要求，适时、实事求是、因人而异地宣传政策。同时要以现代传媒的科学技术为依托，遵循保密原则，加强警察政策的宣传力度，丰富宣传的途径与形式，使警察政策在公安民警和群众中深入人心，减少警察政策执行的障碍。

（四）创新政策制定方法，注重舆情引导，完善信息的互动交流

警察的有效执法及公信力的树立是靠沟通来支撑的，因此需要通过多种途径、手段减少在工作中与群众之间的交流障碍，以实现警民关系和谐。拓宽沟通渠道、完善公安机关的沟通协调机制需要从两个方面入

---

① 吴惠群：《谈实现公安工作决策科学化》，载《公安大学学报》1988 年第 1 期。

手：一是信访工作规范化。信访一直是公安机关了解民意的一条重要渠道，各级公安机关应当畅通信访渠道，倾听人民群众的意见、建议和投诉请求，接受人民群众的监督，认真做好信访工作，努力为人民群众服务。同时，随着信息化社会的发展，公安信访工作可以开设民意专线、开展网络留言，不断加深公安机关同人民群众的密切联系。二是建立完善的新闻发布和发言人制度。召开新闻发布会是实现警务公开最直接、最真实的途径，公安机关必须进一步完善新闻发布工作的快速反应机制，从思想观念和工作措施等方面，不断提高新闻发布工作的规范化、制度化和专业化，使公安新闻发布工作成为增进公众对公安工作的理解和支持，促进警务公开，推动公安工作，塑造队伍形象，构建和谐警民关系以及普及法制教育的重要平台。

（五）开展规范化系统化的公关活动，变"被动"为"主动"

当前，"警营开放日""我当一天警察"等公关活动已深入民心，成为很多市、县公安机关的公关活动抓手。按照公共关系原则，日常的公关活动应该遵循规范化、系统化的原则，也就是说，开展公关活动，在形式多样的同时，必须要统一主题、统一内涵，最终形成综合效应。一是立足提升警察形象这一主题。要紧跟时代发展步伐，符合当代人民警察精神，不断打造坚强向上的警队形象。二是具有最大可操作性。在活动策划时，要充分考虑操作中可能会遇到的种种困难，制定好相应的应对措施。三是具有可延续性。警察公共关系是一项长期的工程，不可能一蹴而就。一次公关活动即使是很成功的、具有轰动效应的，其影响也是有限的，远远不能满足长期的需要，因此警察公关活动在谋划时一定要注意连续性。

二、增加公关范围，保证警察政策制定的合理性

公安机关在政策制定的过程中，想要尽可能地实现政策的合理性，就必须注重把握各方的诉求，只有把握好各方的诉求，才能在内容上实现警察政策制定的合理性。

（一）要将积极回应和满足人民群众对公安工作的新期待和新要求作为警察公共关系建设的出发点和落脚点

（1）公安机关要从内部的主动适应和积极改进开始，通过规范执法、警务公开、人性化办案、设立领导接待日等形式来倾听人民群众的呼声，切实解决突出的问题，强化社会公众对警务工作的参与意识，在警察与群众之间架起一座彼此沟通、相互理解的桥梁。在执法服务方面，可通过执法质量考评、执法大检查，实行执法责任制、错案追究制等制度，提高执法质量。

（2）要以推行警务公开作为警察公共关系建设的基本前提。虽然部分地区已在警察公共关系建设上取得了一定成绩，但从整体上讲，很多公安机关和人民警察依旧没有改变高高在上的执法方式。因此，要全面推行警务公开和阳光执法，通过设置警务公开栏和法制宣传栏等形式，将公安机关的职责权限、办事程序、收费标准、监督电话等进行公布，广泛接受公众监督，公正、公平执法。

（3）要以提高警察素质作为加强警察公共关系建设的基本保证。近年来，警察教育训练工作的开展使警察素质较以往得到了很大提高，但总体上讲，离形势的需要、实战的要求还存在一定差距。为此，要积极开展多种形式的警务技能和业务知识培训，同时还要注重纪律作风、思想修养、行为礼仪等方面的培训教育，这对展现警察组织的良好形象以及提高警察应对各类事件和案件的处置能力均具有重要意义。

（二）树立和强化公共关系意识，加大警务信息公开与传播力度，突出解决警察组织内部诉求

（1）警察是构成整个公安机关庞大系统的基层单元，是各项公安工作的具体施行者与执法者，警察个人的言谈举止在任何场合、任何时候都关系到公安机关的形象，甚至关系到公安工作各项部署能否得到顺利落实。因此，在警察公共关系的建设中，每个警察的整体素质都起着重要作用，都是不可或缺的板块。一是要强化观念转变。要不断强化警察的公共关系意识，充分认识到个人形象是整体警察队伍形象的一分子，应以自己的行动来体现公安机关立警为公、执法为民的宗旨。二是要强化职业警察教育。要开展行之有效的培训，加强警察对警察公共关系基础理论的学习，让广大警察学习社会公共关系的基本礼仪，学习基本的沟通和演讲技能，使警察切实做到一切为人民群众服务，一切为经济建设环境服务，密切警民联系，构建警察与公众之间的桥梁。

（2）实行警务公开，是取得公众理解、信任和支持的有力举措。实行警务公开采取的措施应包括：建立和完善公安发言人制度，以保证公安信息来源渠道的畅通；加快电子政务建设，设立警务公告栏；借助大众传媒，把公安工作远景目标等告知群众，并取得人民支持，进而使得公众的言行朝着有利于公安机关管理目标实现的方向转变。警务公开必须做到及时迅速和客观真实，因为警察公共关系工作的基本原则是公安机关向社会公众所发布或向公众传达的信息必须是真实的。通过各种宣传手段、技巧向群众宣传公安机关、人民警察的形象与作为的做法，起到的只是辅助作用，必须通过真实的工作彻底打造社会公众对公安机关的认识或印象。所以，对警察公共关系最根本的要求就是公安机关向社会公众所发布或传达的信息必须是客观的工作实绩。

（三）加大与媒体的联系沟通力度，发挥新闻媒介的积极作用

当前，在社会信息化条件的推动下，信息传播的速度不断加快，以网络为代表的新媒体开放、互动性强的特点为社会情绪的释放找到了出口，普通民众参与公共讨论，对社会生活中的各种现象、问题表达观点与态度的机会在增多，他们既是参与者，又是信息的传播者。而这些新的情况，既是对新形势下公安工作的考验，也是警察公共关系所面临的新课题。因此，在警察公关系活动中，如何发挥媒体独特功能，正确引导舆论，使媒体与公安机关形成合理互动，都需要双方在公关活动中形成双向互动机制。

一要不断加强与各类媒体的联系与沟通。公安机关广大警察应以开放、积极的心态和媒体交朋友，通过采取网络民意调查等方式，扩大公民的参与程度，让群众了解公安、理解公安。二要不断加强与报刊、广播、电视台等主流媒体及以互联网为代表的新兴媒体的合作，建立良好关系、互相支持、互通信息，主动走访新闻单位，积极向社会各新闻单位提供新闻资讯，建立起与新闻媒体互助、互信、互动的和谐警媒关

系。三要不断建立与媒体日常交流沟通的机制。通过"警察开放日""警民恳谈会"等载体，加强沟通理解，使媒体的目光聚焦公安工作。同时，抢占新阵地，开发新平台，通过网络化解矛盾，实现宣传自身的目的。

三、促进履职能力，增强警察政策制定的实效性

无论警察组织制定的警察政策如何完善，最终效果都将体现在其实效性上，而警察政策效果的实现，需要的核心环节就是作为警察工作核心的警察个人履行职能的能力。因此，加强警察的履职能力，对于增强警察政策制定的实效性十分必要。

（一）完善政策的科学化，提高警察组织决策能力

随着警察政策制定活动的不断深入开展，科学的决策机制显得尤为重要和突出，经验决策对于解决同类问题固然有效，但是，一旦遇到新的问题和状况，公安决策机关就会显得捉襟见肘，不科学的决策方法最终难免带来决策的失误，因此，完善科学的决策机制已经十分迫切和重要了。从当前来看，政策制定机制的科学化主要包括以下三个方面。

1. 政策制定程序的科学化

政策程序主要是指决策中应当采取的步骤和顺序。它主要包括：问题的提出和目标的明确，制定方案和综合评估，方案优化和实验论证以及普遍实施和及时反馈。通过对各个步骤的科学严谨的制定和遵循程序化，有助于公安机关最终制定科学合理的警察政策。①

2. 政策制定体制的科学化

现阶段的警察政策体制普遍存在组织保障上的缺失问题，目前我国公安机关体系中的决策体制不健全，存在严重的脱节现象，相应的咨询与信息系统不能发挥其应有的作用，无法充分提供科学的论证和优选方案，组织内部的职能部门监督系统作用得不到有效的实施，反馈职能无法实现，统计的数据严重失真，这一切问题都从根本上导致了我国警察

---

① 吴惠群：《谈实现公安工作决策科学化》，载《公安大学学报》1988 年第 1 期。

决策体制的缺陷，从而影响到我国警察决策的科学性。因此，完善警察政策制定体制，对于建立科学的警察政策机制意义深远。

3. 政策制定方法的科学性

所谓的决策方法是指决策过程中科学性的技术步骤。它主要是对相应思维方法、科学方法论的具体运用，而不单单是对技术问题的研究。随着社会和科学技术的不断发展，决策方法日趋繁多，但是我国现阶段的研究方法主要包括调查法、历史比较法、系统综合法等，很多有效的和先进的科学方法并未得到充分的运用。因此，对于决策方法的多样性和有效性问题，我国的公安决策机关还需要更深入地研究。

（二）建立政策创新机制，提高警察组织创造力

当前，我国社会发展面临的新形势、新情况，要求公安机关政策制定活动的开展也不能一成不变，我国的公安决策机关应当时刻紧追社会步伐，本着对人民负责，对工作负责的态度，不断提高自身工作的积极性和效率，进一步改革和创新警察政策制定机制。①

（1）牢固树立服务型警务的观念。在决策管理中自觉服务，寓管理于服务之中，将管理与服务相结合，从而更好地发挥管理职能，维护治安。通过对新闻宣传和舆论引导工作态度的转变，打造服务型交流平台，能够更好地把握社会舆论的气息，从而更好地实现决策机制的创新，实现治安管理型向服务型的转变。

（2）推广警察执法责任制。公安机关建立一种以公安机关法制部门为主体，警务督察充分履行职责，公安机关各部门齐抓共管，人大、政协和检察院、法院及公众内外监督相结合的执法监督机制。进一步强化警察机关内部自我监督意识，坚持执法检查制度，做好事前、事中、事后监督。从而把决策活动的始终纳入一个良好的监督环境。

（3）建立新的警察人事管理机制。当前我国警察组织人事制度改革的主要任务，是革除警察组织普遍存在的"机关化"倾向，建立起合理竞争的用人机制。通过对公关人员的人事管理，积极营造良好的工作氛

---

① 曹礼海：《警察形象危机处理—走向前沿的警察公共关系战略》，中国人民公安大学出版社，2005 年 8 月。

围,实现从严治警、依法治警、从优待警,从而有效地调动全体警员的工作积极性和创造性,使其更好地完成各项警务工作任务。

(三)优化公安决策人才培养机制

素质是建设和保持现代化公安决策队伍的先决条件,没有过硬的素质,就不能有正确的决策方向。优化公安素质,就必须在教育培训管理上狠下功夫。

1. 决策知识的学习与培训

公安机关在进行决策工作时,离不开对专业知识的熟练运用,因此,要确立"立足教育、重点建设、促进转化、全面提高"的培训教育思路,把培训工作纳入各级领导的重要议事日程,保障警察全面接受公安机关政治、业务知识正规化培训,使他们尽快进入角色,实现决策目标。

2. 大力开展岗位练兵

为了提高警察实际工作能力和执法水平,各级警察组织要积极开展以"学理论、学经济、学法律、学业务、学群众工作"为主要内容,形式多样的岗位练兵和争当警种标兵、业务能手活动,全力打造学习型警察组织。

3. 加快知识更新教育步伐

我们现在生活在一个信息时代,公安机关担负着维护社会稳定的重任。因此,各级公安机关要加强与公安决策专家学者之间的相互联系,按计划、讲步骤地组织开展以决策机制研究为主要内容的讲座,拓宽警察的知识面,加快知识的更新,这对从事公安机关决策工作的工作人员来说尤为重要。

(四)完善警察人本管理机制

人本管理是以谋求人的全面、自由发展为终极目的的管理。[1] 警察组织在组织警务人员进行新闻宣传、舆论引导与决策活动时,重视警察个人需要,优化和完善警察心智模式,实现警察与组织共同发展,从而

---

[1] 曹礼海:《警察形象危机处理——走向前沿的警察公共关系战略》,中国人民公安大学出版社,2005 年 8 月。

更好地完成决策任务，它在具体运作中主要体现在以下几个方面。

（1）加强警察内部体制架构的保障。它要求各级警察组织通过警察内部体制总体结构的层次性、运行机制的科学性和运行环节的衔接性的设计和构造，使警察人本管理渗透到警察管理的各个层次和环节中去，从而使警察人本管理的有效运作得到体制性的保证。

（2）权变领导与差异管理。这就是要以人为本，注重警察人际关系的领导方式，必须克服警务工作任务和职权等方面的不利因素，取得较好的甚至是上佳的管理绩效，而这种以人为本，注重警察人际关系的领导必须是从尊重警察组织成员的个性差异和实施有效的差异管理利导开始的。

（3）文化与环境塑造。这是要求警察机关既要注重外在的警察组织成员工作、生活外在环境的改善，又要注重警察队伍价值趋向、团队精神、道德信念等内在警察文化氛围的塑造与提升。

（4）激励与全面发展。这是要求警察组织运用激励手段对警察的有益的、积极的行为进行强化，使该行为得以持续存在和重复出现，引导警察组织成员完善认知结构和心智模式，修正警察自身的行为方式，以促进自身自由而全面的发展。

（五）侧重于提高公安民警执行政策的水平

公安政策执行能否顺利和成功，在很大程度上有赖于政策执行人员的执行政策水平。要提高公安民警的执行政策水平，必须做到以下几点。

（1）要求公安民警必须熟悉自己职责所涉及的政策内容，这是贯彻执行政策的基础。由于公安工作具有广泛的社会性，与各部门、各行业、各组织和广大人民群众都有着密切的联系，因此公安工作就不可避免地要遵循国家的外交、经济、民族、宗教等各方面的政策，尤其是民族宗教政策。如果公安民警不熟悉或掌握这些政策内容，就容易给公安工作带来负的效应，甚至会带来消极的政治影响。所以公安民警要加强政策知识的学习，认真掌握与理解国家的重要政策。

（2）公安民警必须提高自己政策说服教育的工作能力。警察政策能否充分发挥效力，能否达到最终目的，不是警察政策一厢情愿的事，也不是执行警察政策执行者能够完全左右的事，它还与广大的政策对象有着直接的紧密的关系。政策对象接受政策，政策执行就容易成功，政策对象不接受政策，政策执行就可能失败。要使警察政策对象接受政策，作为警察政策执行者的公安民警就必须要坚持从当地实际出发，从当地的治安形势出发，掌握适用政策对象的特点，因人而宜地进行政策说服教育工作，同时要在实践中不断探索成功的经验，以不断提高自己政策说服教育工作的能力。

（3）要注意公安民警政策观念的养成。警察政策观念的养成是提高警察政策执行水平的重要前提，公安民警与公安领导者对警察政策的理解，对政策重要性的认识，对警察政策执行起着一定的指导作用。因此，公安机关要经常性地进行政策教育，公安院校的学生也应通过学习尽快树立良好的政策观念，为警察政策的执行奠定良好的基础。

参考文献

[1] 李健荣,邱伟光:《现代公共关系》,人民出版社2007年版。

[2] 纪华强,杨金德:《公共关系的基本原理与实务》,厦门大学出版社1992年版。

[3] 张践:《公共关系:从理论到实务》,人民出版社2003年版。

[4] 居延安:《公关关系学》(第四版),复旦大学出版社2008年6月版。

[5] 冯德文:《警察学概论》,中国人民公安大学出版社2008年9月版。

[6] 公安部政治部:《警察公共关系教程》,中国公安大学出版社2013年3月版。

[7] 孙娟,马志斌:《警察公共关系案例精解》,中国人民公安大学出版社2009年11月版。

[8] 肖金军:《警察公共关系学》,南京大学出版社2004年5月版。

[9] 徐海晋:《警察公共关系理论与实务》,中国人民公安大学出版社2007年3月版。

[10] 欧阳康,张明苍:《社会科学研究方法论》,高等教育出版社2001年12月版。

[11] 陈娴,曲谏:《警察公共关系理论与实务》,群众出版社2006年5月版。

[12] 陈娴:《警察公共关系传播》,中国人民公安大学出版社2010年2月版。

[13] 叶氢,李庆华,曹礼海:《警察公共关系学》,中国人民公安大学出版社2007年7月版。

[14] 孙娟,马志斌:《警察公共关系优秀案例(第2卷)》,中国人民公安大学出版社2012年5月版。

[15] 崔北方,祝大安:《警民关系学》,中国人民公安大学出版社2007年6月版。

[16] 曹礼海:《警察形象危机处理——走向前沿的警察公共关系战略》,中国人民公安大学出版社2005年8月版。

[17] 韩军,王海鹏主编:《警察形象建设与危机公关实务全书》,中国广播电视出版社2005年10月版。

[18] 曹礼海主编:《公安文化建设的45个细节》,中国人民公安大学出版社2009

年 1 月版。

［19］孙永波主编：《新时期公安宣传思想工作》，群众出版社 2005 年 6 月版。

［20］陈先红主编：《公共关系生态论》，华中科技大学出版社 2005 年 11 月版。

［21］唐均主编：《政府公共关系策略与实务》，中国传媒大学出版社 2008 年 6 月版。

［22］徐海晋主编：《警察公共关系理论与实务》，中国人民公安大学出版社 2007 年 3 月版。

［23］道·纽森，朱迪·范斯，里克·杜克，迪恩·库克勃格著，于朝晖译：《公共关系本质》，复旦大学出版社 2011 年版。

［24］谭立信：《对树立警察公共关系理念的思考》，载《铁道警官高等专科学校学报》2003 年第 3 期。

［25］林爵枢：《浅谈公安领导决策的特点和策略》，载《广西警官高等专科学校学报》2008 年第 1 期。

［26］李俊逢：《公安决策民主化、科学化、法制化论略》，载《福建公安高等专科学校学报》1999 年第 6 期。

［27］王利斌：《论大众传媒对公安决策及执行的影响》，载《中国人民公安大学学报》2005 年第 6 期。

［28］吴惠群：《谈实现公安工作决策科学化》，载《公安大学学报》1988 年第 1 期。

［29］James E. Anderson，Public Polingmaking：An Introduction，Boston：Houghton Mifflin Company，2003.

［30］Rob C. Mawby，Policing Images：Policing，Communication and Legitimacy，London：Willan publishing，2002.

［31］David Easton，The Political System，New York：Knopf，1953.

后　记

近年来，包括警民关系在内的警察公共关系面临着严峻的挑战，袭警行为的不断发生、公民对警察执法的不理解与执法冲突屡见不鲜。面对这样的执法环境，制定有效的对策，正是本书的编撰目的。

本书的主编为郑晓均、林小龙，副主编为吴娟、肖军。各章分工如下：

第一章　警察公共关系概述　　　　　　　　　　　　　姚　荣

第二章　警察公共关系学的研究范畴、方法和意义　　　马卓曼

第三章　警察公共关系的工作目标与基本原则　　　　　王　蕾

第四章　警察公共关系的相关理论　　　　　　　　　　李世豪

第五章　警察公共关系发展沿革　　　　　　　　　　　周晓莹

第六章　警察公共关系的受众群体　　　　　　　　　　刘　竹

第七章　警察公共关系媒介　　　　　　　　　　　　　贾克杰

第八章　警察公共关系的导向　　　　　　　　　　　　边杨薇

第九章　警察公共关系的过程　　　　　　　　　　　　郭雪静

第十章　警察公共关系的策略和技巧　　　　　　　　　穆　潇

第十一章　我国警察公共关系基本制度　　　　　　　　史雪丽

第十二章　警察公共关系与警察政策　　　　　胡盛楠　马　奎

本书由郑晓均、林小龙制订研究大纲，吴娟指导并修改第一章至第四章，林小龙指导并修改第五章至第十二章，最后由肖军统稿并修改了部分章节。

此外，在本书的编撰过程中，得到了各地实战、研究部门负责同志、专家学者的大力支持，并提出了大量的宝贵意见。在此表示感谢！

编者

2016 年 1 月 20 日